Boris Grundl
Die Zeit der Macher ist vorbei

Boris Grundl

Die Zeit der Macher ist vorbei

Warum wir neue Vorbilder brauchen

Econ

Econ ist ein Verlag der Ullstein Buchverlage GmbH

2. Auflage 2012

ISBN: 978-3-430-20140-7

© Ullstein Buchverlage GmbH, Berlin 2012
Alle Rechte vorbehalten
Gesetzt aus der Caslon 540
Satz: Pinkuin Satz und Datentechnik, Berlin
Druck und Bindearbeiten: GGP Media GmbH, Pößneck
Printed in Germany

Inhalt

Vorwort 7

Teil 1: Flaschenhälse
Rot – Der Pol der Macher 15
Ich nehme mir … 17
Starke Männer in fliegenden Kisten 34
An sich ziehen, gewinnen, kollabieren 56
Die Wüste unterm stärksten Baum 81
Mehr, mehr, mehr! 101

Teil 2: Führungslose
Grün – Der Gegenpol der Macher 111
Wir wollen nicht … 113
Aggressive Opfer in kenternden Booten 124
Blockieren, retten, unterdrücken 148
Entmachtete Macher 166
Hauptsache dagegen! 189

Teil 3: Inspiratoren
Gelb – Die neuen Vorbilder 199
Du kannst … 201
Dienende Führer in fruchtbaren Gärten 213
Geben, wachsen, geschehen lassen 242
Neue Sicherheit 256
Mehr Tiefe 280

Nachwort 293

Für alle Menschen, denen die Entwicklung anderer am Herzen liegt. Ihre Zeit wird kommen.

Vorwort

»Und? Was machen Sie?«

»Ich? Ich verkaufe Produkte, die Menschen ein unabhängiges Leben ermöglichen.« Ich steckte mein Handy weg und nickte dem Mann zu.

Er staunte. Fast konnte ich seine Gedanken lesen. Unabhängiges Leben ... überraschendes Tätigkeitsfeld für einen Rollstuhlfahrer ...»Wie, Sie verkaufen ... was?«

»Ok«, ich seufzte genervt. »Boris Grundl ist mein Name, ich bin Marketing- und Vertriebsdirektor eines Unternehmens, das Badewannenlifter, Pflegebetten, Rollstühle, Gehhilfen und so weiter produziert. Für Senioren oder körperlich Behinderte. Klar, oder?«

Jetzt nickte er.

»Außerdem bin ich Spieler der deutschen Nationalmannschaft im Rollstuhl-Rugby. Wir waren kürzlich in Sydney, bei den Paralympics. Haben leider die Finalrunde nicht geschafft.«

»Oh. Ich bin beeindruckt.« Der Mann hob die Augenbrauen, nickte und machte eine Bewegung, die wie eine halbe Verbeugung aussah.

Ein merkwürdiger Typ. Nach seinem Aufzug zu urteilen, musste er ein Angestellter sein. Aber er machte ja nichts, stand einfach nur im Garten der Hotelanlage rum und hatte mich freundlich angesprochen.

»Australien«, fuhr er fort in seinem undeutbaren Akzent, »wie schön, da haben Sie sich bestimmt das Land noch genauer angeschaut ... Sydney, die Wüste im Landesinnern, Tauchen an diesem großen Riff ... oh, ich meine, kann man denn Tauchen mit ... ich meine ...«

»… als Querschnittsgelähmter, meinen Sie? Ja, na klar, das geht. Aber nein«, ich schüttelte den Kopf, »ich musste gleich wieder nach Hause. Termine … einfach zu viel zu tun …«

»Mhm, das tut mir leid«, antwortete er und schaute in die Ferne.

Wieso tat ihm das leid? Ich sah ihn an. Er hatte einen asiatischen Einschlag, dunkle Haut, graues, fast weißes Haar, vielleicht ein Inder. Er lächelte unentwegt. »Und Sie?«, fragte ich, »was machen Sie?«

»Oh, ich mache gerade nichts. Im Moment genieße ich nur die Sonne.« Er lächelte mir zu und deutete mit der Hand zum Himmel, als müsste er mir zeigen, was er mit »Sonne« meinte.

»Nein, ich meine, was Sie hier machen, hier im Hotel. Ich muss am Abend einen Vortrag halten, deswegen bin ich hier. Und Sie?«

»Gefällt Ihnen der Garten?«

Jetzt war ich es, der verwirrt war. Ich war es gewohnt, auf eine klare Frage eine klare Antwort zu bekommen. Wäre dieser Mann mein Mitarbeiter, hätte ich jetzt nachgehakt. Aber er war ja ohnehin ein wenig komisch. »Der Garten? Ja, der ist tatsächlich sehr schön. Jetzt, wo Sie's sagen …«

»Ja? Schön? Wunderbar! Nun, ich sorge für die Pflanzen. Das ist meine Aufgabe. Und ich freue mich über jeden Gast, der sich über den Garten freut. So wie Sie. Sie sitzen hier im Garten und kommen zur Ruhe.«

Also der Gärtner. Ich schaute auf die Uhr. Ich hatte noch Zeit. Die Fahrt vom Flughafen hierher war furchtbar gewesen, aber es war immerhin schnell gegangen. Vor lauter Zeitdruck hatte ich die Leute vom Hotel nicht genau informiert, wie sie mich abholen sollten. Also hatten sie gleich einen ganzen Reisebus geschickt, nur für mich. Klar. Rollstuhl gleich großes Auto. Sie hatten wohl keine Ahnung, wie sie mich in einen PKW verfrachten sollten. Dass mein Rollstuhl leicht verstaubar ist, wussten sie nicht. Na ja, woher auch.

Dann hatten sie mich zu zweit in den Bus gehievt. Ich war mir vorgekommen wie ein Stier in einem Viehtransporter auf dem Weg zur Kampfarena. Nicht schön.

Danach war es schnell gegangen. Nun war ich also hier, und mein Vortrag war erst am frühen Abend. Ich überlegte kurz, ob ich noch zu Hause anrufen sollte. Ob mit der Baustelle alles lief und so. Aber das musste jetzt eben auch mal ohne mich funktionieren.

»Darf ich fragen: Was werden Sie sein?«, fragte der Gärtner.

»Wie meinen Sie das?« Das wurde ja immer schräger. Was war denn das für eine Frage?

»Bitte entschuldigen Sie. Ich will Sie nicht stören. Sie wollen sich bestimmt ausruhen vor Ihrem Vortrag. Bitte entschuldigen Sie.« Er trat einen halben Schritt zurück.

»Nein, nein, kommen Sie, ist schon ok.« Ich hob eine Hand und schaute ihn freundlich an. Irgendwie war diese Begegnung ja auch interessant. »Fragen Sie nur. Ich habe einfach nur nicht verstanden, was Sie meinen – was ich sein werde ... Meinen Sie, was ich machen will? Wann? In der Zukunft?«

Er deutete wieder eine Verbeugung an und lächelte mir zu. »Nein, nicht was Sie machen wollen. Was Sie sein werden. Also, Sie halten hier einen Vortrag. Ich habe gehört, es kommen sehr viele Menschen heute Abend, um Ihnen zuzuhören. Aber Sie sind Direktor in einem Unternehmen, und Sie sind Sportler.«

»Ja, und ich bin auch Präsident des deutschen Rollstuhl-Rugby-Verbands. Und ich überlege gerade, noch eine Tochterfirma mit ins Unternehmen zu integrieren.«

»Sehen Sie. Sie machen sehr viel in Ihrem Leben. Sie sind viel beschäftigt. Ich sehe Sie wie eine Gießkanne, die einen großen Garten mit Wasser versorgt. Aber was von all dem, was Sie machen, ist das Richtige?« Er spreizte die Unterarme vom Körper, hielt die Handflächen nach oben und imitierte eine Waage, die schwankte, welche Hand schwerer wog.

Ich schaute ihn durchdringend an. »Sie meinen, ich sollte eine Sache machen, die richtige, weil die anderen falsch sind? Was soll denn daran falsch sein?« Ich war beleidigt. »Wissen Sie … nein, das können Sie ja nicht wissen … ich war nach meinem Unfall Sozialhilfeempfänger. Ich hatte kein eigenes Einkommen, war ein Nichts. Ich habe mir das alles selbst aufgebaut. Ich habe es von ganz unten bis hier oben geschafft, verstehen Sie?«

Sein Lächeln wurde breiter. »Was ich meine, ist: Ich diene den Menschen durch die Pflege des Gartens. Ich sorge für die Pflanzen. Das ist das Beste, was ich den Menschen geben kann. Aber Sie sind ein starker Mann. Viel stärker als ich. Wodurch werden Sie den Menschen dienen? Was können Sie tun, um der Beste zu sein, der Sie sein können? Worin werden Sie zum Brennglas?«

Jetzt starrte ich ihn einfach nur an und war sprachlos.

Er fuhr fort: »Wenn Sie einen Vortrag halten und so viele Menschen kommen, dann können Sie wohl gut reden. Warum sagen Sie dann: ›Ich verkaufe Produkte‹ und: ›Ich bin Direktor‹? Warum sagen Sie nicht: ›Ich bin Redner, ich berühre Menschen mit meiner Sprache‹?«

»Weil …« Er hatte mich wirklich aus der Fassung gebracht. »Na, weil …« Ich wusste nicht, was ich darauf erwidern sollte. So etwas hatte ich mich noch nie gefragt. »Ich denke … also ich habe da schon meine Vorstellung. Ich will Redner sein, ja, aber wenn ich Führungskräften wirklich etwas zu sagen haben will, muss ich zunächst mal Vorstandsvorsitzender eines großen Konzerns sein. Sonst habe ich doch gar keine Berechtigung, wichtige Reden zu halten.«

»Ach so.« Er schaute zu Boden und schwieg eine Weile.

Ich wollte gerade noch etwas hinzufügen, da sagte er: »Darf ich Ihnen eine kleine Geschichte erzählen? Gut? Also. Als ich noch jünger war, da wollte ich einmal auf einen hohen Berg im Himalaja-Gebirge steigen. Bis ganz nach oben. Ich übte ein wenig auf kleineren Bergtouren, lieh mir eine Ausrüstung und begann, mich im Tal nach einer geführten Bergsteigergruppe umzuschauen. Ich kam zu einem neu erbauten Haus, das war voller moderner Ausrüstung, Klettergurte, Steigeisen, Eispickel und so weiter. Dort traf ich einen diplomierten Schweizer Bergführer, der alle Ausbildungsstufen durchlaufen hatte, er zeigte mir stolz seine Zertifikate: Bergführer mit eidgenössischem Fachausweis, Mitglied im Schweizer Bergführerverband 4000 plus. Ich wusste, die Schweizer Bergführer waren die besten der Welt. Er hatte schon große Gruppen in den Alpen geführt und Bücher über das Bergsteigen geschrieben. Jetzt hatte er eine neue Trekking-Agentur am Fuße des Himalaja aufgemacht, bildete Bergsteiger aus, drehte Filme über das Bergsteigen und wollte der beste Bergführer weit und breit werden. Er hatte einen festen Plan für einen Aufstieg in den nächsten Tagen, ich könne mich gern der Gruppe anschließen.

Ich hatte schon fast eingeschlagen, da besann ich mich auf die Regel, niemals ohne Alternativen eine Wahl zu treffen. Darum nahm ich mir vor, mindestens eine weitere Bergführerstation anzuschauen. Ich kam zu einer kleinen, unscheinbaren Hütte. Innen hingen Seile zum Trocknen von der Decke. Ein kleiner Mann, ungefähr 50 Jahre alt, offenbar ein Nepalese, begrüßte mich höflich und bot mir Tee an. Wir kamen ins Gespräch, und er eröffnete mir, dass er zwar Sirdar sei, also Bergführer, aber keinerlei Diplome und Zertifikate besitze. Er habe noch nie eine Schule besucht oder an irgendeinem Kurs teilgenommen. Ab und zu führe er eine Gruppe von Bergsteigern auf die Berge der Umgebung. Aber nie größere Gruppen. Derzeit habe er keine Tour geplant, aber wenn ich wollte, würde er mich gerne führen. Dann würde er Träger zusammenstellen und die Tour vorbereiten.

Ich stand auf, dankte für den Tee und wollte gehen, um zum Schweizer Bergführer zurückzukehren und mich dessen

Gruppe anzuschließen, da bemerkte ich im Nebenraum einen von Kerzen erleuchteten Schrein. Auf dem Boden davor lagen Hunderte von runden gravierten und bemalten Steinen. Als ich verwundert stehen blieb, forderte mich der Mann freundlich auf, den Raum zu betreten und mich genauer umzuschauen. Auf den Steinen waren Muster und Schriftzeichen herausgearbeitet und bunt bemalt worden. Ich sah ihn fragend an.

Alle Steine habe er selbst gestaltet – je einen Stein als Dank für eine erfolgreiche Bergbesteigung und die gesunde Rückkehr der ihm anvertrauten Bergsteiger, sagte er. Ich wunderte mich über die schiere Zahl von Steinen. Dann fragte ich ihn, ob er die Steine jeweils auf den Bergen sammle und mit herunterbringe. Da schaute er mich entsetzt an: Unter keinen Umständen habe er das jemals getan, das würde er nie wagen! Was auf dem Berg liege, gehöre dem Berg und müsse dort bleiben.

Ich dankte ihm, gab ihm die Hand und bat ihn, eine Bergtour für mich zu organisieren.«

Der Gärtner schwieg. Ich erwiderte nichts. Dann schaute er mich lächelnd an und verbeugte sich, drehte sich um und ging.

Er ließ mich reichlich durcheinander zurück. Die Sonne schien mir warm ins Gesicht, und ich dachte nach. Ich umrundete eine Blumenrabatte und stellte mich im Schatten einer hohen Hecke unter einen Baum. Mit einem Mal wurde ich sehr müde. Ich lehnte mich nach hinten an den Stamm, stützte den Kopf gegen die glatte Rinde und schaute in die leuchtend grüne Krone.

Als ich die Augen wieder öffnete, war der Schatten weitergewandert, und die nun tiefer stehende Sonne blinzelte mir ins Gesicht. Ich warf einen Blick auf die Uhr. Es war höchste Zeit!

Ich wählte einen Seiteneingang, der mich direkt zu den

Konferenzsälen bringen würde. Der Zugang war offensichtlich nur für das Personal geöffnet, jedenfalls versuchte mich ein Hotelangestellter aufzuhalten: »Hallo, wer sind denn Sie?«

Während ich mit Schwung an ihm vorbei steuerte, lächelte ich ihm über die Schulter zu: »Wer ich bin? Bislang war ich eine Gießkanne. Jetzt werde ich zu einem Brennglas.«

Ich konnte fast im Rücken spüren, wie er mir verdutzt hinterherblickte.

TEIL 1: FLASCHENHÄLSE

Rot – Der Pol der Macher

Ich nehme mir …

> Des sin unsere Leut.
> Für die müsse mer sorge!

An diesem frühlingshaften Dienstag ist der Reiterhof fürs Publikum geschlossen. Ich lenke meinen Sportwagen an den Stallungen vorbei und fahre durch das alte Tor auf den kopfsteingepflasterten Hof des wunderschönen ausgedehnten Guts, das direkt am Rhein gelegen ist. Ich sehe keinen einzigen Menschen, bis auf einen: Ein älterer Mann mit abgeschabter brauner Hose, kariertem Hemd und brauner Jacke steht mitten auf dem Hof und schaut mir entgegen. Ist er das? Ein hochgewachsener alter Mann, schlank und aufrecht. Nicht nur seine Kleidung, auch seine Haut ist braun. Man kann sehen, dass er viel an der frischen Luft ist.

Ich parke neben dem alten Gutshaus und steige aus. Bei mir ist das eine längere Prozedur – bis der Rollstuhl aufgebaut ist, ich mich umgesetzt habe und richtig sitze. Der Mann steht ganz ruhig in einiger Entfernung und schaut. Und wartet. Bis ich fertig bin. Dann kommt er auf mich zu und gibt mir unaufgeregt die Hand.

Manche Menschen erinnern mich unwillkürlich an bestimmte Tiere. Das hilft mir bei einem ersten Erfassen und Einordnen. Bei ihm denke ich sofort: ein Pferdemensch. Die stolze Ruhe, die er ausstrahlt, die ehrwürdige Selbstsicherheit, der aufmerksame Blick, die trotz seines Alters kraftvollen und gleichzeitig lässigen Bewegungen. Ein eindrucksvoller Herr, dem man trotz seiner Arbeitskleidung sofort ansieht, dass er hier das Sagen hat.

Wir haben uns verabredet zu einem Gespräch über seine berühmten Vorfahren, die den gleichen Namen trugen wie er. Er führt mich über den rechteckigen historischen Hof.

Unter einer prächtigen Kastanie erblicke ich einen alten, völlig verstaubten Holztisch und verstaubte Holzbänke. Und weil auch das Café des Reiterhofs geschlossen hat, steht auf dem Tisch einfach das, was der Hausherr selbst trinkt: Mineralwasser.

Ein idyllischer Ort ist das. Der blaue Himmel und das Vogelgezwitscher passen dazu wie bestellt. Mein Gastgeber kommt sofort ins Erzählen.

Sein Uropa wuchs in einer Schmiede auf. Dessen Vater, der Schlossermeister, arbeitete hart. Doch in der kleinen Gemeinde gab es nicht genügend Aufträge, und als er sich mit der Werkstatt nicht mehr über Wasser halten konnte, tingelte er übers Land auf der Suche nach Arbeit: hier eine Dachrinne, da ein Ofenrohr, ein Blitzableiter oder ein Fenstergitter. Die Werkstücke lieferte er selbst aus, bisweilen schleppte er sie einfach auf dem Rücken zu seinem Auftraggeber und ließ sich dann die Gulden, Kreuzer und Groschen auf die schwielige Hand zählen.

Aber er war glücklich, vor allem, weil er in seiner Ehe das Glück gefunden hatte. Seine Frau liebte er sehr. Umso größer war der Schmerz, als sie ihm kurz nach der Geburt ihres dritten Sohns, mitten im Revolutionsjahr 1848, wegstarb. Das überwand er nie. Er alterte früh und wurde einsilbig und verbittert. Zu seinem Trost wuchsen die drei Söhne kräftig und gesund heran.

Die Faszination der Buben für die Eisenbahn, für die nun überall Schienen gebaut wurden, teilte er nicht. Im Gegenteil. Die neue Technik machte ihm Angst. Darum war er auch nicht begeistert, als sein Ältester ihn bat, nach Paris gehen zu dürfen, um Mechaniker zu werden. »Schwinnel« nannte er all das Neue. Aber er konnte den Jungen nicht an sich ketten, und so gab er ihm, dem jungen Gesellen, 1857 das Wanderbuch und ließ ihn laufen.

Der Junge hatte Glück, denn auch vom Militärdienst konnte er sich freilosen, so dass seiner Reise nichts im Wege stand. Trotzdem bot ihm der Major bei der Musterung einen Posten an, denn der junge Handwerker war groß und kräftig, ein Pfundskerl.

»Beruf?«

»Schlosser, Herr Major.«

»Sie verstehen was vom Hufbeschlag?«

»Jawohl.«

»Prächtig. Dann werden Sie Fahnenschmied!«

Aber der junge Mann hatte etwas anders im Kopf: »Ich will nach Paris, Herr Major. Ich will Mechaniker werden.«

»Firlefanz!«, wetterte der Major, »Machen Sie keinen Unfug! Werden Sie Soldat! Als Fahnenschmied sind Sie für Ihr Leben versorgt. Mann, Sie wissen ja gar nicht, was für ein Glück Sie haben! Überlegen Sie doch mal: die Pension ... Begreifen Sie nicht? Das hier ist der entscheidende Moment Ihres Lebens ...«

> Das hier ist der entscheidende Moment Ihres Lebens.

Ja, es war ein entscheidender Moment. Und der junge Mann hatte sich bereits entschieden. »Bedaure. Ich gehe nach Paris.«

Auf dem Weg dorthin lernte er in Belgien die neuen mechanischen Webstühle kennen. Auf der Wanderschaft hatte er Zeit, sich Gedanken zu machen über all die Neuerungen der modernen Zeit und über das, was sie bedeuteten. Ihm wurde klar: Wenn die Menschen ihr Bedürfnis nach Nahrung gestillt haben, brauchen sie als nächstes Kleidung. Wie wichtig daher dampfgetriebene Webstühle und Spinnmaschinen waren, lag auf der Hand. Es nützte nichts, sich dagegen aufzulehnen, so wie es die Handweber taten. Die Maschinen würden am Ende immer den Sieg davontragen. Da war es besser, Maschinen zu bauen, als dagegen zu sein oder sie zu zerstören.

Noch bevor er nach Paris kam, hörte er von einer weiteren neuartigen Maschine, die nicht mehr nur die Spinner und

Weber, sondern nun auch die Schneider bedrohe: die Nähmaschine. Aber müsste nicht eigentlich jeder Schneider
so eine Maschine haben wollen? Sie könnte seine Arbeit
doch enorm vereinfachen und beschleunigen. Wenn er nur
einmal in Paris war, wollte er unbedingt eine solche Nähmaschine sehen. Er musste bloß zuerst Arbeit finden.
Doch in der Weltstadt hatte niemand auf ihn gewartet.
Von Werkstatttor zu Werkstatttor zog er und zeigte pflicht-
schuldig sein Wanderbuch vor. Aber niemand wollte ihn
einstellen. Schließlich ging ihm das Geld aus, und er musste unter den Brücken der Seine schlafen. Das hatte er nun
davon. Er war ein Arbeitsloser geworden.
Aber er, der Urgroßvater meines Gastgebers, war kein
Jammerlappen, sondern ein Sturschädel. Unermüdlich
suchte er weiter nach einer Chance. Bei einem deutschen
Bäckermeister durfte er hinter dem Ofen schlafen und
revanchierte sich mit Handlangerdiensten und lieferte
die Backwaren aus. Danach arbeitete er in einer Kassen-
schrankfabrik. Aber die ganze Zeit über hatte er nur eines im Kopf: die Nähmaschine. Und seine Hartnäckigkeit
machte sich schließlich bezahlt. Er erhielt eine Anstellung
in einer großen Nähmaschinenfabrik.
Zweieinhalb Jahre arbeitete er dort. Und in dieser Zeit
studierte er die Funktionsweise des neuartigen Geräts
bis ins kleinste Schräubchen. Sofort fielen ihm Verbes-
serungsmöglichkeiten ein. Kurz darauf bewarb er sich bei
der zweiten großen Nähmaschinenfertigung von Paris, um
auch deren Konstruktion zu analysieren. Weitere zweieinhalb Jahre arbeitet er hart, und in seinem Kopf und
auf unzähligen Zeichnungen nahm der Konstruktionsplan
seiner eigenen Nähmaschine Gestalt an. Sein Entschluss
stand fest: Nach seiner Heimkehr würde er die Schmiede
des Vaters in eine Nähmaschinen-Manufaktur verwandeln
und seine eigene Nähmaschine bauen!
Nur: Davon wollte der alte Mann nichts wissen. Als der

Sohn wieder zu Hause war, schmetterte er all dessen hochfliegende Pläne kategorisch ab: »In mei Werkstatt kimmste merr mit deim neumodische Schwinnel net erei!« Sein Onkel hatte glücklicherweise mehr übrig für moderne Technik. Er stellte seinem Neffen seinen alten Kuhstall zur Verfügung und gab ihm sogar etwas Startkapital, sodass er eine Drehbank kaufen konnte. Über ein halbes Jahr lang arbeitete er an seiner ersten Nähmaschine, die er komplett von Hand anfertigte. Und er hatte sich nicht getäuscht: Es gab einen Markt für seine Maschine! Noch vor seiner Fertigstellung hatte er sie verkauft an einen ortsansässigen Schneidermeister.

Die Maschine tat vierzig Jahre lang ihren Dienst und steht heute in einem Museum – und sie funktioniert noch immer. Die erste deutsche Nähmaschine war damals eine Sensation, die sogar in der Presse ausgiebig besprochen wurde. Darum dauerte es nicht lange, bis die nächsten Bestellungen eingingen. Die zweite Maschine konnte der stolze Jungunternehmer bereits in einem Zehntel der Zeit bauen. Das Geschäft begann zu florieren, erste Arbeiter wurden eingestellt. Der junge Mann heiratete, baute eine Fabrik auf und bekam fünf Söhne. Außerdem kaufte er riesige Grundstücke zusammen. Warum? Um Nähmaschinen zu bauen!

Mein Gastgeber schenkt mir Mineralwasser nach. In der Entfernung sehe ich einen Hoflader, der Futter ablädt.

Sein Urgroßvater hatte sich gegen den Willen seines Vaters durchgesetzt und gemacht, was er für richtig hielt. Er lief hellwach durch die Welt und begriff, wohin die Strömung der Zeit trieb. Und er bewies Mut. Denn als Fabrikant lebte man damals gefährlich, es war die Zeit der Maschinenstürmer. Die Widerstandsbewegung gegen den industriellen Fortschritt zerstörte immer wieder neu errichtete Fabriken, verprügelte Arbeiter und »Fabrikanten« und schürte Widerstand in der Belegschaft. Außerdem war es ein großes Wagnis, Jahre seines Lebens und sein gesamtes Kapital in die Produktion einer völlig neuartigen Technologie zu stecken, von der niemand wusste, ob sie sich durchsetzen würde.

Der Herr, der mir gegenüber auf der staubigen Bank sitzt, erzählt die Geschichte seiner Familie mit großer Ruhe, ganz nüchtern und ohne Ausschmückungen. Sein Stolz ist kein lauter, protzender, sondern ein stiller, von hohem Selbstwertgefühl getragener. Mir wird klar, dass er aus seinem familiären Hintergrund ein ganz eigenes Selbstverständnis als Unternehmer schöpft. Die Zeit der Armut, das eingegrenzte Denken mit der nagenden Ungewissheit, die jeder, der klein anfängt, durchleben muss – so wie ich selbst ja auch –, die hat einfach schon sein Urgroßvater für ihn durchlitten, damals auf der Wanderschaft, unter den Brücken der Seine und hinterm Ofen des Bäckers.

Er nippt an seinem Mineralwasser, dann erzählt er weiter.

Fahrräder! Das war das nächste große Ding. Irgendwann um 1884 gab der Urgroßvater nach, nachdem ihm seine fünf Söhnen monatelang damit in den Ohren gelegen hatten. Zu Weihnachten standen fünf niegelnagelneue englische Hochräder neben dem Christbaum – das Neueste vom Neuen. Seine Frau aber hatte Bedenken. Man könne sich ja den Hals brechen mit diesen Dingern! Der Familienvater schnappte sich eins der fünf »Velocipede« und probierte es auf der Straße vor dem Haus aus. Es dauerte nicht lange, bis er in hohem Bogen in den Straßengraben fiel und sich ordentlich wehtat. Wütend gab er die Gefährte kurzerhand einem seiner Nähmaschinenvertreter mit, der sie für ihn verkaufen sollte. Doch als die Räder in kürzester Zeit und sogar mit Gewinn verkauft waren, wurde er nachdenklich. Gab es da etwa einen lukrativen Markt?

Seine Söhne waren ganz verrückt nach Fahrrädern. Bald hatten sie wieder welche und fuhren ständig damit herum. Die Firma begann, außer mit Nähmaschinen auch noch mit Fahrrädern aus England zu handeln, und das Geschäft lief gut an. Da lag es nahe, selber welche zu *machen*. Die fünf Söhne begeisterten sich für diese Idee, und sie schafften es, auch ihren zunächst skeptischen Vater davon zu überzeugen. Der Einstieg in die Fahrradproduktion verlief reibungslos. Durch die Erfahrung mit der riesigen Nähmaschinenfabrik gelang es den Ingenieuren rasch, die englischen Fahrräder in der Konstruktion zu übertreffen und die Fertigung hocheffizient zu gestalten. Die Fahrräder warfen Gewinn ab. Und weil die Söhne ständig und überall mit den Fahrrädern herumfuhren, an Fahrradrennen teilnahmen und ständig gewannen – sie waren wirklich allesamt völlig fahrradverrückt –, sprach sich das neue Fortbewegungsgerät herum, und es verkaufte sich wie surrende Nähmaschinen … Nein, noch besser: Bereits Ende des 19. Jahrhunderts hatten die Umsätze aus der Fahrradproduktion die aus der Nähmaschinenproduktion überholt, insgesamt 1200 Arbeiter stellten ungefähr 25 000 Nähmaschinen und 15 000 Fahrräder her.

Die fünf Brüder, die alle kurz nacheinander zur Welt kamen, waren in das Unternehmen hineingewachsen, ja, sie waren von den Arbeitern schon als Wickelkinder als ihre zukünftigen Chefs gesehen worden. Sie lernten an den Maschinen in der Werkhalle ihr Geschäft von der Pike auf, studierten Maschinenbau und Ingenieurwissenschaften und übernahmen Schritt für Schritt die Führungsaufgaben. Erfolgshungrig und voller Elan wollten sie das nächste Kapitel des Fortschritts aufschlagen. »Schau, Vater, da fährt ein Motorwagen«, sagte der Zweitälteste, als sie auf einer nostalgischen Reise nach Paris unterwegs waren. »So ein Wagen hat das internationale Rennen von Paris nach

Rouen gewonnen, mit 20 Kilometern pro Stunde Durchschnittsgeschwindigkeit!«

Aber sein alternder Vater wollte davon nichts wissen. Er war ein wenig so geworden wie sein eigener Vater, der im Alter von dem »Schwinnel« nichts mehr wissen wollte. Und so schlug er seinen Söhnen immer wieder die Bitte ab, eine Motorwagenproduktion aufzunehmen. »Diese Stinkkutschen! Aus denen wird nie mehr werden als ein Spielzeug für Millionäre, die nicht wissen, was sie mit ihrem Geld machen sollen!«

Er selbst hatte nie mit seinem Vater gerechtet, als er damals in der Schmiede eine Nähmaschinenwerkstatt einrichten wollte. Trotzdem hatte er seinen Kopf durchgesetzt. Genauso hielten es jetzt seine Söhne: Sie beugten sich seinem Verbot. Aber kaum war er 1895 allzu früh an Typhus gestorben, kauften sie kurzerhand eine Automobilfirma in Dessau und begannen, Autos zu bauen. Na, klar: Nähmaschinen bringen mehr als Dachrinnen. Fahrräder bringen mehr als Nähmaschinen. Und Autos bringen mehr als Fahrräder. Klar, dass man Autos machen muss …

Und Autos bringen mehr als Fahrräder.

In dieser Einschätzung waren sich die fünf Brüder einig. Sie drehten immer am gleichen Rad. Jedenfalls nach außen. Aber hinter geschlossenen Türen flogen bisweilen die Fetzen. Denn die fünf Brüder waren sehr unterschiedlich. Carl, der Älteste, war gutmütig und großzügig. Er verschenkte gern – alles Mögliche. Als er auch noch anfangen wollte, Autos zu verschenken, verboten es ihm die anderen vier kurzerhand.

Wilhelm, der Zweitälteste, war ausgesprochen weltoffen und neugierig. Er verfolgte mit Begeisterung die Entwicklungen in der aufblühenden Automobilwirtschaft, reiste nach Amerika und kam voller Ideen für die industrielle Fertigung und moderne Produktionsprozesse wieder zurück.

Heinrich, der Drittälteste, war der Kaufmann unter den Brüdern. Er sorgte dafür, dass solide gewirtschaftet wurde und dass ausreichend Liquidität vorhanden war, um die unternehmerischen Flausen, die seine Brüder im Kopf hatten, umzusetzen.

Friedrich, der Zweitjüngste, war das Technikgenie und der Chefkonstrukteur. Auch er ließ sich in Amerika inspirieren und suchte nach immer neuen Optimierungsmöglichkeiten von Bauteilen, Funktionen und Konstruktionsdetails. Er war auch ein hervorragender Verkäufer, denn seiner Begeisterung für die Technik konnte sich kein Kunde entziehen. Da er außerdem geschickt verhandeln konnte, galt unter den Brüdern als der »Diplomat«. Es gab keinen offiziellen Chef unter den Brüdern, und nach außen traten sie stets mit größter Geschlossenheit auf, aber intern war Friedrich der Herr im Haus. Es war kein Zufall, dass derjenige mit dem größten Fachwissen auch die größte Autorität hatte.

Ludwig war das Nesthäkchen. Er war nicht nur mit einem Abstand von fünf Jahren deutlich der Jüngste, sondern er war auch als Einziger kein geborener Industrieller. Er studierte Jura und war ein richtiger Akademiker, inklusive Mitgliedschaft in einer Studentenverbindung und Schmiss im Gesicht. Zur Trauer aller verstarb er sehr früh – im Ersten Weltkrieg an der Ostfront.

Wenn sie sich auch stritten und zofften, sich anschrien und am Esstisch zu Hause wild über das Geschäft diskutierten, nach außen standen sie wie ein Mann. Sie hatten von Anfang an instinktiv dieses Grundgesetz der Führung verstanden. Und sie teilten allesamt auch als erwachsene Herren die Begeisterung fürs Radfahren. Karl gewann auf den eigenen Fahrrädern 60 Radrennen, Wilhelm 70, Heinrich 150, Friedrich 180 und Ludwig 100. Sie waren alle fünf wandelnde Werbeträger für ihre Produkte und bauten sich sogar zum Spaß ein »Quintuled«, eine Art Tandem für fünf

Fahrer, mit dem sie zur Gaudi durch die Gegend fuhren. Sie wurden gewissermaßen selbst zum Produkt ihres Unternehmens. »Be the thing you sell«, heißt es in den USA. Die fünf waren der Kopf und die Hände des Unternehmens, und sie waren unglaublich erfolgreich. Sie machten das Unternehmen zum größten Fahrradhersteller der Welt.

Aber die Seele des Unternehmens war ihrer aller Mutter: Sophie.

Aber die Seele des Unternehmens war ihrer aller Mutter: Sophie.

Mein Gastgeber macht eine Pause und blickt in die Ferne. Der älteste der Brüder, Carl, war sein Großvater. Aber er kennt ihn nur aus Erzählungen, denn Carl starb früh, lange vor der Geburt seines Enkels. An Wilhelm, den Zweitältesten, der seine Brüder um zehn Jahre überlebte, hat er noch Erinnerungen aus seiner Kindheit. Ich spüre, dass wir an eine Stelle der Geschichte kommen, die meinem Gesprächspartner nahegeht.

Ich frage mich, wie traurig der aufrechte Mann, mit dem ich mich unterhalte, darüber ist, dass das einstmals weltberühmte Unternehmen, das seine Vorfahren aufgebaut haben, heute nicht mehr der Familie gehört und auch nicht mehr erfolgreich ist, ja vielleicht gerade sogar seinem Verschwinden entgegentaumelt.

Wie es die Brüder geschafft haben, nach ihrem Welterfolg mit den Nähmaschinen und ihrem Welterfolg mit den Fahrrädern auch noch einen Welterfolg mit Autos hinzulegen, will ich von ihm wissen. Es scheint ja so, als ob alles, was sie anpackten, zu Gold wurde. Wie haben sie das nur *gemacht*?

Er überlegt. »Der Brand«, flüstert er dann. Und erzählt weiter.

Der große Brand von 1911 war die größte Katastrophe in der Geschichte des Unternehmens und gleichzeitig der Durchbruch zu seinen bedeutendsten Erfolgen.

Am 18. August jenes Jahres, einem Samstag, war Kirchweih in der Stadt. Die Fabrik stand still, und alle Leute, inklusive der Feuerwehrleute, saßen in den Bierzelten und feierten. Darum dauerte es auch viel zu lange, bis nach dem großen Feueralarm der Kirchturmglocken die von Pferden gezogenen Feuerwehrwagen bemannt waren und sich durch die Menschenmenge gekämpft hatten. Als sie mit dem Löschen begannen, waren schon die ersten Werksgebäude abgebrannt.

Die Brüder, die schon lange vor der Feuerwehr am Brandherd waren, versuchten zu retten, was zu retten war. Sie kämpften sich durch den beißenden Rauch zum Tresor vor und packten alles, was sie greifen konnten, in Eimer und Säcke, liefen auf den Hof, schütteten es auf einen Haufen und rannten zurück, um Eimer und Säcke wieder zu füllen. So konnten sie noch Bargeld retten, vor allem aber das Wichtigste und Heiligste: Konstruktionspläne.

Glücklicherweise kam niemand zu Schaden, aber die ältesten der Werksgebäude und die alte Vernickelei, in der der Brand offenbar ausgebrochen war, waren vernichtet. Dazu etliche Maschinen, 2000 Fahrräder, 3000 Nähmaschinen, Berge von halbfertigen Produkten, Teilen und Werkstoffen und viele wertvolle Unterlagen und Pläne.

Später wurde der Schaden auf 4,5 Millionen Mark geschätzt, eine gigantische Summe, wenn man bedenkt, dass der Stundenlohn eines Arbeiters damals ungefähr 50 Pfennig betrug. Die Nähmaschinenfertigung war fast komplett zerstört. In nur zwei Wochen sollte die millionste Nähmaschine hergestellt werden – und jetzt war alles vorbei.

Als sich die Brüder gegen Ende der Löscharbeiten, die die ganze Nacht hindurch bis zum Sonntagmittag dauerten, bei ihrer alten Mutter versammelten, mussten sie ihr berichten, dass die Nähmaschinenproduktion nicht mehr zu retten war. Die Stadt hatte angeboten, die Ruinen von den Pionieren per Sprengung beseitigen zu lassen.

Sie erwiderte kurz und trocken: »Wie viele Arbeiter werden brotlos?«

»Mehr als die Hälfte, Mutter.«

»Dann lasst die Pioniere weg, gebt unseren Leuten Pickel und Äxte, damit sie die Mauern abtragen können!«

Mein Gesprächspartner unterbricht seine Erzählung und trinkt einen Schluck. Ich merke, dass er feuchte Augen bekommen hat.

Das war die Grundphilosophie der Familie. Bevor ein Arbeiter arbeitslos wurde, suchten sie lieber neue Arbeit für ihn. Sie wussten: Nur wenn die Arbeiter gut versorgt sind, können sie etwas Gutes produzieren. Und das stand im Mittelpunkt von allem: etwas Gutes produzieren!

Das Familienoberhaupt war nach dem Tod des Gründers seine Witwe geworden. Sie fühlte sich nicht nur als Mutter ihrer fünf Söhne, sondern sorgte mit großer Wärme, aber auch mit großer Strenge für das ganze Werk inklusive des kompletten Inventars – zu dem auch die Arbeiterschaft zählte.

Ich habe eine Anekdote gelesen, die typisch für sie gewesen sein muss: Wenn sie über den Hof ging und eine Schraube im Staub fand, befahl sie dem nächsten Arbeiter, der ihr über den Weg lief, die Schraube umgehend aufzuheben und ordentlich aufzuräumen. Als nach der Katastrophe ein Beamter vermutete, der Brand könne an herumliegender Putzwolle seinen Ausgang genommen haben, wurde er beinahe ausgelacht. In dieser Fabrik lag nichts herum.

Mit ihrem Mann, dem Unternehmensgründer, war sie sich einig gewesen: »Des sin unsere Leut. Für die müsse mer sorge!« Unter den damaligen Verhältnissen war diese patriarchale Fürsorge ein Segen. Aber »unsere Leut« – da zuckt mir das Wort »Leibeigenschaft« durch den Kopf.

Er hat sich wieder gefasst und setzt seine Erzählung fort.

Die Arbeiter suchten in den Trümmern die noch verwertbaren Bauteile zusammen und bauten daraus in den folgenden Tagen zwölf weitere Nähmaschinen, um auf die Gesamtzahl von einer Million zu kommen. Die Nummer 1 000 000 erhielt ein edles Gehäuse aus Mahagoni und wurde mit viel Wehmut ausgeliefert. Sophie konnte diesen Schlag nie verwinden. An den Nähmaschinen hatte ihr Herz gehangen.

Wie durch ein Wunder waren aber die neueren Gebäude, in denen die Motorwagenproduktion untergebracht war, vom Brand vollkommen verschont geblieben. War es ein Wunder oder Fügung? 600 fertige Autos standen in den Hallen, und außer einer schmierigen Rußschicht, die leicht abzuwischen war, hatten sie keinen Schaden erlitten.

Die geschäftstüchtigen Brüder hatten die Fabrik gut versichert, und so konnte der finanzielle Schaden aufgefangen werden. Die Fabrikhallen wurden wieder aufgebaut, und das Werk wurde dabei gleich noch vergrößert und modernisiert. Und weil die Nähmaschinenproduktion aufgegeben wurde, konzentrierte sich ab sofort alles auf die Automobilproduktion. Und diese engpasskonzentrierte Strategie brachte den Durchbruch.

Schon ein Jahr später arbeiteten 4500 Arbeiter im Werk und produzierten 50 000 Fahrräder und 3000 Autos im Jahr. Die Brüder stellten einen Werksrennfahrer an, der Autorennen gewinnen sollte, um den Ruhm des Unternehmens zu mehren. Und das tat er. Auch der junge Fritz, der Sohn des zweitältesten Bruders Wilhelm, hatte Benzin im Blut und tat sich als Rennfahrer hervor.

Die Brüder bauten nebenbei Flugzeugmotoren, Motorpflüge, Lastwagen, Feuerwehrautos, Motorräder, Raketenautos und Raketenflugzeuge. Und der verrückte junge Fritz testete alles, was sich bewegte; holte mit dem Raketenauto mit 238 Kilometern pro Stunde den Geschwindigkeitsweltrekord und war der erste Mensch, der einen

Flugversuch mit einem Raketenflugzeug unternahm – und überlebte. Mit seinen Rekordfahrten führte er die Tradition seines Vaters und seiner vier Onkel fort, die mit ihren Radrennerfolgen stets selbst die besten Werbeträger ihres Unternehmens gewesen waren. Die tollkühnen Männer auf ihren Drahteseln, in ihren Rennkutschen und in ihren fliegenden Kisten war nicht zu trennen von ihren Produkten. Die Firma, das waren sie selbst. Und der fortan »Raketen-Fritz« genannte Spross der Familie gelangte sogar zu Weltruhm.

Und sie hörten nicht auf, die Produktionsabläufe stetig zu verbessern und die Konstruktion ihrer Produkte zu optimieren. Sie waren eben Pioniere. Und sie überlegten: Diese vielen Menschen, die aus dem Krieg heimgekommen sind und vor dem Nichts stehen – was können wir noch machen, um den Leuten Arbeit zu geben? Irgendwie müssen wir sie doch alle durchbringen!

Irgendwie müssen wir sie doch alle durchbringen!

Wilhelm brachte aus Amerika die Idee der Fließbandproduktion mit, die er bei Henry Ford gesehen hatte. In Windeseile wurde die Produktion 1924 umgestellt. Das Unternehmen wurde zum ersten Unternehmen in Deutschland, das Autos am Fließband produzierte.

Dadurch konnten die Kosten pro Stück verringert werden. Nicht nur wurde die Autoproduktion damit äußerst lukrativ, das Unternehmen wurde auch extrem wettbewerbsfähig. Das neue Modell konnte so günstig am Markt angeboten werden, dass die Käufer sich förmlich darum rissen. Es wurde das erste wirkliche Volksauto in Deutschland. Die Produktion wuchs und wuchs. 1928 stellten knapp 10000 Arbeiter über 40000 Wagen her. Das Unternehmen war zum größten Automobilhersteller Deutschlands geworden. Und dann, am Ende der Goldenen Zwanzigerjahre, folgte der klügste Schachzug der Brüder, der gleichzeitig das Schicksal des Unternehmens besiegelte.

Mein Gastgeber holt tief Luft. Ich lasse meinen Blick über das Areal schweifen und entdecke einige parkende Autos. Es wundert mich nicht, dass sie alle von derselben Marke stammen. Aber warum ist vom einstigen Ruhm und der strahlenden Größe des Unternehmens heute kaum mehr etwas übrig?

Nachdem Ludwig im Krieg gefallen war und kurz nacheinander der großzügige Carl und der kaufmännische Heinrich gestorben waren, blieben nur noch Wilhelm und Friedrich in der Führungsverantwortung zurück. Sie mussten Vorsorge für die Zukunft ihrer Arbeiter treffen und den Fortbestand des Unternehmens sichern. Der junge Raketen-Fritz hätte gerne das Unternehmen geführt, aber er war ein Abenteurer, ihm fehlte die Bodenhaftung.

Friedrich, der Diplomat und große Verhandler, fädelte also kurz vor dem Beginn der Weltwirtschaftskrise 1929 den Verkauf des Unternehmens an einen großen amerikanischen Automobilkonzern ein. Die Amerikaner bezahlten für den größten deutschen Autobauer die damals unglaubliche Summe von 33,3 Millionen Dollar. Das waren über 150 Millionen Reichsmark. Direkt umgerechnet, mit Inflationsaufschlag, wären das heute knapp 500 Millionen Euro, aber wenn man die damalige Kaufkraft zugrunde legt, entspricht das einem heutigen Milliardendeal. Der Preis war so unverschämt hoch, dass die Amerikaner ihren Verhandlungsführer kurz nach Abschluss des Geschäfts feuerten.

Der amerikanische Konzern wurde damit zum größten Automobilhersteller der Welt – und die Familie war plötzlich nicht mehr Herr im eigenen Haus.

Wilhelm und Friedrich verblieben zwar im Aufsichtsrat des Unternehmens und setzten noch einige wichtige Entscheidungen durch, die den Fortbestand und die Erfolgswelle der Marke garantieren sollten. Aber operativ hatten sie nichts mehr zu sagen. 1936 verkaufte der Konzern die Fahrradproduktion. Viele altgediente Mitarbeiter wurden entlassen. Die Brüder mussten zusehen, wie zweitklassige Manager aus Amerika das Traditionsunternehmen nach und nach neu ausrichteten – weg von den Traditionen der Familie und weg von den eigentlichen Stärken des Unternehmens –, und sie waren dagegen machtlos.

Als Friedrich 1938 und Wilhelm 1948 starben, begann der Glanz des Unternehmens zu verblassen. Zuerst verlor man die Innovationsführerschaft, dann das gute Image und dann die Stückzahlen. Heute wird darüber verhandelt, die Produktion zum Teil nach Osteuropa zu verlagern und einen großen Teil der Stammbelegschaft zu entlassen. Ein Jammer.

Ich will von meinem Gastgeber wissen, woran der Konzern seiner Ansicht nach wirklich gescheitert ist. Er erinnert sich daran, dass sein Vater zu ihm immer gesagt hat: »Geld verdirbt den Charakter.«

Der Familie, so reich sie auch geworden ist, sei es nie nur ums Geld gegangen. Es sei immer darum gegangen, etwas zu leisten. Wenn man aber primär Geld verdienen wolle, dann produziere man nichts Gutes mehr, sondern etwas Billiges. Ein Produkt ohne Seele. Das habe es im Familienunternehmen nie gegeben.

Er sagt: »Der Antrieb war immer, etwas Gutes zu produzieren. Die Amerikaner sind letztlich daran

Der Antrieb war immer, etwas Gutes zu produzieren.

gescheitert, dass sie nur noch Geld verdienen wollten. Sie verließen die ursprüngliche Grundphilosophie des Unternehmens, gute Produkte herzustellen.«

Die Vorfahren des stolzen Herrn, der da vor mir sitzt, hatten schon immer mutig weit voraus gedacht. Dabei hatten sie keineswegs den Anspruch, stets bei null anzufangen und das Rad neu zu erfinden. Ihnen kam es nie darauf an, eine Idee

selbst zu haben, sie waren keine Erfinder. Die Idee zur Nähmaschine hatten andere, sie wurde genauso aufgegriffen wie
die Idee zum Fahrrad, zum Automobil, zum Raketenantrieb
oder zur Fließbandproduktion. Der Kern dessen, was die Familie ausmachte, war die Fähigkeit, aus den guten Ideen, die
andere hatten, etwas zu machen. Sehr clever!

Dabei waren sie immer ausgesprochen pragmatisch. Zwar
verfolgten sie das Prinzip »Wir können alles machen!«, doch
sie verloren darüber nie die Bodenhaftung und übernahmen
für alles, was sie taten, die volle Verantwortung. Und sie blieben pragmatisch und verantwortungsvoll bis zum Schluss –
indem sie die Firma rechtzeitig verkauften.

Sie waren wahre Macher. Sie leisteten Unglaubliches.
Dennoch: Ihre Zeit ist vorbei.

Als wir zu meinem Auto gehen, frage ich ihn noch, was ihm
der große Name, den er trägt, bedeute. Auch hier bleibt er
pragmatisch: »Was soll ich machen? Wenn ich den brauche,
dann nutze ich ihn. Im Umgang mit Behörden zum Beispiel
und als Türöffner ist der Name wirklich nützlich. Ansonsten
ist es mir völlig egal, wie ich heiße.«

Ich gebe ihm die Hand und verabschiede mich. Von Karl
Wilhelm Heinrich Fritz Adam von Opel, genannt »Carlo«.

Starke Männer in fliegenden Kisten

Sing when you're winning!
Robbie Williams

Sie bauten die Eisenbahn, sie bauten Manhattan. Sie bauten den Eiffelturm, die Freiheitsstatue, das Auto und die Titanic. Sie legten die Länder der anderen in Schutt und Asche. Sie sorgten für das Wirtschaftswunder und bauten alles wieder auf. Sie konstruierten den Jumbojet und die Saturn V, sie flogen zum Mond und wieder zurück. Sie errichteten den Sozialstaat, richteten ihn zugrunde und richteten ihn wieder her. Sie zogen Fußballvereine, Fernsehsender und Funktürme hoch, sie zockten an der Wall Street, zofften sich im Parlament und zahlten die Zeche: starke Männer. Sie haben das meiste von dem geschaffen, was wir in unserer Zivilisation sehen, anfassen, bestaunen und benutzen können. Sie haben gewütet, gebaut und gestaltet, sie haben gestern gemacht, was wir heute geerbt haben. Sie waren unsere Vorbilder. Sie passten in die damalige Zeit. Aber die Zeiten haben sich geändert.

Wenn ich in einem Kinofilm eine Macher-Rolle besetzen wollte, dann würde ich einen untersetzten Mann von ungefähr 50 Jahren wählen: kurzer Hals, runder Kopf, geschwollene Augen, breites Kinn, breite Hände, kurze, kräftige Finger. Das Gesicht immer gerötet, der Blutdruck immer erhöht. Die Stimme laut, die Augen ernst, die Haltung aufrecht, aber leicht geduckt, der Körper immer unter Spannung. Ein Typ wie Franz Josef Strauß. Oder einer wie Gerhard Schröder. Oder einer wie Uli Hoeneß.

Der Schauspieler würde die Rolle so interpretieren, dass sich dieser stets unter Volldampf stehende Mensch kaum zurückhalten könnte und so wirkte, als stünde er immer kurz vor einer cholerischen Eruption. Nichts ginge ihm schnell genug, mit allem wäre er unzufrieden, alle würde er antreiben, sich selbst am meisten. Er könnte nie lange still sitzen, er wäre immer schon einen Schritt voraus. Aber er würde nicht viel reden. Kurze Hauptsätze. Klar auf den Punkt. Er würde seine Zeit nutzen und so lange ackern, bis er am Ziel wäre, um sich dann gleich das nächste Ziel zu setzen. Taten statt Worte. Schaffe, net schwätze. Geht nicht gibt's nicht. Machen statt jammern.

Dabei brauchte es einen Schauspieler von enormer Präsenz. Er würde Charisma verströmen und jede Szene dominieren. Hochstatus. Autorität. Die Nebendarsteller würden voller Respekt zu ihm aufblicken.

In der Handlung des Films würde ich ihn wahre Wunder vollbringen lassen. Ich würde zeigen, wie er aus nichts als einer Idee ein Imperium aufbaut. Die typische Garagenstartgeschichte. Ich würde demonstrieren, wie unglaublich erfolgreich dieser Macher ist. Denn das waren sie, die Macher. Und für ihre Lebensleistung verdienen sie auch heute noch unseren höchsten Respekt.

Wer hat den Größeren?

Als William van Alen Ende des 19. Jahrhunderts in New York aufwuchs, bestand die Stadt aus großen, aber niedrigen Häusern mit Flachdächern. William hatte sich in den Kopf gesetzt, Architekt zu werden, und lernte, was das Zeug hielt. Nach Studium und einigen Lehrjahren bei großen Architekturbüros zog William sogar den begehrten »Paris Prize« an Land, ein Stipendium, das es ihm gestattete, an der École des Beaux-Arts zu studieren. Dort lernte er den französischen Stararchitekten kennen, der ein paar Jahre zuvor den berühmten Pariser Bahnhof Gare d'Orsay direkt an der Seine entworfen hatte – heute ein wundervolles Museum und eines der eindrucksvollsten Gebäude von Paris. Von seinem französischen Kollegen übernahm er die Begeisterung für den Werkstoff Metall, der hinter vielen der neu konstruierten Steinfassaden steckte.

1910 kam William voller Tatendrang und mit einem frischen, hungrigen Blick zurück nach New York. Er wollte völlig neuartige, moderne Gebäude entwerfen, noch nie Dagewesenes erschaffen: »No old stuff for me!« Kein altes Zeug, keine hässlichen Kopien von Bögen und Säulen und Vorsprüngen. »Me! I'm new!«

Voller Enthusiasmus stürzte er sich in die Arbeit. Er hielt Distanz zu den anderen, wirkte ernst und verbissen und schüchterte seine gleichaltrigen Kollegen ziemlich ein, allein schon durch seine Körpergröße und seine herrische, einsilbige Art. Als einer wissen wollte, was er über die populären Architekturmagazine seiner Zeit dachte, erklärte er: »Ich bin nicht sonderlich interessiert an dem, was meine Kollegen machen. Ich will Originale schaffen und mich nicht ablenken lassen durch das Zeugs der anderen.«

Zu dieser Zeit lernte er seinen jungen Kollegen Craig kennen. Gegensätze ziehen einander bekanntlich an, jedenfalls war der drei Jahre ältere H. Craig Severance ein charmanter, freundlicher, intelligenter und redegewandter New Yorker, ein brillanter Architekt und nebenbei ein begnadeter Verkäufer. Die beiden erkannten die herausragenden Qualitäten des jeweils anderen, wurden sich darüber einig, dass sie sich prächtig ergänzten, und taten sich geschäftlich zusammen. Ihr Architekturbüro war sofort erfolgreich. Gemeinsam setzten sie Standards. Das völlig neuartige, selbstbewusste Design des Albemarle Buildings, eines Büroneubaus am Broadway, Ecke 24. Straße, der völlig ohne verzierende Simse auskam und dessen Fenster plan mit den Wänden abschlossen, anstatt in Nischen zurückgesetzt zu sein, erregte Aufsehen.

Die Aufträge wurden größer, die beiden Männer reich. Doch spätestens damit fühlte sich William van Alen in seinem Ego nicht nur gegenüber der kompletten Fachwelt, sondern auch gegenüber seinem Partner herausgefordert. Er war unfähig, seinen Erfolg zu teilen. In seiner Welt konnte es eben nur einen Stararchitekten geben. Gegenüber Craig stellte er klar, wer der Boss war und wer den einsetzenden Ruhm in Wahrheit verdient hatte: er, William van Alen. Craig Severance aber war selbstbewusst genug, um sich das nicht bieten zu lassen. Sich unterzuordnen, kam nicht in Frage. Warum auch, er wusste ja, was er konnte, und brauchte sich hinter seinem exzentrischen Kollegen nicht zu verstecken. Nach zehn erfolgreichen Jahren trennten sich die beiden im Streit. Wie klug es doch gewesen wäre, hätten beide erkannt, wie viel mehr sie zusammen vollbringen konnten!

Zunächst sah es so aus, als ob William seine Erfolge noch ausbauen könnte. Er war fachlich so außergewöhnlich gut, dass sich seine Konkurrenten die Zähne an ihm ausbissen. Ein Kollege schrieb über ihn: »Das Van-Alen-Zeug ist so verdammt clever – ich weiß nicht, ob ich es bewundern oder hassen soll.«

Aber dann zeigte sich, dass sein Exkollege Craig eben doch einen großen Anteil am Erfolg gehabt hatte: William tat sich schwer mit dem Verkaufen. Er wirkte so arrogant und hölzern, dass kaum jemand Lust hatte, mit ihm zu verhandeln. Sein Glück war es, dass New York boomte, der Immobilienmarkt kochte und die Zeit der großen Wolkenkratzer angebrochen war. Er landete seinen Big Point. Einen vierzigstöckigen Wolkenkratzer in Midtown Manhattan sollte er bauen!

Mit Feuereifer machte er sich ans Werk und steckte ein ganzes Jahr Lebenszeit in den Entwurf. Aber noch bevor der Bau beginnen konnte, verkaufte der Bauherr sein Grundstück an den Autogiganten Walter P. Chrysler, damals einer der reichsten Männer der Welt.

Chrysler wischte Williams Entwurf vom Tisch: 40 Stockwerke? Nein, er wollte nichts weniger als das höchste Gebäude der Welt bauen! Er wollte kein Gebäude, das an den Wolken kratzte, er wollte eines, das die Wolken durchstach! William war erst einmal aus dem Rennen, aber das stachelte seinen Ehrgeiz nur noch mehr an. Jetzt fühlte er sich wirklich herausgefordert: Das könnte der Auftrag seines Lebens sein! Den würde er sich um nichts in der Welt entgehen lassen! Kein anderer kannte das Grundstück und die Bausituation so gut wie er. Kein anderer war so mutig und so kühn wie er. Er holte sich den Auftrag zurück und überzeugte Chrysler mit seinem neuen, spektakulären Plan. 247 Meter! Die beiden Macher schüttelten einander begeistert die Hände.

Aber nur einen Monat später wurde ihm klar, dass er sich mitten in einem Zweikampf befand. Sein Expartner Craig Severance hatte von einem an der Wall Street reich gewordenen Bauherr ebenfalls den Auftrag bekommen, das höchste Gebäude der Welt zu bauen. Auch ihm standen praktisch unbegrenzte Mittel zur Verfügung, und auch er hatte den unbedingten Ehrgeiz, es allen anderen zu zeigen. 260 Meter!

Und so standen einander die beiden ehemaligen Partner wutschnaubend Aug in Aug gegenüber, der eine baute in Downtown, der andere in Midtown, und beide waren entschlossen, als Sieger aus dem Wettrennen hervorzugehen. Im Herbst 1928 begann William das Wettbauen. 1929 zog Craig nach. Beide Architekten planten noch während des Bauens zusätzliche Stockwerke ein und reizten alles aus, was architektonisch machbar war. Die Bauherren konnten es sich leisten, denn mit der Weltwirtschaftskrise 1929 fielen die Löhne der Bauarbeiter ins Bodenlose. Chrysler, der vom Time Magazin zum »Man of the Year« ausgerufen worden war und auf keinen Fall verlieren wollte, trieb seinen Baumeister unerbittlich an: 282 Meter! Aber Severance überraschte schließlich mit einer unglaublichen Bauzeit von nur elf Monaten und einer Bauhöhe

Er hatte seinen mittlerweile verhassten Konkurrenten auf der Zielgeraden überholt.

38

von knapp einem Meter über dem Plan von Van Alen. 283 Meter! Er hatte seinen mittlerweile verhassten Konkurrenten auf der Zielgeraden überholt. Die Sektkorken knallten Anfang Mai 1930 in Downtown Manhattan.

Aber womit keiner gerechnet hatte: Im Geheimen hatte William Van Alen im Innern seines Hochhauses eine spektakuläre Kuppel aus rostfreien Stahlbögen bauen lassen, eine sechsgeschossige Krone mit einer merkwürdigen, nadelartigen Spitze. Die Einzelteile lagerten bereits seit einiger Zeit im Heizungsschacht. Nachdem die Bauarbeiten am Konkurrenzbau in Downtown Manhattan abgeschlossen waren und Craig keine Chance mehr hatte zu reagieren, ließ William die Einzelteile ins 65. Stockwerk transportieren, binnen weniger Tagen zusammenschrauben und innerhalb von nur anderthalb Stunden mit einem Drehkran auf das bis dato um einen Meter zu kleine Hochhaus setzen. Am 28. Mai 1930 wurde das Chrysler Building damit zur Überraschung von ganz New York das höchste Gebäude der Welt.

William van Alen hatte gesiegt. Er hatte es allen gezeigt und seinen Widersacher mit einem genialen Schachzug vernichtet. Dessen Beschwerden, die »Vertex« genannte Stahlkonstruktion sei ja nur ein albernes Hütchen und sein Gebäude habe immerhin den höchsten nutzbaren Raum von allen Gebäuden der Welt, interessierte niemanden mehr. William hatte es geschafft. Was für eine Leistung! 319 Meter!

Aber der Preis, den er dafür bezahlte, war hoch. Erstens dauerte es nur etwas weniger als ein Jahr, bis das Empire State Building fertiggestellt war, das eine Dachhöhe von 381 Metern und eine Antennenspitze bis auf 443 Meter Höhe hatte.

Zweitens war das Empire State Building nicht nur viel höher, sondern außerdem viel schöner und anerkanntermaßen architektonisch viel wertvoller als sein Chrysler Building. Die Fachwelt mokierte sich über die komische Stahlkuppel, die durch ihre ungewöhnliche Form zwar die Blicke auf sich zog, die aber nicht als ernsthafter, eigenständiger Entwurf angesehen wurde. Der schmuck- und anspruchslose Baukörper, der in aller Eile hochgezogen worden war, konnte ohnehin schon niemanden begeistern, aber die Stahlspitze war mit ihm in keiner Weise organisch verbunden, sondern lediglich billig aufgesetzt. Schnell, hoch, spektakulär, aber mit wenig Substanz. Das war das vernichtende Urteil der Architekturwelt. Das Image des Architekten William van Alen war ruiniert.

Drittens hatte Van Alen in seinem großen Rausch am Ende der »Roaring Twenties« völlig vergessen, mit seinem Auftraggeber einen ordentlichen Vertrag aufzusetzen. Er forderte nun von Chrysler die üblichen sechs Prozent der Bausumme von 14 Millionen Dollar, aber der wollte die Rechnung nicht bezahlen. Van Alen war gezwungen, den berühmten »Mann des Jahres« und amerikanischen Helden Walter P. Chrysler vor Gericht zu zerren. Zwar bekam er Recht und holte sich auf diese Weise nach und nach sein Geld, aber in der Öffentlichkeit wurde er als abschreckendes Beispiel dafür, wie man tunlichst nicht Geschäfte machen sollte, durch den Kakao gezogen.

Viertens hatte nach der Weltwirtschaftskrise keiner mehr das Geld, um Wolkenkratzer in Manhattan in Auftrag zu geben. Vierzig Jahre lang sollte das Empire State Building das höchste Gebäude der Welt bleiben, bis zur Fertigstellung des World Trade Centers 1972.

William van Alen baute nach dem Chrysler Building kein einziges Gebäude mehr. Er war unbestritten ein herausragender Architekt. Womöglich hätte er als solcher noch Großes leisten können. Aber als Geschäftsmann war er schlicht weg vom Fenster. Gescheitert an einem ungesunden, überzogenen Ehrgeiz. Sogar sein Versuch, mit Fertighäusern wieder auf die Beine zu kommen, scheiterte. Er lehrte für den Rest seines Lebens Bildhauerei an einer Kunsthochschule und starb 1954, ohne dass es die Öffentlichkeit groß zur Kenntnis nahm. Im Augenblick seines größten Triumphs, am 28. Mai 1930, hatte er gleichzeitig alles verloren.

Ein guter Deal

Macher sind verdammt gut in dem, was sie tun. Und sie haben ein angeborenes Sendungsbewusstsein, ein Selbstverständnis zur Führung. Sie sind so frei und nehmen sich ein Stück Macht, sie ermächtigen sich zu einer mutigen Tat. Dafür bekommen sie Respekt, was ihre Selbstsicherheit weiter nährt. Mit dieser Kraft schwingen sie sich auf zur nächsten, etwas größeren Tat, was ihr Ego weiter nährt. Und so weiter.

Schon bald ziehen sie alles an sich. Sie sind Gipfelstürmer, Pioniere, sie gehen voran und reißen andere mit. Sie haben die Fähigkeit, andere zu begeistern, sie ernten Bewunderung und Respekt, sie erhalten jede Menge Anerkennung – in Form von Lob, Geld und Demutsgesten.

Unternehmen von Machern wachsen zu Beginn enorm. Der Boss dient seiner Sache, und er kann etwas bewegen. Alle im Unternehmen, bisweilen alle in einer Branche, schauen zu ihm hin und zu ihm auf. Der Macher macht, und alle staunen, wie er das bloß wieder hinbekommen hat.

Die Macher hatten immer wieder ihre Boomzeiten. Die Nachkriegszeit des Wirtschaftswunders in Deutschland, das New York der 1920er Jahre oder die Gründerzeit in Europa in der zweiten Hälfte des 19. Jahrhunderts waren solche Zeiten, in denen Macher Unglaubliches leisteten: Alfred Krupp, Robert Bosch, Werner Siemens, Emil Kessler, Oscar Henschel, Gottlieb Daimler, Carl Benz, Adam Opel, Rudolph Karstadt, Oscar und Leonhard Tietz, August Borsig, Joseph Anton von Maffei, Richard Hartmann, Fritz Grillo, Leopold Hoesch, August Thyssen, Hugo Henckel von Donnersmarck, Adolph Hansemann, Adelbert Delbrück, Gustav Mevissen, Carl von Thieme, Friedrich Engelhorn, Friedrich Bayer, Paul Carl Beiersdorf, Fritz Henkel, Carl von Linde, Wilhelm, Georg und Carl Merck, Hugo Stinnes, Paul Hartmann, Max und Reinhard Mannesmann, Ernst Schering, Bernhard Braun,

Emil Quandt – die Liste der Macher der deutschen Industriegeschichte aus dieser Zeit vor 1900 ließe sich endlos fortsetzen.

Diese Gründer finden heute nur noch wenig Beachtung, in der Schule lernt man ihre Geschichten nicht, aber ihre berühmten Namen prangen zum Teil noch heute auf den Firmenlogos der Nachfolgeunternehmen. Auch ihre feudalen Wohnhäuser, Villen und Fabrikgebäude, die zum Teil noch immer bestehenden Familienvermögen, Stiftungen und Kunstsammlungen und die zahlreichen nach ihnen benannten Straßen und Plätze zeugen davon, dass diese Macher in nur wenigen Jahrzehnten das Fundament unseres heutigen Wohlstands errichtet haben.

Warum ehren wir sie nicht, warum mögen wir sie nicht? In ihrer Zeit waren sie genau die Führungsfiguren, die die Menschen brauchten. Zu Zeiten des Deutsch-Französischen Kriegs 1870/71, in der Weimarer Republik nach dem Ende des Ersten Weltkriegs oder zu Wirtschaftswunderzeiten galt es, auf Trümmern Neues zu errichten. Und aufbauen, das konnten sie!

Warum ehren wir sie nicht, warum mögen wir sie nicht?

Zu diesen Zeiten waren sie willkommen. Die Menschen waren von den jeweiligen Kriegen gezeichnet, sie waren mit hierarchischem Drill und militärischer Organisation preußischen Ursprungs aufgewachsen. Sie waren verunsichert. Sie hatten Angst vor der Zukunft, viele fühlten sich schuldbeladen und desorientiert.

In einer klaren Ausrichtung auf eine Führungsfigur, in einer Welt von Befehl und Gehorsam gewannen die Menschen wieder Sicherheit. Die Gründer, die Industriellen und Fabrikanten waren Leuchttürme, an denen man sich orientieren konnte. Die Zugehörigkeit zu einer Firma war für viele die Chance, wieder zu Wohlstand und vor allem zu Stolz und Selbstvertrauen zu kommen. Nach einer berühmten Definition des französischen Soziologen und Philosophen Henri de Saint-Simon, die Mitte des 19. Jahrhunderts durch den Schriftsteller Heinrich Heine in Deutschland verbreitet wurde, ist ein Industrieller »ein Mensch, der arbeitet, um die Mittel zur Befriedigung der Bedürfnisse oder physischen Genüsse für die Menschen zu erzeugen oder zugänglich zu machen«. Das versteht auch heute noch jeder. Der Nutzen für die Allgemeinheit ist in dieser Definition bereits codiert. Und tatsächlich dienen Macher in erheblichem Maße der Allgemeinheit, und das, indem sie primär ihrer eigenen Selbstverwirklichung dienen.

Damals jedenfalls war die Antwort auf die Führungsfrage eindeutig. Die Macher wurden gebraucht. Natürlich dominierten sie ihre Angestellten und Arbeiter. Aber zu einer Beziehung der Dominanz gehören immer zwei: der Dominator und die Dominierten. Diejenigen, die dominiert werden wollten, suchten den mächtigen Schutzschild des Machers. Mit jedem einzelnen unterworfenen Geist stieg seine Macht weiter und damit die Anziehungskraft auf weitere Menschen mit einem Schutz- und Führungsbedürfnis. Das Machtsystem der Macher ist eine interessante Symbiose.

Der Wachstumsmechanismus kommt ins Laufen, sobald ein Macher spürt, dass er gebraucht wird. Sobald man ihm die Verantwortung überlässt, greift er danach, und seine zunehmende Stärke zieht weitere Verantwortung an wie ein Magnet.

Im Sog der Verantwortung

Macher nehmen uns Entscheidungen ab. Sie ziehen die Verantwortung an sich und urteilen: Wir wissen, was die Kunden wollen. Hier sind die Produkte, hier die Preise. Gehandelt wird nicht, der Rabatt ist im Preis schon eingerechnet. Kauf! – Mit dieser entschiedenen Haltung machten die Albrecht-Brüder Karl und Theo von 1946 an aus dem Tante-

43

Emma-Laden ihrer Mutter, die zwar nicht Emma, sondern Anna hieß, ein Vermögen. Das bis heute größte Vermögen aller Deutschen. ALDI macht's möglich.

Das Merkmal jedes Geschäfts- oder Organisationssystems der Macher ist: Zentralisierung der Verantwortung, der Entscheidungen, der Macht. In solche Strukturen passen Menschen, die gerne Verantwortung abgeben, die Entscheidungen scheuen und die sich gerne unterordnen. Im Gegenzug erhalten sie Sicherheit, Identität und materiellen Wohlstand. Ein Tauschgeschäft. Es funktioniert unter zwei Voraussetzungen: Solange der Macher stark ist, kann er ein solches Tauschgeschäft anbieten. Und solange genügend schwache Menschen unter den starken Baum schlüpfen wollen, ist für die andere Seite des Tauschgeschäfts gesorgt.

Starke Macher können unter diesen Voraussetzungen ein Segen sein. Sie fühlen und gebärden sich zum Teil wie Kaiser, sie sind wahre Patriarchen, aber das bedeutet nicht, dass sie Unmenschen sind. Gerade sie tun Gutes in großem Ausmaß.

Legendär ist beispielsweise das soziale Engagement des Industriellen Robert Bosch. Er spendete große Geldsummen, um technische Entwicklungen, die Volksbildung und soziale Projekte zu unterstützen. Er ließ einige seiner Fabriken zu Lazaretten umfunktionieren und versorgte verstümmelte Kriegsheimkehrer mit Prothesen. Als eine der ersten Firmen überhaupt führte Bosch schon 1906 den Achtstundentag ein, der noch heute unsere Arbeitswelt prägt. Bosch war berühmt für die gerechte Bezahlung seiner Angestellten und Arbeiter. Er förderte auch demokratische Strukturen und unterstützte beispielsweise den Aufbau einer Mitarbeiterzeitung. 1915 gründete er das »Stuttgarter Homöopathische Krankenhaus« und stiftete für dessen Betrieb den damals gigantischen Betrag von drei Millionen Mark. Er war ein überzeugter Anhänger der Homöopathie und suchte zeitlebens nie einen schulmedizinisch ausgerichteten Arzt auf. Das Krankenhaus fand 1969 seinen Nachfolger im stiftungsfinanzierten, aber schulmedizinisch-konventionell arbeitenden Robert-Bosch-Krankenhaus, das in und um Stuttgart heute drei große Kliniken mit insgesamt knapp 800 Betten betreibt und jährlich über 30 000 Patienten stationär versorgt. Der zu seinen Lebzeiten selbst in sozialistischen Kreisen geraunte Ehrentitel des Patriarchen lautete »Der rote Bosch«.

Auch politisch übernahm er Verantwortung: Er versuchte, Hitler für die Idee eines friedlichen, zollfreien Wirtschaftsraumes in Europa zu gewinnen und zur Aussöhnung mit Frankreich zu bewegen – zwei Visionen, die heute Wirklichkeit geworden sind. Und nicht zuletzt gab seine Firma Hunderttausenden von Menschen Lohn und Brot. Die Robert Bosch GmbH hat heute als weltweit größter Automobilzulieferer über 300 000 Mitarbeiter. Und sie ist noch immer zu 92 Prozent in Eigentümerschaft der Robert-Bosch-Stiftung – eine Konstruktion, die dafür sorgt, dass die Unternehmensgewinne im Unternehmen verbleiben oder in die gemeinnützige Stiftung fließen. Vorausschauend übernahm Robert Bosch auch Verantwortung für die Zeit nach seinem Tod. In zahlreichen Verfügungen sorgte er dafür, dass sich niemand an der Leistung seiner Mitarbeiter bereichern konnte, sondern außer den Arbeitern selbst nur die Allgemeinheit profitierte.

Das heißt allerdings nicht, dass Bosch ein Heiliger war. Als im Sommer 1913 die sozialistische Gewerkschaft einen Streik unter seinen Arbeitern organisierte, wurde Bosch wütend. Das war eine persönliche Kränkung, und das ließ er sich nicht bieten! Die Sozialdemokratie war damit für ihn ein für alle Mal gestorben. Und das betreffende Werk legte er kurzerhand still. Wer nicht arbeiten wollte, der sollte gefälligst verschwinden und schauen, wie er klarkam!

Robert Bosch war bei allen Wohltaten und großartigen unternehmerischen Leistungen immer auch das, was jeder Macher ist: ein Getriebener, ein harter Knochen. Er war davon überzeugt, dass jeder mit ehrlichem Einsatz und eiserner Disziplin seine Ziele erreichen könne, egal, welche Krisen sich ihm in den Weg stellten. Und er forderte das zu allererst von sich selbst. Aber außerdem auch von jedem anderen.

Der Antrieb sowohl für die unternehmerischen als auch für die sozialen Leistungen der Macher ist persönliche Anerkennung. Kritik an ihrer Person wird von ihnen geradezu als Gotteslästerung aufgefasst. Für sie gilt das Weltbild: Die Erde dreht sich vielleicht um die Sonne, aber beides dreht sich um mich! Alles, was geschieht, ist entweder für mich oder gegen mich, und es geschieht, um mich zu bestätigen oder abzulehnen. Der Macher nimmt die Welt persönlich: Ich zeig' es euch. Ich kann das. Ich schaffe das. Ich leiste das. Und dafür sollt ihr mich lieben. Oder wenigstens respektieren. Oder wenigstens anerkennen. Oder wenigstens wahrnehmen.

1:0 für mich

Wahrgenommen, anerkannt, respektiert und manchmal sogar geliebt wird immer der Sieger, niemals der Verlierer – das lernen die Macher schon früh im Leben. Ein Macher will nicht nur sein Bestes geben, sondern vor allem der Beste sein. In seiner Welt kann es nur einen geben, der an der Spitze steht, nur einen Gewinner, nur einen Sieger, nur eine Nummer eins. Und das will er selbst sein.

Ein geschätzter Rednerkollege von mir, der ein ausgeprägtes Macher-Gen in seinen Körperzellen trägt, sagt dazu passend auf der Bühne gerne: »In meinem Markt bin ich die kleinste Nummer – und das ist die Nummer eins!«

Der FC Bayern München ist so eine Nummer eins. Mit über 170 000 Vereinsmitgliedern und knapp 3000 Fanclubs, die wiederum über 200 000 Mitglieder haben, ist er Deutschlands größter Sportverein. Das Selbstverständnis des vom

Macher Uli Hoeneß geprägten Clubs ist das eines Gewinners. Ein Jahr ohne Titelgewinn ist ein verlorenes Jahr. Das zur Schau getragene Siegerbewusstsein macht die große Anziehungskraft und zu Teilen auch den sportlichen Erfolg des FC Bayern aus – ist aber zugleich die Ursache für große Rivalität und erbitterte Gegnerschaft. Der FC Bayern polarisiert, er ist der meistgeliebte und meistgehasste Verein Deutschlands. Eine Wohltat für alle Bayern-Hasser war das Jahr 2012, in dem der FC Bayern in drei Wettbewerben nur zweiter wurde ...

So geht es allen Machern. Sie polarisieren. Denn sie wollen stets die Nummer eins sein. Sie wollen die meisten Mitarbeiter haben, das größte und tollste Firmengebäude, den größten Umsatz, die meisten Fahrzeuge, die höchsten Stückzahlen oder was auch immer, je nach Branche. Und sie haben diesen Siegeswillen, den Instinkt, den Riecher. Sie hören auf ihren Bauch und sind damit oft schneller und treffsicherer als die kopfgesteuerten Konkurrenten. Die Frage ist nur, wohin das Ganze führt.

Die Frage ist nur, wohin das Ganze führt.

Um so schnell und schlagkräftig zu sein, errichten sie in ihrem System eine Diktatur, eine hierarchische Pyramidenstruktur, an dessen Spitze sie selbst stehen. Das klassische Managementmodell, das auf den amerikanischen Ingenieur Frederick Winslow Taylor zurückgeht, macht dies möglich. Im Taylorismus gibt es eine strenge Trennung von Denken und Handeln, von Kopf und Hand, von Top-Floor und Shop-Floor, von Chefetage und Werkhalle, von Manager und Worker. Die Entscheider stehen oben, und alle Untergebenen berichten nach oben. Die Informationen fließen von unten nach oben, und die Entscheidungen von oben nach unten. Wir alle kennen doch noch den Satz: Überlass das Denken den Pferden, die haben einen größeren Kopf dafür. Genau so war das gemeint: Mitarbeiter brauchte man – nicht Mitdenker!

Je präziser diese Struktur von Befehl und Gehorsam, von Anweisung und Kontrolle, von Zielvorgabe und Zielerfüllung funktioniert, desto schlagkräftiger und schneller kann die ganze Organisation dem Willen des obersten Chefs folgen. Überall, wo Sie klassisch-tayloristisches Management vorfinden, sehen Sie einen Macher am Werk.

Solange die Organisation wächst, solange Dynamik im Markt ist, solange der Macher mit seinem ganzen Apparat anschiebt und vorwärtsdrängt, funktioniert das auch unglaublich gut. So paradox das klingt: Diktaturen sind in Krisen- und starken Wachstumszeiten die effektivsten sozialen Systeme, weil Demokratien für die Umsetzung effektiver Veränderungsprozesse zu lange benötigen. Das gilt sowohl für kleine soziale Systeme wie Familien als auch für mittelgroße wie Unternehmen oder für sehr große wie Nationen oder Staatenverbünde. Wenn angeschoben werden muss, braucht es das Diktat fähiger Macher. Dennoch, wie sehr Diktaturen den Machtmissbrauch geradezu heraufbeschwören, zeigt ein Blick auf aktuelle und verstorbene Diktatoren. Macht und Machtmissbrauch scheinen Hand in Hand zu gehen.

Die herausragendsten Leistungen der Macher, ihre größten Verdienste waren und sind darum immer: Anschieben. Initiieren. Lostreten. Anfangen. Die Macher bringen Systeme in Anschlag, zum Abheben, zum Fliegen. Und das sollten wir anerkennen, es verdient unseren Respekt, ja auch unsere Bewunderung.

Aber wir machen einen Fehler, wenn wir sie auf ein Podest heben und ihnen einen Heiligenschein aufsetzen. Sie sind Vorbilder, aber jeweils nur für ganz bestimmte Ausschnitte des Lebens, für eine ganz bestimmte Art des Daseins. Nicht für alles und schon gar nicht heute. Nur im Rahmen einer historischen Möglichkeit. Wir stehen auf ihren Schultern, auf den Schultern von Riesen. Aber Riesen werfen auch lange Schatten.

Die dunkle Seite der Macher

Wenn ein Macher ein System entwirft, beispielsweise ein Unternehmen, dann richtet er alles auf sich aus. Er ist der Urheber von allem, er kontrolliert alle Informationen, die innerhalb des Systems fließen, er trifft alle wichtigen Entscheidungen. Wenn das Unternehmen etwas macht, dann ist er es, der etwas macht. Der Macher versteht das Unternehmen als einen Organismus, dessen Bewusstsein er ist. Die Abteilungen sind seine Organe, die einzelnen Menschen seine Muskeln, die Unternehmensstrukturen seine Sehnen und Knochen. Solche Macherunternehmen sind eigentlich übergroße Abbildungen des Machers selbst. Oder zugespitzt gesagt: Macherunternehmen sind die Prothesen eines Geistes, der über seine Grenzen hinausgewuchert ist.

Die Mitarbeiter solcher Unternehmen denken nicht für das Ganze mit und übernehmen keine Verantwortung für das Ganze. Das heißt nicht, dass sie überhaupt nicht denken und gar keine Verantwortung übernehmen. Sie kennen lediglich ihren legitimen Aktionsradius, ihre »Stellenbeschreibung«, ihren »Bereich« und beschränken ihr Mitdenken und ihre Verantwortungsübernahme auf diesen engen Kreis. »Abteilungsdenken« heißt das dann etwa. Alles andere sehen solche Mitarbeiter nicht. Sollen sie auch gar nicht.

Der Grund dafür liegt nicht in der intellektuellen Unzulänglichkeit dieser Menschen oder ihrer mangelnden Bereitschaft zur Verantwortungsübernahme, sondern daran, dass der Macher alle Verantwortung an sich zieht und alle wesentlichen Entscheidungen selbst trifft. Durch die Notwendigkeit seiner Selbstdarstellung werden alle anderen klein gehalten. Innovationen dürfen nur in die Welt kommen, wenn der Macher sie gebiert. Wer kennt das nicht: Ein Mitarbeiter bringt einen Vorschlag, und Wochen später gibt der Chef diesen als seinen eigenen aus. Denn **Denn fremde Babys werden von Löwenmännchen nicht großgezogen.**

fremde Babys werden von Löwenmännchen nicht großgezogen. Dagegen ist kein Kraut gewachsen, und warum sollte sich da ein Mitarbeiter noch den Kopf zerbrechen, wo sein Gehalt für die nächsten Monate oder Jahre herkommt? Es wird einfach auf seinem Konto eingehen, dafür sorgt schon der Macher. Und wieso sollte irgendein Mitarbeiter den Kopf hinhalten für eine Entscheidung, die nachher sowieso der Chef trifft? Der Alte hat gesagt, so und so wird es gemacht, also wird es so und so gemacht. Ist eine Entscheidung nötig, wartet alles auf den Chef. Verantwortung kann der Mitarbeiter dann ja zu Hause oder im Kegelclub übernehmen.

Der Chef stellt die Fragen, und nur er hat die Antworten. In der Passivität der Mitarbeiter sieht er sich bestätigt: Alles muss man selber machen! Er macht Druck, er belohnt, er setzt Kraft frei, alles steht und fällt mit ihm. Diese zentralisierte Struktur des Unternehmensgeistes kann ich sehr gut beobachten, wenn ich Vorträge in Unternehmen dieses Typus halte. Natürlich ist der Macher clever genug, sich nach außen als altruistisch zu verkaufen. So viel hat er gelernt. Doch die Körpersprache verrät die Wahrheit. Wo der Chef sitzt, kann ich dann an der Blickrichtung seiner Mitarbeiter erkennen: Es ist den Menschen in Fleisch und Blut übergegangen, ganz unbewusst regelmäßig zum Chef zu schauen. Besonders, wenn ich im Vortrag zu herausfordernden Aussagen komme. Die Köpfe schnellen dann herüber, und alle schauen, mit welchem Gesichtsausdruck der Chef reagiert. Was sollen wir jetzt davon halten? Was sollen wir denken? Sollen wir jetzt lachen? Oder sollen wir uns ärgern? Was dürfen wir jetzt machen?

Die Elemente von Machersystemen existieren nicht selbstständig, sondern sie existieren durch den Macher hindurch. Junge Macherunternehmen reagieren schnell und instinktiv, bisweilen genial, das ist ihre große Stärke, aber es ist der Instinkt des Chefs, der sich in den Aktionen der Mitarbeiter ausdrückt.

Die Vorteile dieser Struktur stellen sich sofort ein, die Nachteile kommen später. Denn der Macher ist der Flaschenhals des Unternehmens. Alles, was er anschiebt, kommt wie ein Bumerang wieder zu ihm zurück und muss von ihm verarbeitet werden. Und je größer das Unternehmen wird, desto mehr muss der Macher verarbeiten.

Allein schon die Arbeitspensen der Macher sind schierer Wahnsinn. Es ist unglaublich, wie viel Energie ein Mensch aufbringen kann, um einer Sache zu dienen. Vor allem wenn diese Sache primär zeigen soll: Seht her, das bin ich! Wer das absolute Maximum an Ar- **Seht her, das bin ich!** beitsvolumen und Output erleben will, beobachte einen ausgesprochenen Macher nur einen Tag lang. Das sind wahre Arbeitsmonster, sie verschlingen Berge von Akten, erledigen zig Telefonate, schreiben Hunderte von E-Mails, führen zwischendurch mehrere Gespräche, hetzen von einem Termin zum anderen, und das ohne Pause, Tag für Tag, auch am Wochenende. Sie kommen mit erstaunlich wenig Schlaf aus und unterwerfen alles ihrem Arbeitsergebnis. Sie sind extrem diszipliniert, halten sich körperlich fit, um leistungsfähig zu sein und arbeiten hochoptimiert und zeiteffizient.

Das müssen sie auch. Denn ohne ihren Umsatz an Entscheidungen, Anweisungen, Anschüben und Initiativen würde das Unternehmen sofort aus dem Tritt geraten und erlahmen. Sobald irgendwo ein Muskel seines Meta-Organismus erschlafft, zieht der Macher die Zügel straff und pumpt neue Energie hinein. So hält er alles am Laufen. Und so übt er unglaublichen Druck auf seine Mitarbeiter aus. Die eifrigsten und leistungsbereitesten Mitarbeiter sitzen nahe an der Schaltzentrale und bewundern die Schaffenskraft ihres Vorbilds, fühlen sich zu ähnlichen Leistungen angespornt und geben alles. Sie bilden das Herz und die Lunge des auf Hochleistung getrimmten Macherorganismus. In der Hochphase, wenn der Macher voll im Saft steht, können solche Unternehmen den Markt dominieren, einen Markt komplett aufrollen und sogar binnen weniger Jahre Weltmarktführer werden. Beispiele sind Microsoft, Google oder Facebook.

Doch wenn die Umwelt komplexer wird, wenn die Märkte und die Konsumenten sich weiterentwickeln, wenn das Unternehmen größer und die Aufgaben vielfältiger werden, wenn das Produktportfolio und die Strukturen komplexer werden, dann müssen der Macher und sein engster Zirkel an Mini-Machern unglaubliche Energien in ihre Führungsarbeit stecken. Und irgendwann kommen sie an ihre Grenzen. Jeder einzelne kommt an seine Grenzen. Ob er will oder nicht. Mehr geht nicht. Der Raum, den sie geschaffen haben, um ihrem Ego eine Bühne zu geben, überdehnt sich, wird unbeherrschbar. Die Macher verlieren die Kontrolle. Typischerweise werden sie dann aggressiv. Sie fangen an zu fauchen, zu kratzen und zu beißen. Sie merken: Alles verlangsamt sich. Abläufe geraten ins Stocken. Manche Mitarbeiter sind überlastet, andere laufen leer. Das System läuft nicht mehr rund.

Der Macher ist überfordert. Jeder kennt das: Werden die Ergebnisse schlechter, wird zuerst das Berichtswesen verdoppelt. Das ist ein Zeichen von Angst. Andere fangen an, ihre besten Leute anzufeinden und rauszuwerfen, manche legen sich mit dem Betriebsrat an und führen intern Krieg, manche beschuldigen einen Wettbewerber und beginnen einen äußeren Krieg, manche schließen sich auch nur einfach ein, ziehen die Mauern hoch und tun so, als sei alles beim Alten.

Manchmal lassen sich auch merkwürdige Erscheinungen beobachten: Der Macher fährt einzelne Produkte, Projekte, Abteilungen oder gleich das ganze Unternehmen bis knapp vor die Wand, um dann alles mit großer Geste und einem riesigen persönlichen Aufwand zu retten. Ich habe einmal ein Unternehmen kennengelernt, das mit Handelsware einen Umsatz im zweistelligen Millionenbereich erwirtschaftet hatte. Das Interessante: Es erzielte kaum Profit und litt an sich ständig wiederholenden Fehlern ähnlicher Art. Drohende Regressforderungen brachten es mehrfach an den Rand des Ruins. Mit einem riesigen Kraftaufwand wurde die Sache dann geklärt, bis zum nächsten Mal. Die Mitarbeiter waren nicht dumm. Sie wussten, mit welchen Veränderungen die Sache zu beheben gewesen wäre. Doch der Inhaber torpedierte Lösungsversuche, wo er nur konnte. Denn es hätte seine Rolle als Retter in der Not überflüssig gemacht. Doch, das war es, worauf es eigentlich ankam. Indem er regelmäßig den Helden spielt, kann ein Macher den ultimativen Beweis antreten, dass nur er es drauf hat, dass er unverzichtbar ist, dass er der einzige Stern am Himmel ist. Er will gebraucht werden, will bewundert werden. Und darum dosiert er die Probleme unbewusst immer genau so, dass er am Ende gerade noch die Kurve kriegt.

Aber kein Mensch hält diese Intensität dauerhaft aus. Macher überhitzen früher oder später. Ihr typischer Tod ist der Herzinfarkt. Mit einem Schlag ist alles aus. Sie treten ab. Und nach ihnen die Sintflut. Ohne zynisch sein zu wollen: So ein schlagartiger Abtritt mit Knall, so herausgerissen zu werden aus seinem tätigen Leben, das ist für einen Macher immer noch der schönste Tod. Viel schlimmer ist es, wenn das Unternehmen synchron mit der Alterung und Erschlaffung des Machers in eine Phase des Siechtums eintritt.

Da sich ihre Unternehmen wie die äußere Hülle ihrer Persönlichkeiten verhalten – nichts anderes sind sie nämlich –, kann man bisweilen am äußeren Zustand eines erstarrenden und unbeweglich werdenden Unternehmens den geistigen Zustand seines Gründers, Inhabers oder Geschäftsführers ablesen, vor allem bei Familienunternehmen. Die Drogeriekette Schlecker ist dafür ein schlagendes Beispiel – ein Beispiel, an dem man auch den nächsten großen Schatten beobachten kann, den Macher werfen: Solche Unternehmen überleben den Tod oder die Abdankung ihres Gründers oft nicht, die Macher bekommen die Unternehmernachfolge nicht geregelt.

Das ist aber auch ganz logisch und natürlich, wenn man verstanden hat, dass Macherunternehmen nur durch ihren Macher hindurch existieren und von dessen Aktionen am Leben erhalten werden. Macher können nicht loslassen, und damit verhindern sie unbewusst die Nachfolge. Denn würden sie loslassen, käme das aus ihrer Perspektive dem Tod gleich: Das Unternehmen ist ja nur ein Aspekt ihrer selbst. Und wer will schon sterben?

Und wer will schon sterben?

Geht der Macher, so oder so, bleibt vom Unternehmen oft nur eine leblose Hülle, die in kürzester Zeit zerfällt. Die Nachfolge bekommen solche Unternehmen nur geregelt, wenn sie sich vor der Übergabe des Staffelstabs transformieren, weg von der zentralistischen Macherstruktur. Oder wenn der Sohn oder die Tochter des Patriarchen – ein junger Mensch, der quasi im Unternehmen aufgewachsen ist – die Nachfolge antreten und irgendwann so stark werden, dass der »Alte« nach und nach weichen muss. Das Problem zeigt sich auch an der Unzahl von Beraterfirmen, die sich auf die Unterstützung von Nachfolgeregelungen spezialisiert haben.

Ein weiterer Schatten ist, dass die Art und Weise, wie ein Macher-Chef mit seinen Untergebenen umgeht, allein vom seinem Charakter abhängt. Es ist äußerst verführerisch, einen Menschen, der einem den nackten Hals hinstreckt und sich zur Verfügung stellt, tatsächlich zu gebrauchen und möglicherweise zu missbrauchen. Die Ausbeutung durch den Chef ist dann auch ein Reflex auf die Unterwerfung der Mitarbeiter. Nur wo ein Ausbeuter ist, gibt es Ausbeutung. Das ist richtig. Doch diese Medaille hat eine zweite Seite: Nur wo sich jemand ausbeuten lässt, gibt es Ausbeutung. Wo starke Typen also die Hand über schwache Typen ausstrecken und beide davon einen Vorteil haben, wächst der beiderseitige

Trieb, diese asymmetrische Form der Beziehung auszubauen. Macht hat in diesem Spiel aber nur der eine.

Das ganz Gebilde wächst und wächst, und wenn irgendwann die Macht des Machers größer wird als sein Verantwortungsbewusstsein, dann wird es gefährlich. Denn dann beutet er ohne mit der Wimper zu zucken andere Menschen aus. Und wenn er sie missbraucht – was leicht möglich ist, da niemand den Macher kontrollieren kann und es bisweilen schleichend und zunächst unbemerkt passiert –, dann sind die Unterwürfigkeit und die freiwillige Abhängigkeit der Untergebenen keine Entschuldigung. Der Macher wollte die ganze Verantwortung. Dann muss er sie auch tragen, in der Sonne wie im Schatten.

Wenn sie gewinnen, dann strahlen die Macher und die von ihnen geschaffenen Systeme um die Wette. Aber wehe, sie verlieren.

An sich ziehen, gewinnen, kollabieren

> Entweder ich schaffe Schalke,
> oder Schalke schafft mich!
>
> Rudi Assauer

In die Tiefe: Was treibt die Macher eigentlich an – hinter dem, was sie vordergründig machen? Und: Wie machen das die Macher? Ich war selbst ein Macher, wie war das bei mir?

Sie haben den Erfolg – und Angst im Innern

Am Anfang war es schlimm für mich, im Rollstuhl zu sitzen. Immer zu sitzen, bedeutet, dass die anderen meist über einem stehen. Nein, es ist nicht das Sitzen, Richter und Könige sitzen ja auch, aber sie sitzen auf Podesten und auf ihrem Thron, sie sitzen höher als alle anderen. Mit gutem Grund. Im Rollstuhl zu sitzen, hingegen bedeutet, niedriger zu sein als die Stehenden. Das erniedrigt mit der Dauer und drückt auf das Selbstwertgefühl. Unbewusst. Und wie wollen Sie sich groß und stark fühlen, wenn Sie zu allen aufschauen müssen? Ich wollte aber groß und stark sein!

Diese Spannung zwischen dem Wunschbild der eigenen Person, das er in die Zukunft projiziert, und der schmächtigen Realität der Gegenwart ist für einen Macher kaum auszuhalten. Es soll gefälligst schon jetzt so sein! Im Innern wird der Macher zum Rumpelstilzchen, zum HB-Männchen, er tobt, er läuft heiß, er ist kurz vor dem Durchdrehen, weil das, was er nach außen darstellt, nicht so ist, wie er es haben will. Das sieht man ihm nicht unbedingt auf den ersten Blick an. Oberflächlich betrachtet sind viele Macher die Ruhe selbst, sie wirken bisweilen sogar kühl, unnahbar, souverän, beherrscht. Aber im Innern brodelt es.

Ich weiß noch: Wie minderwertig ich mir vorgekommen bin! Wie unerträglich ich es fand, wenn sie alle um mich herumstanden und mitleidig auf mich heruntergeschaut haben! Ich wollte kein Mitleid. Mitleid bekommen Menschen in meiner Situation geschenkt. Wenn ich mal beruflich oder privat einen großen Schritt nach vorn gegangen war, musste ich Mitleidsbekundungen ertragen, die in etwa so klangen: »Schön, dass er in seiner Situation noch eine Frau gefunden hat.« Oder: »Toll, dass er noch etwas hat, mit dem er sich beschäftigen kann.« Uahhh! Was für eine Folter! Ich wollte doch etwas ganz anderes: Ich wollte Respekt. Was ich damals gemacht habe, musste ich erst verstehen lernen, bevor ich mich davon befreien konnte: Ich habe kompensiert. Meine innere Spannung führte zu einer übersprungsartigen Leistungsbereitschaft. Ich habe meine Wut in Schaffenskraft verwandelt. Ich habe im Außen etwas erschaffen, was mein Minderwertigkeitsgefühl im Innern ausgleichen sollte. Damit wollte ich es »allen zeigen«. Das war die anfängliche Triebfeder für meinen Erfolg.

Ich habe meine Wut in Schaffenskraft verwandelt.

Meine Praxis als Coach hat mich gelehrt: Wenn Macher Großes leisten, dann tun sie es zumeist aus einem tiefen Gefühl der Minderwertigkeit heraus. So werden ihre schlimmsten Verletzungen zu ihrer größten Stärke. Die innere Schwäche wird zu einer äußeren Stärke. Ja natürlich, das ist eine Profilneurose. Im Laufe der Jahre habe ich festgestellt, dass sich eine solche Geltungssucht in einer dreifachen Ausprägung bemerkbar macht. Die erste: sich größer machen durch überragende Leistung, durch Siegen, durch das Erbringen von Beweisen der eigenen Stärke. Die zweite: sich größer machen, als man ist, durch das Herunterputzen, das Abwerten, das Schlechtmachen und das Zerstören der anderen. Die dritte: sich Aufblasen nach außen ohne innere Substanz. Vom

Dreimeterbrett ins Wasser springen und das als Zehnmeterbrett verkaufen. Integre Macher machen auf jeden Fall das Erste, weniger integre auch das Zweite und das Dritte.

Der Kern der Persönlichkeit ist von einem großen Schmerz durchdrungen, einer tiefen Verletzung der Identität. Das reale Selbst, so wie es ist, kann nicht angenommen werden. Darum spaltet sich das Selbst in ein entwertetes Selbst und in ein idealisiertes Selbst. Das entwertete Selbst wird nicht akzeptiert, es wird unterdrückt. Der Schmerz wird unter den Teppich gekehrt und fängt dort an zu faulen. Der Macher kappt unbewusst den Bezug zu sich selbst, löschte einen Teil seiner selbst aus. Als Ersatz baut er das idealisierte Selbst auf und zeigt es demonstrativ im Außen. Er baut sich selbst in seiner idealisierten Form, indem er ein Werk in der Welt vollbringt.

In dem mehrfach preisgekrönten Film »Citizen Kane« von Orson Welles wird exzellent dargestellt, welche machtvolle Triebfeder ein früher Verlust sein kann. Einem Jungen wird sein Lieblingsspielzeug weggenommen, bevor er in ein Internat geschickt wird. Es ist ein Schlitten. Später baut er ein riesiges Medienimperium auf und stirbt am Ende vereinsamt mit den Worten »Rosebud« auf den Lippen. Ein Reporter recherchiert und findet heraus: Rosebud war der Name des Schlittens.

Apple-Gründer Steve Jobs ist für mich einer der größten, wenn nicht der größte Unternehmer der letzten hundert Jahre. Er vereinte in seiner Persönlichkeit vieles, unter anderem war er ein gigantischer Macher. Nicht nur, aber eben auch ein Macher. In einer großartigen Biographie zeichnet Walter Isaacson nach, wo Jobs persönlicher Schmerzpunkt lag, ohne den Apple heute vermutlich nicht existieren würde: Seine Eltern hatte ihn kurz nach der Geburt zur Adoption freigegeben. Von dieser Tatsache erfuhr er erst als junger Erwachsener, aber der Schmerz dürfte schon früh unbewusst in ihm gewirkt haben. Er fühlte sich nicht angenommen von der Welt und konnte sich deshalb selbst nicht restlos annehmen. Das machte ihn schon in seiner Jugendzeit zu einem ziemlichen Ekelpaket, das von seiner Stacheligkeit als junger Erwachsener noch übertroffen wurde. Steve Jobs wollte nur eins: der Welt beweisen, dass er existierte. Er wollte »eine Delle ins Universum schlagen«, wie Jobs es selbst ausdrückte. Wie jeder von uns weiß, ist ihm das gelungen. Und die Beziehung zu seiner Frau Laurene Powell schien dann auch seinen Schmerz zu heilen. Ihre Liebe ließ ihn sich selbst annehmen. Aus dem Macher wurde ein Inspirator erster Klasse, auch wenn diese Transformation viele seiner Kritiker überforderte. Diese wollten am alten Macher-Bild festhalten. Feindbilder wollen gepflegt sein …

Falls Sie sich fragen, wie ich selbst meinen Schmerz überwunden habe: Es brauchte zunächst einen Auslöser, der mir das Verdrängte vor Augen führte. In meinem Fall war das die unüberbrückbare Differenz zwischen Selbst- und Fremdwahrnehmung. Anstatt des erhofften Respektes bekam ich Mitleid. Das tat weh, und darauf gab es nun von meiner Seite verschiedene Antworten. Ich konnte von meiner Umwelt mehr Respekt einfordern. Doch dadurch wäre ich nur noch mehr von der Meinung der anderen abhängig geworden und hätte wohl bald verbittert aufgegeben. Denn der Versuch, andere zu ändern, ist anstrengend und führt zwangsläufig in eine Sackgasse.

> Denn der Versuch, andere zu ändern, ist anstrengend und führt zwangsläufig in eine Sackgasse.

Oder aber ich konnte überlegen, was in mir diesen Schmerz verursacht. Und ich stellte fest: Es war meine mangelnde Selbstannahme, die ich versuchte durch die Anerkennung anderer zu kompensieren. Dieses Erkennen war der Anfang meiner Transformation. Im Verlauf meiner Karriere als Coach stellt ich fest, dass jede Transformation in genau jenem Dreiklang erfolgt, den ich damals erlebt habe: erkennen, anerkennen und auflösen. Genau in dieser Reihenfolge. Oder anders: These – Antithese – Synthese. Jedoch auf tiefer, emotionaler Ebene. Diesen drei Phasen der Transformation entsprechen die drei Teile dieses Buches.

Dank des Vertrauens vieler Spitzenführungskräfte und dank meiner eigenen Entwicklung erkenne ich in vielen Machern heute diesen weichen Kern unter der harten Schale. Nach außen großartige Karrieren, Geld, Hochhäuser, Firmen, Positionen, Erfolge, hohe Mauern. Im Innern hochsensible, zarte Wesen. Das große äußere Selbst um das kleine innere Selbst herum aufzubauen, kostet unglaubliche Energie. Das geht nicht auf einmal und folgt auch nicht einem Masterplan. Auch wenn manche vorgeben, diesen zu kennen. Es geht vielmehr in vielen kleinen Schritten, die aber immer eine winzige Stufe nach oben führen. Macher setzen sich anfänglich ein kleines Ziel und erreichen es. Darin erkennen sie sich selbst: Das war ich! Das gibt ihnen Kraft, das Selbstvertrauen (nicht das Selbstwertgefühl!) steigt. Dann das nächste Ziel, der nächste Erfolg, der nächste Schritt. Das Selbstvertrauen wächst weiter, und mit ihm wächst das Werk. Die Ziele werden immer größer. Und so geht es voran, es ist eine lange Spirale nach oben. Über Jahre und Jahrzehnte hinweg. Im Werden des Werks manifestiert sich der Lebensentwurf des Machers. Machern ist es wichtig, ein Lebenswerk zu hinterlassen. Die Nachwelt soll einmal über sie reden. Wenn das Werk hingegen vorzeitig zerbricht, zerbricht auch das Ich des Machers. Das Leben und Wirken eines Machers birgt immer auch das ganz große Drama.

Sie haben die Macht – und Feinde

Ich kenne einen großartigen Manager. Er arbeitet in einem Konzern und verantwortet darin eine komplette Ländergesellschaft. Wie er das Unternehmen führt, davor kann ich nur den Hut ziehen, er ist zahlenmäßig der mit Abstand erfolgreichste Manager seiner Branche. Beeindruckend! Und er kann herrliche Geschichten erzählen. Einmal war er auf einem Klassentreffen. Er fragte sich: Was ist ein Klassentreffen? Natürlich: Jede und jeder will zeigen, was sie oder er so drauf hat. Bei Männern geht es da oft um Statussymbole, es ist das ultimative Mein-Haus-mein-Auto-meine-Yacht-meine-Pferde-Spiel, wie im bekannten Werbespot einer Bank. Also gut, sagte er sich, wenn, dann aber richtig! Bei der allgemeinen Vorstellungsrunde stand er als Einziger auf und sagte frei heraus:»Leute, ich habe mich im Vorfeld im Internet über euch informiert. Damit eins klar ist: Ich bin hier der Erfolgreichste im Raum!

Pause. Ruhe. Er setzte sich wieder hin. – So **Als Erstes wird die** machen es die Macher. Als Erstes wird die **Hackordnung geklärt.** Hackordnung geklärt.

Das mag manchen gar nicht sympathisch erscheinen, aber es erfüllt seinen Zweck. Durch solche Dominanzgesten schart ein Macher sein Gefolge um sich, und alle anderen sind Feinde. Wer nicht für mich ist, ist gegen mich!

Einmal wurde dieser Manager in einem Meeting persönlich kritisiert. Sachliche Kritik mag ja vielleicht noch gerade so durchgehen. Aber wenn er persönlich hinterfragt wird, ist das im Weltbild eines Machers eine Kampfansage, ein Angriff. Und ein Macher nimmt fast alles persönlich. Wenn er sich dann angegriffen fühlt, wird sein Gehirn mit Kampfhormonen überflutet. Jetzt ist er bereit, alle anderen zu besiegen, um die klare Rangfolge wieder herzustellen: Die Nummer eins bin ich! Der Kampf Mann gegen Mann läuft dabei nach festen, in unserem Gehirn evolutionär fest verdrahteten Mustern ab. Zuerst kommen Drohgebärden und Einschüchterungen. Auf dem Affenfelsen im Zoo sehen und hören wir dann die lauten Schreie der ranghöheren Silberrücken. In der Arbeitswelt läuft das Ganze natürlich etwas zivilisierter ab. Unterschiedliche Methoden, gleiches Spiel.

Der Manager sagte ganz langsam und ruhig zu seinem aufmüpfigen Kritiker: »Hast du einen Swimmingpool? Nein? Nicht! Oh. Na ja, aber du weißt was ein Swimmingpool ist? Ah, gut. Nun stell dir vor, in dem Pool wären ausgehungerte Krokodile. Hast du's? Dir ist klar, wenn du da durchschwimmst, um auf die andere Seite zu kommen, dann ist das gefährlich. Richtig? Aber vielleicht kannst du es ja schaffen. Nur: Stell dir vor, da kommt dann gleich der nächste Swimmingpool, und der ist voll mit Hunderten von gierigen Piranhas. Und auch dort musst du durch. Bekommst du da Todesangst? Gut. Aber, da gibt es leider noch einen dritten Swimmingpool: Der ist voller Haie. Angriffslustiger, hungriger, großer Hochseehaie. Hast du es? – So und jetzt sag ich dir eins: Wenn du dich noch ein einziges Mal mit mir anlegst, dann wird das so sein, wie wenn ich dich in einen Pool werfe, wo alle drei Viecher drin rumschwimmen. Krokodile, Piranhas, Haie. Hast du das kapiert?«

Das ist simpel. Aber in uns allen schlummert ein archaisches Hierarchiebewusstsein, das in einer solchen Situation angesprochen wird. Keiner, der auf solche Weise gewarnt oder bedroht wird, zuckt einfach mit den Schultern. Jedem wird in einer solchen Situation klar, auf welcher Ebene sich dieser Kampf abspielt. Es ist ein einfaches Wertesystem, mit dem der Macher die Welt beurteilt. Aus dieser Perspektive ist die Welt nichts anderes als ein großer Dschungel, in dem der Stärkere überlebt. Übersetzt in die Neuzeit: Es gibt Gewinner und Verlierer, die Reichen und die Habenichtse, die Erfolgreichen und die Loser, die Starken und die Schwachen. Und jeder hat die Wahl, auf welcher Seite er stehen möchte. Da fällt die Entscheidung doch ganz leicht …

Vor mehr als zehn Jahren hatte ich einen Mentor, der irgendwann an einen Punkt kam, wo er zwei Fliegen mit einer Klappe schlagen wollte: Einerseits wollte er mir mal wieder zeigen, wer von uns beiden das Sagen hat. Und zweitens wollte er mir klarmachen, wie groß der Abstand zwischen uns ist. Also fragte er mich, wie viel ich in jenem Jahr verdienen werde. Ich rechnete schnell hoch: 6500 im Monat, macht im Jahr:»78000.«

»Ok«, sagte er,»dann pass mal auf. Du verdienst 78000 im Jahr. Geteilt durch 250 Arbeitstage gleich 312 am Tag, durch 8 Stunden pro Tag gleich 39 Euro die Stunde. Verstanden? Jetzt kommen wir zu mir. Ich verdiene eine Million, geteilt durch 250 gleich 4000, geteilt durch 8 gleich 500 Euro die Stunde. Ich 500 Euro, du 39 Euro.«

Er machte eine Pause, um wirken zu lassen, was er gesagt hatte: 500 er, 39 ich.

Dann sagte er:»Dieses Zahlenverhältnis drückt aus, wie viel du zu sagen hast im Vergleich zu mir.«

Ruhe. Er grinste.

Als ich ihn verblüfft anschaute, zuckte er mit den Schultern:»Irgendeine Hackordnung muss es ja geben ...«

So ist es, in der Welt der Macher muss es eine Hackordnung geben. Und die Position innerhalb dieser Hackordnung wird mit Dominanzgebaren festgelegt.

Ein Macher beherrscht andere Menschen mit aggressivem Dominanzstreben. Er kennt nichts anderes. Das zeigt sich auch in den Statussymbolen. Im Fitnesscenter zieht er seine 50000-Euro-Uhr natürlich nicht aus. Das wäre ja auch völlig blödsinnig, schließlich hat er sie gekauft, um zu zeigen, wer er ist – nicht, um die Zeit anzuzeigen. Kreuzt er irgendwo auf, parkt er mit seinem Luxus-Sportwagen direkt vor der Tür. Parkplatzreservierungen, Verkehrsschilder, was auch immer, das ist ihm egal. Dafür hat er keine Zeit und keinen Nerv. Das Strafzettelbudget wird mit eingeplant. Er nimmt sich das einfach raus.

Statussymbole sind übrigens sehr unterschiedlich. Was ankommt, wird von der jeweiligen Gruppe definiert. In der Wirtschaft grenzen sich manche Top-Führungskräfte folgendermaßen ab: Sie verordnen den Mitarbeitern ein Training, halten sich als Chef dabei aber raus. Hier heißt die Geste:

Ich habe es nicht nötig. Aber ihr! In anderen Gruppen ist es wichtig, nur ja keine Zeit zu haben, um besonders gefragt zu erscheinen. Oder: demonstrativ ganz viel Zeit zu haben, obwohl man sehr erfolgreich ist! Oder stellen Sie sich einmal einen steinreichen, berühmten Menschen vor. Jeder kennt ihn und weiß um seinen Reichtum. Bewusst fährt er mit einem einfachen Auto vor. Hier heißt das Signal: Schaut mal, wie wenig ich es nötig habe zu protzen …

Wenn Hubert Burda den Bambi verleiht, dann wirkt er dabei sehr bescheiden: Schaut her, ich überlasse den anderen die Bühne. Jeder sagt: Ach, ist das nett. Ist das generös! Aber jedem ist klar, dass er, Hubert Burda, es ist, der den Preis gestiftet hat. Er ist damit automatisch immer die größte Nummer im Saal, egal welche Stars auf der Bühne stehen. Ein raffiniertes, aber hoch effektives Dominanzsignal.

Das heißt aber auch, dass in dieser Welt die anderen kleiner sein sollen als der Macher. Einige wenige dürfen vielleicht auf Augenhöhe sein. Aber nur Barack Obama oder George Clooney. Und niemand soll ihn überstrahlen. Jedoch nach seinem Bilde sollen die Menschen geformt sein. Und er sieht sich täglich bestätigt: An ihn kommt keiner heran. Die moderne Psychologie hat hierfür treffende Begriffe gefunden. Auf die Überlegenheitsillusion folgt der Bestätigungsfehler – Rückmeldungen aus der Umwelt werden so gefiltert, dass sie denjenigen, der sich für überlegen hält, nie vom Gegenteil überzeugen.

Macher machen nicht nur, sie lassen auch machen. Und zwar ganz genau so, wie sie das haben wollen. Und nicht anders! Macher kooperieren nicht, sie dressieren und halten dies für delegieren. Die anderen sollen dann abarbeiten, was der Macher anordnet. Er behält die Fäden in der Hand, er behält die Kontrolle. Das ist nicht wirklich führen, das ist beherrschen.

Dabei fädelt der Macher immer wieder auf's Neue eine raffinierte Selbsttäuschung ein: Wenn er die Arbeit anderen gibt und genau vorschreibt, wie sie es tun sollen – nämlich genau so, wie er es machen würde –, dann machen sie es natürlich nicht so gut wie er.

So entlarven Sie übrigens einen Macher: Er gibt nicht nur das Ergebnis vor, sondern auch den Weg dahin. Dann zeigt sich: Die anderen, sie können es einfach nicht! Diese Luschen! Alles Deppen um ihn herum! Und am Ende muss er selbst wieder ran! – So sorgt der Macher dafür, immer gebraucht zu werden. Und am Ende beschwert er sich lauthals, dass alle mit jedem Mist zu ihm kommen. Er wird zur ZAFAS: Zentralen Anlaufstelle für allen Scheiß. Oder anders: Er wird zum Flaschenhals des Unternehmens.

Doch es gilt: Überall wo es Deppen gibt, gibt es einen, der Deppen produziert. Und das ist der Macher. Durch seinen eingeschränkten Bezug zu sich selbst ist er nicht in der Lage, andere klar zu erfassen. Er hat große Schwierigkeiten damit, die Stärken und Schwächen anderer differenziert wahrzunehmen. Er sieht in seinen Mitarbeitern nur fehlerhafte Versionen seiner selbst. Warum? Er kennt nur eine Schablone, die er an jeden Menschen anlegt: sich selbst.

> **Überall wo es Deppen gibt, gibt es einen, der Deppen produziert.**

Da er aber die Stärken und Schwächen und damit die Potentiale seiner Mitarbeiter nicht erkennen kann – er kann ihnen ja nicht einmal richtig zuhören –, kann er sie auch nicht gemäß ihren Fähigkeiten einsetzen. Da versagt er bereits als Führungskraft. Er kann seine Mitarbeiter dominieren, aber er kann sie nicht entwickeln.

Manchmal habe ich Unternehmen kennengelernt, die in keiner Weise profitabel sind. Man fragt sich von außen, wieso sie nicht aus dem Quark kommen und so vor sich hin dümpeln. Schaut man aber genauer hin, zeigt sich oft: Sie erfüllen ihren Zweck vollkommen. Ihr einziger Zweck ist es nämlich, die Bühne für die Selbstdarstellung ihres Chefs abzugeben. Alle Mitarbeiter sind dienende Statisten in dieser Oper. Der Chef singt die Arien und führt sich selbst auf. Die Produkte, die Kunden und die Mitarbeiter sind austauschbar, nicht wirklich wichtig. Für solche Unternehmen gibt es keinen höheren, keinen äußeren Zweck. Und sie schaffen keinen höheren Nutzen als die Daseinsberechtigung eines einzigen Menschen zu zementieren. Das ist wirklich armselig. Arm an Seele.

Sie haben das Kapital – und die Verantwortung

Wer die Welt in Gewinner und Habenichtse einteilt und sich selbst in dieser Welt als den obersten Gewinner installiert, der wird leicht dazu verführt, die Habenichtse auszubeuten. Jeder Mitarbeiter vermehrt durch den Gewinnbeitrag, den er durch seine Arbeitskraft erwirtschaftet, das Kapital des Geschäftsinhabers. Und mit jedem Euro Kapitalzuwachs vergrößert sich auch seine Macht. Das ist die sozialistisch-kritische Perspektive auf die Aufwärtsspirale der Macher.

Es ist in dieser Position und in einem System von Befehl und Gehorsam einfach und sehr verführerisch, die Mitarbeiter auszubeuten. Also immer mehr von ihnen zu fordern und immer weniger zu geben, um den eigenen Profit immer weiter zu steigern. Die Verführung der Macht. Wenn das Verantwortungsgefühl kleiner wird als das Einflussstreben, kommt es zu solchen Anwandlungen. Es gibt immer wieder Macher, die dieser Versuchung erliegen. Jeder, der einmal wirklich große Verantwortung getragen hat, kennt diese Verführung. Die Symbiose zwischen dem starken Baum und den Schutzbedürftigen, die unter ihm Schutz suchen, wird dadurch einseitig ausgenützt.

Im 19. Jahrhundert wurde das Prinzip der ökonomischen Ausbeutung der Arbeiterklasse benannt und insbesondere durch Karl Marx angeprangert. Und dabei sofort verallgemeinert. Demnach ist ein Kapitalist prinzipiell ein Ausbeuter, weil er, »selbst wenn er die Arbeitskraft seines Arbeiters zum vollen Wert kauft, den sie als Ware auf dem Warenmarkt hat, dennoch mehr Wert aus ihr herausschlägt, als er für sie bezahlt hat; und dass dieser Mehrwert in letzter Instanz die Wertsumme bildet, aus der sich die stets wachsende Kapitalmasse in den Händen der besitzenden Klassen anhäuft« – so beschrieb Friedrich Engels den Mechanismus, den Karl Marx untersucht hatte.

Jede Aktion erzeugt eine Gegenreaktion. Druck erzeugt Gegendruck. Die Ausbeutung der Arbeiterschaft brachte Gewerkschaften hervor. Die Gewerkschaften, die zur Zeit der industriellen Revolution entstanden und deren verblassenden Glanz wir heute sehen, haben ihre Daseinsberechtigung als Gegenpol zum Machtmissbrauch der Macher.

Ohne die Macht der Macher haben auch die Gewerkschaften keine Macht. Denn das einzige Druckmittel, das die Gewerkschaften haben, ist der Streik. Und der ist nichts anderes ist als eine Sabotage an der Entfaltung von Macher-Egos.

Wenn es wahr ist, dass die Zeit der Macher vorbei ist, und wenn damit verbunden auch der potentielle Machtmissbrauch der Macher einfach nicht mehr vorkommt, dann wird sich zeitversetzt auch die Rolle der Gewerkschaften stark verändern. Sie werden dann in ihrer jetzigen Form nicht mehr gebraucht. Das wird spannend, denn auch in den Gewerkschaften gibt es Macher, die sich im Gebrauch von Macht gefallen.

Im verbissenen Kampf der Kapitalisten mit den Gewerkschaften in den letzten 150 Jahren zeigt sich die ganze Tragik der Macher. Der Chef will, dass die Arbeiter arbeiten, aber sie machen einfach nicht, was er will. Er betrachtet sie als seine Organe und Muskeln, als seinen Organismus auf einer höheren Ebene – und die Muskeln streiken! Das heißt: Er fühlt sich gelähmt.

Ich weiß, wie es ist, sich gelähmt zu fühlen. Solange man gegen die Lähmung ankämpft und einfach nicht wahrhaben will, dass man die Muskeln nicht mehr erreicht, dass sie einfach nicht machen, was man will, fühlt sich das an, wie bei lebendigem Leibe tot sein. Es ist ein sterbendes Leben oder ein lebendes Sterben. Und darum ein Leben in Angst. Die Angst, die Kontrolle zu verlieren, die ständige Angst, bestreikt zu werden, die Angst, doch gar nicht so mächtig zu sein, wie man dachte, verfolgt den Macher. Er hat die Macht, Menschen auszubeuten, er hat die Macht zu betrügen, er hat die Macht, sich unrechtmäßig zu bereichern. Ob er es nun tatsächlich tut oder nicht, er sieht stets den latenten Vorwurf der Welt in den Gesichtern seiner Mitarbeiter und in **Ausbeuter!** den Gesichtern aller Menschen in der Öffentlichkeit: **Kapitalist!** Ausbeuter! Kapitalist! Betrüger! **Betrüger!** Der Macher weiß genau, dass er ein Regelbrecher ist: »Fragen Sie mich nicht nach der ersten Million! Danach ist alles korrekt abgelaufen ...« Partielle Amnesie ist ein Wesenszug der Macher. Ein schlechtes Gewissen suchen wir bei ihnen vergeblich. Und sie wissen, dass alle anderen wissen, dass sie es wissen. Der deutsche Finanzunternehmer Carsten Maschmeyer, der bei null begann und dessen Vermögen heute auf ungefähr 650 Millionen Euro geschätzt wird, sagte: »Entweder Sie verdienen Ihr Geld mühsam allein, oder Sie lassen andere für sich arbeiten. Wenn Sie duftende Rosen haben wollen, müssen Sie im Herbst stinkende Jauche draufkippen. Und das Komische ist: Je stärker das stinkt, umso schöner duftet das hinterher.« – So spricht ein Macher!

Da der Macher selbst immer mehr oder weniger erfolgreich gegen die Versuchung ankämpft, seine Macht zu missbrauchen, projiziert er dieses Verdachtsmoment auf alle anderen Menschen. Er trieft vor Misstrauen! Er hat immer Angst, dass man etwas mit ihm macht. Viele Macher sind krankhaft misstrauisch, denn so wie ihnen selbst zuzutrauen ist, dass sie andere Menschen übervorteilen, so rechnen sie damit, dass sie selbst übervorteilt werden könnten. Das kann sich bis zum Verfolgungswahn steigern. In der Figur des Dagobert Duck ist der neurotische Verdacht, dass die ganze Welt versucht, seinem Streben nach Erfolg im Wege zu stehen, wunderbar nachgezeichnet. Der Druck, den er auf andere ausübt, zeigt sich in dem Telefonhörer, der von der Gabel springt, wenn er Donald anruft. Herrlich getroffen! Die Symbiose zwischen Macher und Welt kann eine Zeit lang funktionieren, aber sie ist nicht frei. So sehr der Macher nach Freiheit im Außen strebt, so wenig kann er diese Freiheit im Innern erlangen.

Weil der selbst auferlegte Druck, es hinzubekommen, so groß ist und weil die Erwartung aller, dass er die Macht ja irgendwann doch missbraucht, latent immer vorhanden ist, ist der Macher stets in der Gefahr zu versagen. Irgendwann überspannt er den Bogen, er beginnt am Gras, das nicht schnell genug wachsen will, zu ziehen, er wartet nicht mehr auf den richtigen Moment, sondern versucht, die Zeit zu zwingen und zu vergewaltigen. Er will es! Und zwar jetzt! Auf diese Weise wird er zum Täter und macht andere zu seinen Opfern.

Ich bin einmal beinahe das Opfer eines Chefarztes geworden, der dabei war, diesen schmalen Grat hin zum Kriminellen zu überschreiten. Das war, als ich nach meinem Unfall in der Klinik noch an mein Bett gefesselt war – im wahrsten Sinne des Wortes. Um mich nicht wund zu liegen, wurde ich mitsamt meinem Bett regelmäßig gedreht. Das Bett hieß treffenderweise Sandwichbett: Decke, Fußboden, Decke, Fußboden – das war mein Blickfeld.

Ich hatte damals einen wunderbaren Arzt, Dr. Rana, einen Nepalesen, er war ein echter Heiler. Ich bin ihm noch heute dankbar. Wenn er zur Visite kam und ich gerade zufälligerweise mit dem Gesicht nach unten schaute, rutschte er kurzerhand unters Bett auf den Fußboden, damit ich ihm ins Gesicht schauen konnte, wenn er mit mir sprach. Eine wunderschöne Geste.

Dass ich diesem Menschen vertrauen konnte, war mein Glück. Denn es gab noch einen anderen Arzt, den großen

Professor, den Chef der Station, den göttergleichen Zampano, der bei der Visite durch die Flure rauschte, hinter sich einen Schleier aus Bewunderern herziehend. Ab und zu hielt er auch bei mir im Krankenzimmer großen Hof. Er stand inmitten seiner Claqueure und machte Witze, ich konnte ihn in meiner Zwangslage nicht einmal sehen. Aber ich hörte förmlich, wie die jungen Ärztinnen und Krankengymnastinnen sich mit Augenaufschlag übers Haar strichen und sich mit schräg gehaltenem Kopf um ein Schäferstündchen bei ihm bewarben. Er war der Affe mit dem höchsten Platz auf dem Felsen. Ich, im Bett angeschnallt, war eine Nummer mit Krankenakte.

Kurz vor der Entlassung ließ mich der Gott in Weiß bei einer Visite wissen, es müsse noch eine Metallplatte aus meinem Nacken entfernt werden; die war dort zur Stabilisierung der Bruchstelle angebracht worden. Im Röntgenbild sei zu sehen, dass die Platte dabei sei abzurutschen.

Damit stand mir eine wirklich heftige Operation bevor, mit der ich überhaupt nicht gerechnet hatte. Ich hatte wirklich Angst davor. Denn bei der letzten OP am siebten Halswirbel waren meine Stimmbänder verletzt worden, und ich hatte einen Monat lang kaum sprechen können. Ich fragte Dr. Rana, den nepalesischen Arzt, und bat ihn um seine Einschätzung: Sei diese Operation wirklich nötig?

Er schaute sich die Röntgenbilder noch mal an und überlegte. Dann kam er wieder zu mir und sagte, er sähe nicht, dass die Operation notwendig wäre. Alles stabil, alles bestens! Mir fiel ein Stein vom Herzen. Als ich mich daraufhin dem Rat des Oberarztes zur Operation widersetzte, musste ich einen Sturm der Entrüstung aushalten. Mir wurde ein schlechtes Gewissen eingeredet, ich wurde der Verantwortungslosigkeit geziehen, der Undankbarkeit, das volle Programm eben. Aber ich war mir sicher. Dr. Rana sei Dank.

Durch meinen monatelangen Aufenthalt hatte ich mir ein vertrauensvolles Netzwerk in der Klinik aufgebaut. Deswegen konnte ich später herausfinden, dass der Chefarzt die Operation nur aus einem einzigen Grund nahegelegt hatte – nämlich weil die Klinik in dieser Zeit nicht genügend belegte Betten gehabt hatte. Es waren rein wirtschaftliche Gründe gewesen, keine medizinischen, der Chefarzt hätte mich als reinen Lückenfüller benutzt. Macher nutzen ihre Macht. Es fragt sich immer nur, wozu ...

Sie haben den Ruhm – und die Angst

Neulich bin ich mit meinem Panamera Turbo vor einem Fünfsternehotel vorgefahren. Mehrere Busse wurden gerade ausgeladen, und der Parkplatz für Rollstuhlfahrer war direkt neben dem Hoteleingang. Die Leute blieben stehen und schauten. Hier das Auto, ein Statussymbol für Erfolg und Stärke. Dort der Rollstuhlfahrer. Die Augen der Umstehenden wurden immer größer. Dann wurde getuschelt. Ich konnte fast die Worte von ihren Lippen lesen: Wie kommt ein Rollstuhlfahrer zu so einem Auto? Und wie fühlte ich mich in diesem Moment? Natürlich klasse! Die Aufmerksamkeit gab mir das, was mir wichtig ist: Respekt. Ich wurde wahrgenommen. Ich fühlte mich anerkannt. In den Gesichtern las ich nichts Negatives. Wenn da Neid war, habe ich es nicht bemerkt.

Natürlich tut ein solcher Moment gut. Ich weiß so etwas aber gleichzeitig auch einzuordnen. Ich kenne auch die Momente, wenn man als frisch gebackener Autor voller Erwartung und mit stolzgeschwellter Brust auf die Buchmesse kommt und sich kein Mensch nach einem umdreht. Wenn sich niemand auch nur eine Sekunde für einen interessiert, weil gerade Til Schweiger, Dieter Bohlen oder Hans Dietrich Genscher am Verlagsstand nebenan aufgetaucht sind. Da stand ich damals in diesen riesigen Hallen zwischen Tausenden von Leuten, die um mich herumwuselten, und schrumpfte plötzlich wieder auf menschliches Format zusammen. Als Führungsexperte spielte ich schon in der Champions League, als Autor war ich noch ein Niemand! Hoppla! Mittlerweile habe ich das rechte Maß für meine Stellung in der Welt gefunden, aber ganz so einfach war das nicht.

Weil ich als Vortragsredner oft im Mittelpunkt der Aufmerksamkeit stehe, weil ich immer mal wieder in einem Fernsehstudio bin, weil meine Bücher in jeder Stadt in der Buchhandlung liegen, weil ich mittlerweile sogar ab und zu in der Öffentlichkeit erkannt werde und Autogramme gebe und weil ich mein Foto bisweilen in der Zeitung sehe, habe ich immerhin ein kleines bisschen Ruhm und Ehre kosten dürfen. Und glauben Sie mir: Es schmeckt gut. Am Anfang. Schließlich wollte ich ja dahin. Aber der große Genuss verblasst schnell.

Respektiert zu sein, ist vor allem für Macher so wichtig, weil Macher vom äußeren Bezugsrahmen abhängig sind. Macher haben Schwierigkeiten, Wertvolles in sich selbst zu spüren. Sich als wertvoll zu empfinden, einfach nur, weil sie da sind. Sie können so etwas nur indirekt ablesen an den Reaktionen der Leute, die sie entweder ehren oder verachten. Die Gefahr ist, dass sich Macher im Inneren so trockengelegt fühlen, dass sie nach dem Respekt und den Ehrungen von außen geradezu lechzen. Das kann zur Sucht werden, zur krankhaften Gier nach Ehre, zum überzogenen Ehrgeiz. Da geht es dann nicht mehr um Macht oder Geld.

In mir steckt ja auch ein Macheranteil, und der hatte so seine Momente des überzogenen Ehrgeizes, die mir im Nachhinein peinlich waren. Beispielsweise erinnere ich mich an die letzten Schuljahre und meinen Sport-Abiturkurs. Fußball stand auf dem Programm. Für mich selbst ging es noch gar nicht um die Abiturnote, wir Jüngeren sollten aber mitspielen, damit wir zwei vollständige Mannschaften zusammenbekamen und die Abiturienten benotet werden konnten.

Was soll ich sagen, ich habe mich in dieses Spiel reingehängt, als ginge es um Leben und Tod. Ich kämpfte und rackerte und stieg in die Zweikämpfe ein, als könnte ich den Europapokal gewinnen. Das war völlig daneben, ich hatte die Situation gründlich falsch eingeschätzt. Der Lehrer sagte mir hinterher, beim Blick aufs Spielfeld sei nicht immer klar gewesen, wer Abitur mache und wer nicht. Die fragenden Blicke der anderen in meine Richtung spüre ich noch heute auf meiner Haut. Mir wurde danach schnell klar, dass der Ehrgeiz mit mir durchgegangen war. Ich habe mich dafür geschämt. Heute kenne ich diesen Anteil und kann mich rechtzeitig bremsen. Das muss ich auch, denn sonst könnte ich andere Menschen nur übertrumpfen, nicht aber entwickeln.

Was steckt hinter Ehrgeiz? Hinter jeder Form von Geiz steckt Angst. Substanz jeder Angst ist ein Gefühl der Enge, ein emotionaler Engpass. Im Falle des Machers ist es das Gefühl, dass es eng wird mit dem Erfolg. Es könnte schiefgehen. Es wird knapp. Vielleicht scheitere ich am Ende. Und das wäre das Schlimmste, was passieren kann. Die Angst zu scheitern und den Erfolg zu verpassen, ist riesengroß, sie ist nagend, sie macht Druck. Wer erfolgreich sein will, wird immer auch von der Angst getrieben, nicht erfolgreich zu sein.

Hinter jeder Form von Geiz steckt Angst.

Immer wenn ein Macher mal zur Ruhe kommt, meldet sich dieser nagende Zweifel in ihm. Tut er genug für seinen Erfolg? Wird er gerade von einem Konkurrenten überholt, während er selbst in der Boxengasse zum Nachtanken ist? Wird er wieder rechtzeitig auf Touren kommen? Hat er bislang genug für seinen Erfolg getan? Die natürlichen Phasen von Wachstum und Konsolidierung werden nicht beachtet. Klar, dass Macher gefährdet sind auszubrennen …

Ruhe ist unangenehm. Und natürlich ist die Ruhe gefährlich, weil sich da der ganze Staub, den der Macher aufgewirbelt hat, wieder setzen und den Blick freigeben könnte auf ihn selbst. Und was er da sehen oder nicht sehen würde, das macht dem Macher Angst. Was, wenn da nur ein kleiner, liebesbedürftiger Junge ist?

Die größte Sorge, die ein Macher hat, ist die, dass sein Name in der Welt erlöschen könnte. Die Sterblichkeit und die Vergänglichkeit, das Nichts machen ihn panisch. Wenn er sich nicht mit seinem großen, unendlichen, unsterblichen Werk beschäftigen kann, müsste er seine kleine, sterbliche Seele anschauen, und das fände er unerträglich.

Typischerweise kommen Macher erst zur Besinnung, wenn sie durch eine schwere Krankheit gestoppt werden. Oder durch eine Insolvenz. Oder durch irgendeine andere schwere Krise. Dann zwingt sie das Leben plötzlich und unvorhergesehen zur Ruhe. Und dann beginnen sie nachzudenken. Gezwungenermaßen. Aber nur, wenn der Schmerz groß genug ist.

In den besten Fällen bemerken sie dann zum ersten Mal, dass sie bislang außer sich gewesen sind. Und dass Bei-sich-Sein gar nicht so schlecht ist. Wenn es gut läuft, beginnen sie, sich mit sich selbst anzufreunden und sich selbst überhaupt erst einmal kennenzulernen. Das ist ihre Chance auf Transformation, auf Weiterentwicklung, ab hier kann ein neues Leben beginnen.

Wenn es schlecht läuft, lenken sie sich weiter von sich selbst ab und versuchen, an alte Zeiten anzuknüpfen. Wieder ganz der Alte zu werden. Der gefallene Firmenpatriarch Anton Schlecker bestand während der Insolvenzabwicklung darauf, nach wie vor ins Büro kommen zu dürfen und nach wie vor donnerstags und freitags Filialen zu besuchen, um sie zu kontrollieren. Als ob nichts gewesen sei. Man unterschätze nie die Macht der Verdrängung.

Man unterschätze nie die Macht der Verdrängung.

Und wenn es ganz schlecht läuft, dann bringt sich manch ein Macher um, so wie der Pharma-Unternehmer Adolf Merckle, der 2008 durch eine riskante Spekulation auf Volkswagen-Aktien rund eine Milliarde Euro verloren und dadurch die Kontrolle über sein Firmenimperium eingebüßt hatte. Merckle hatte in jungen Jahren als Bergsteiger zehn

Sechstausender bestiegen, er hatte Firmen gegründet und vielen tausend Menschen Lohn und Brot gegeben, die von ihm gegründete Firma Ratiopharm war bundesweit bekannt, er hielt Anteile an etlichen weiteren Firmen, war Träger des Bundesverdienstkreuzes 1. Klasse und des Sächsischen Verdienstordens, er war Ehrendoktor und Ehrensenator der Universitäten Ulm und Tübingen, er war nach den Albrecht-Brüdern der drittreichste Deutsche gewesen – kurz: Er hatte ein grandioses Leben gelebt und Ruhm und Ehre gesammelt wie nur wenige Menschen. Er hätte stolz sein können, auch wenn ihm am Ende ein dummer Fehler unterlaufen war.

Aber das zählte alles nichts für ihn, nachdem er die Kontrolle verloren hatte:»Die Ohnmacht, nicht mehr handeln zu können, haben den leidenschaftlichen Familienunternehmer gebrochen, und er hat sein Leben beendet«, erklärte seine Familie, nachdem sich Merckle vor einen Zug geworfen und dem Gefühl, zerschmettert worden zu sein, einen letzten Ausdruck gegeben hatte.

Dieser und viele andere Freitode von gescheiterten Machern führen uns deutlich vor Augen, wie ernst es ihnen ist mit dem Ehrgeiz. Todernst. So ernst, dass sie lieber Dummheiten begehen, wenn es wirtschaftlich mit ihren Imperien in die falsche Richtung läuft, als ehrlich und transparent die Konsequenzen zu ziehen. Sie beginnen zu tricksen und zu täuschen, sie frisieren Zahlen und blasen ihre Bilanzen auf. Wenn das Wachstum überdehnt wurde und die Welt fällige Korrekturen einfordert, stemmen sie sich dagegen und beginnen, vorzugeben, mehr zu sein, als sie sind. Ihre Phantasie wirft Blasen, sie verlieren den Realitätsbezug.

Aber irgendwann kommt alles ans Licht. Rudi Assauer bemerkte hierzu treffend: Wenn der Schnee schmilzt, sieht man, wo die Kacke liegt.

Wenn der Schnee schmilzt, sieht man, wo die Kacke liegt.

Anton Schlecker wurde vielfach und rechtzeitig darauf hingewiesen, dass er sein Unternehmen geradewegs in die Pleite steuerte. Aber anstatt Rat von außen einzuholen, sich zu öffnen und sich der Herausforderung zu stellen, anstatt sein Unternehmen weiterzuentwickeln, beharrte er darauf, so weiterzumachen wie bisher. Allerdings begann er, beim Einkauf zu sparen und im Verkauf die Preise zu erhöhen. In seiner einfachen, immer kurzsichtigeren Kaufmannslogik musste dann ja wieder ein Gewinn herauskommen. Stattdessen liefen die Kunden angesichts halb leerer Drogerieregale und überteuerter Produkte in Scharen zur Konkurrenz, der Niedergang wurde so nur noch beschleunigt.

Macher, deren Lebenswerke wanken, neigen auch dazu, sich zu überschulden, um den alten Kurs zu halten, der früher einmal den Erfolg gebracht hat. Sie machen damit alles nur noch schlimmer, denn wenn die Blase platzt und die Gläubiger dem Macher das Vertrauen entziehen, löst sich alles mit einem Knall in Luft aus. Die Schulden müssen dann plötzlich zurückgezahlt werden, und alles, was den Banken gehört und nur so aussah, als gehöre es der Firma, löst sich in Luft auf. Anton Schlecker haben sie aus Mitleid noch das Auto gelassen, einen Mercedes SLR McLaren. Und rund 1000 Euro im Monat, damit er sein Auto zum Tanken fahren kann.

Sie haben den Sex – und die Einsamkeit

Die Machertypen haben die Superfrauen. Carsten Maschmeyer hat das Superweib Veronica Ferres, Gerhard Schröder hat die smarte Doris Köpf, Rudi Aussauer hatte die freche, sexy Simone Thomalla … jedenfalls hatte er sie, solange er erfolgreich und gesund war.

Die Alphatiere dürfen sich die besten Weibchen aussuchen. Oder treffender: Sie werden von den besten Weibchen ausgesucht. Das ist bei Menschen nicht anders als im Tierreich. Manche Macher haben gleich mehrere Weibchen gleichzeitig oder zumindest mehrere hintereinander. Stichwort: Jörg Kachelmann. Macht macht eben überaus attraktiv. Aus wissenschaftlichen Untersuchungen weiß man, dass der Hormonhaushalt von Affen sich verändert, sobald sie in der Hierarchie der Affenhorde nach oben steigen. Je höher die Position auf dem Affenfelsen, desto höher die Produktion des Sexualhormons Testosteron. Macht macht potent. Und umgekehrt gilt: Je höher der Testosteronspiegel im Blut, desto aggressiver und machtorientierter sind die Affen. Man wird Macher durchs Machen.

Einer Harvard-Studie zufolge lassen sich unter Männern in Konkurrenzsituationen in hormoneller Hinsicht zwei Grundtypen finden. Die einen, und zwar die meisten, reagieren so wie Bonobos, eine Zwergschimpansenart, nämlich gestresst und defensiv. Bei ihnen ist bei aufkeimenden Konflikten mit Artgenossen das Stresshormon Cortisol erhöht. Den anderen, und das sind die Machertypen, schießt vor Konkurrenzsituationen Testosteron ins Blut, wie sich das auch bei Schimpansen findet. Im Gegensatz zu den Affen bleibt bei Männern der Gattung Homo sapiens der Testosteronspiegel auch erhöht, nachdem sie bereits siegreich aus einem Konflikt hervorgegangen sind; sie sind weiterhin in aggressiver Alarmbereitschaft.

Testosteron wird hauptsächlich in den Hoden produziert. Das sprichwörtliche »Eier haben« oder »Eier zeigen« bezeichnet männliches Dominanzgebaren und mutige Konfliktbereitschaft. Und Frauen können sich diesen potenten, überaus selbstsicher auftretenden Männern nur schwer entziehen. Machertypen ziehen die Blicke der Frauen auf sich, sie erhalten Angebote. Viele Angebote. Unter denen sie auswählen können.

Aber was ist es wirklich, das den Macher so attraktiv für Frauen macht? Ist es wirklich seine Persönlichkeit? Liebt die Superfrau ihn in seinem Wesen, so wie er ist? Oder ist es das Geld? Ist es die Macht, die einer Frau an seiner Seite winkt, die so verführerisch ist? Ist es ein Leben in Saus und Braus? Ist es die Öffentlichkeit, der Ruhm und die Ehre, der Glanz, von dem auch etwas auf die Partnerin fällt? Er **Nur eines ist sicher:** kann sich nie sicher sein, was das große Inter- **Liebe ist es nicht.** esse auslöst. Nur eines ist sicher: Liebe ist es nicht.

Was die Macht aus einem macht, kann man am besten erkennen, wenn man so ein Macherleben nachträglich in seiner Gesamtheit betrachtet. Für Rudi Assauer war der Fußball sein Leben. Schon als Junge ist er lieber Kicken gegangen, als Hausaufgaben zu machen. Rudi Assauer konnte nichts anderes als Fußballspielen, und so ist er eben Fußballprofi geworden. Über 300 Bundesligaspiele hat er für Borussia Dortmund und Werder Bremen als Verteidiger gespielt, mit Dortmund holte er 1966 den ersten Europapokal einer Bundesligamannschaft überhaupt nach Deutschland. Bei Bremen war er Kapitän.

Nach seiner Spielerkarriere blieb er bei seinem damaligen Verein Werder Bremen und wurde dort Manager. Fünf Jahre später wechselte er zu Schalke und arbeitete und wirkte nun nur wenige Kilometer von der Stadt entfernt, in der er aufgewachsen war. Der Club stand kurz vor der Pleite und kurz vor dem Abstieg, doch unter Assauer kriegte er die Kurve und holte den UEFA-Cup und zweimal den DFB-Pokal. Um ein Haar verpasste der Club 2001 die deutsche Meisterschaft. Assauer machte den Verein wirtschaftlich stark und initiierte den Bau des eigenen Stadions, einer spektakulären Arena – damals das einzige Stadion Deutschlands mit einem schließbaren Dach und einem Rasen, der sich auf Gleitschienen komplett aus dem Stadion ziehen lässt, um ihm Sonne und Luft zu verschaffen. Es ist bis heute das einzige Stadion Deutschlands, das eine zentrale Bierversorgung über eine fünf Kilometer lange Pipeline hat. – Das ist wirklich cool und passt genau zu dem Biertrinker und Zigarrenraucher Rudi Assauer, der stets sein Macho-Image pflegte, mit lockeren

Sprüchen untermauerte und in zahlreichen Wortgefechten mit anderen Bundesligamachern kultivierte. Er wurde als »Kaschmir-Hooligan« und als »Pate im Kaschmir-Anzug« bezeichnet, was auf seine stets tadellose Kleidung anspielte. Zu ihm passte es einfach, mit Simone Thomalla eine hoch attraktive Schauspielerin an seiner Seite zu haben, hinter der der Playboy für Nacktfotos her war.

Seine selbstironischen Macho-Werbespots mit Simone Thomalla für die Biermarke Veltins erlangten Kultstatus. Einmal trat sogar Hollywoodstar Bruce Willis, ebenfalls ein Machertyp sondergleichen (auf jedem Fall im Film), darin auf und ließ sich lachend von Rudi Assauer düpieren.

Rudi Assauer war ein Original des deutschen Fußballs. Aber er verlor am Ende den Faden seines Lebens. Er erkrankte an Alzheimer, was ihn nach und nach immer weniger leistungsfähig machte. Sein Abstieg allerdings begann schon, noch bevor es mit ihm gesundheitlich bergab ging. 2006 war er der designierte Vereinspräsident für Schalke, was die Krönung seines Werks hätte werden sollen. Aber der Aufsichtsrat drängte ihn aus dem angestrebten Amt, noch bevor er es antreten konnte, und Assauer sah sich gezwungen, seiner Abberufung als Manager durch einen Rücktritt zuvorzukommen.

Das war ein trauriges, unwürdiges Ende, denn es ist immer sehr traurig, wenn Macher aus der Macht gedrängt werden. Sie gehen nie freiwillig, sie klammern sich an ihre Position und werden am Ende gezwungen zu gehen. Aber es wurde noch schlimmer. Simone Thomalla verließ ihn drei Jahre später und begann eine Beziehung mit dem Torwart der Handballnationalmannschaft, einem Kerl, der vierzig Jahre jünger war als Rudi Assauer. Aber eben voll im Saft.

Und dann wurde die Krankheit immer schlimmer, Assauers Erinnerungen an ein wunderbares, reiches, buntes, tätiges Leben, in dem er immer die erste Geige gespielt und mächtig was aufgebaut hatte, begannen zu verblassen. Als er mit der Diagnose an die Öffentlichkeit ging und seine Biographie veröffentlichte, reagierte die Fußballwelt erschüttert. Es machte einfach traurig.

In einem Interview mit der Bild-Zeitung rekapitulierte er: »Ich war immer geradeaus, ich habe auf hohem Niveau Fußball gespielt. Auf einmal ist alles vorbei. Tja, kein Mensch kann dir helfen ... Die Wut, die ich habe, weil ich nicht mehr mithalten kann. Du hast ja die Krankheit. Was willst du eigentlich noch?«

Macher geben im Alter den Führerschein nicht ab. Sie klammern sich ans Steuer und akzeptieren einfach nicht, dass das Alter ihren Tribut fordert. Sie können auch im Alter nicht über sich selbst hinausdenken und akzeptieren, dass es eine Realität jenseits ihrer selbst gibt. Sie erkennen nicht, wenn es bergab geht. Sie stimmen sich geistig nicht rechtzeitig darauf ein, dass ihre Zeit eines Tages vorbei sein wird.

Das ist natürlich auch eine mangelnde Einsicht in das Mensch-Sein überhaupt, das Ignorieren des natürlichen Lebenszyklus. Sie wollen nicht verstehen, dass es normal ist, den Staffelstab an einen Jüngeren zu übergeben. Sie können ihr Verblühen nicht mit Würde zelebrieren. Die innere Überzogenheit, die sie groß gemacht hat, zerbricht die Macher am Ende, denn man muss ihnen den Staffelstab wegnehmen, ja regelrecht aus der Hand reißen. Das ist würdelos.

Die Alzheimer-Erkrankung des verbitterten Rudi Assauer zeigt das einsame Ende eines Machers wie in Zeitlupe. Alle Verbindungen zu den Menschen um ihn herum, alle Verbindungen zu seinem Werk in der Vergangenheit gehen nach und nach verloren. Alles wird ihm entrissen. Posten weg, Frau weg, Erinnerungen weg, das Ende ist einsam. Und sehr, sehr traurig.

Die Wüste unterm stärksten Baum

Deinen Job macht jetzt ein Stück Silikon,
wen juckt das schon, wen juckt das schon.

Klaus Lage

Ich kenne einen Mann, der war einer der internen Kommunikations-Trainer von BMW. Er half den Mitarbeitern, sich bei den »weichen Faktoren«, den Softskills, zu verbessern, also insbesondere bei den unterschiedlichen Aspekten von Kommunikation. Er machte das sehr gut, darum war er anerkannt und beliebt, bekam jede Menge positive Rückmeldungen und saß bei BMW fest im Sattel.

Das ist ja nun keine kleine Klitsche, immerhin arbeiten weltweit über 100 000 Menschen für den bayerischen Autobauer. Das Unternehmen hat einen guten Ruf als Arbeitgeber, die Produkte sind absolut premium, und die Positionierung im Wettbewerb ist solide und profitabel. Nach Porsche und Toyota gilt BMW als der drittprofitabelste Automobilhersteller.

Eigentlich also ein Traumjob. Alles war gut. Und doch kündigte er eines Tages, um sich als Business-Trainer selbstständig zu machen. Mutig, mutig! Wer in einer solchen Situation auf die Sicherheit verzichtet, die so ein Arbeitsvertrag nach deutschem Arbeitsrecht bietet, der muss sich ziemlich sicher sein, dass er noch etwas ganz anderes im Leben vorhat. Da musste ein Unternehmergeist in ihm geschlummert haben, der endlich befreit werden wollte. Da wollte jemand noch mehr Verantwortung übernehmen, wollte raus, Freiheit schnuppern und noch mal so richtig durchstarten.

Es dauerte nur knapp ein Jahr, dann war er insolvent.

Es dauerte nur knapp ein Jahr, dann war er insolvent.

Warum? Zu spät bemerkte er den

Unterschied zwischen dem Leben, das er sich vorstellte, und der Realität. Zu spät begann er zu erkennen, was seine tatsächlichen Qualitäten waren. Zu spät erkannte er, worauf es im Haifischbecken der freien Wirtschaft ankommt. Früher waren ihm die Mitarbeiter geschickt worden. Jetzt hätte er dafür sorgen müssen, dass Leute zu ihm kamen. Ein großer Unterschied! Er hätte sich verkaufen müssen. Zu spät wurde ihm klar, dass er noch nie in seinem Leben Akquise gemacht hatte – und das auch gar nicht konnte.

Er hatte gedacht, seine Identität sei Trainer. Falsch. Seine Identität war BMW.

Häuptlinge und Indianer

Es gibt nur wenige Macher, doch sie haben viele Angestellte. Lassen Sie es uns bildlich fassen: Es gibt nur wenige Häuptlinge und viele Indianer. Die Macher sagen dann: Du hast doch die Wahl! Sei halt ein Häuptling! Du kannst doch jederzeit die Seiten wechseln. Aber ein Häuptling sein wollen, mit der Einstellung eines Indianers, das geht nicht … Aus der Weltsicht der Macher ist es einfach: Selber schuld, wenn du freiwillig die falsche Seite wählst, dann bist du eben ein Indianer. Dann musst du nun mal machen, was die Häuptlinge sagen.

Selber schuld, wenn du freiwillig die falsche Seite wählst.

Das ist zu oberflächlich gedacht. Erstens hat einfach nicht jeder das Zeug dazu, ein Häuptling sein. Und zweitens brauchen die Starken die Schwachen, um stark sein zu können. Verwirrend? Wären alle Chefs, wäre niemand ein Chef. Ja mehr noch: Manche Starken sorgen dafür, dass andere zu Schwachen werden. Um »selbst gebraucht zu werden«, halten selbst die Sozialsten und Menschenfreundlichsten unter den Machern ihre Schutzbefohlenen schwach, unmündig und klein.

Das erkennen Sie bereits an der Wortwahl. Beispielsweise, wenn der Macher fürsorglich sagt, dass 25 Mitarbeiter »unter ihm arbeiten« oder dass noch so und so viele Auszubildenden bei ihm »unterkommen« müssen. Oder dass die Mitarbeiter aus dem stillgelegten Produktionsgebäude in anderen Firmenbereichen »untergebracht werden« müssen. Das sind Vokabeln der Dominanz und der Unterdrückung, das klingt wie etwas in den Acker einarbeiten und unterpflügen. Die Mitarbeiter sind zu »versorgen«. Eine Vokabel, die man sonst für die Pflege von Kindern, Alten oder Kranken verwendet. Der »Arbeitgeber« gibt, und geben kann nur einer, der etwas hat. Das heißt, der andere, der Arbeitnehmer, hat dieses begehrte Gut – was auch immer es ist – nicht.

Die Machtverhältnisse in dieser Welt sind klar. Für den Selbstbestimmungswahn eines Machers wäre die Vorstellung furchtbar, versorgt zu werden oder unterzukommen. Ein sicherer Arbeitsplatz mutet ihn an wie ein Gefängnis.

Macher leben sich aus, drücken in dem, was sie machen, ihre Persönlichkeit aus, erleben ihre Individualität, ihre Schöpferkraft. Sie sind kreativ, sind gefordert, entwickeln sich dadurch permanent weiter. Sie denken nach, denken sich etwas aus und legen los. Sie handeln proaktiv, sie entscheiden, sie antizipieren, haben die Hand am Puls des Marktes. Macher nehmen intensiv am Leben teil.

Die anderen, die Mitarbeiter, dürfen lediglich mitarbeiten. Sie haben wenig bis keine Handlungsmacht. Sie warten, reagieren, befolgen. Sie tun, was sie tun sollen. Sie können zuarbeiten und erbringen dadurch einen Wertschöpfungsbeitrag, aber sie sind meist austauschbar. Es sind wirklich zwei grundverschiedene Rollen in einer zweigespaltenen Welt. Man kann nur entweder das eine oder das andere sein. Schwarz oder weiß. Keine Zwischentöne. Da gibt es kein Sowohl-als-Auch.

Die Mitarbeiter der Macher halten sich nicht etwa zurück,

sie sind auch nicht unfähig. Sie haben nur überhaupt keine Chance, in der Umgebung des Machers entscheidend zu wachsen und irgendwann einmal mehr Einfluss zu nehmen. Im Umfeld des Machers gibt es eben keinen, dem er Einfluss gewährt, es gibt nur ihn. Alle anderen sind von einer anderen Sorte.

Eine Gesellschaft, die von Machern geprägt ist, hat deshalb eine kleine Oberschicht und ein großes Ameisenheer der arbeitenden Unterschicht. Die so wichtige und tragende Mittelschicht dünnt immer mehr aus, je länger die Macher »ihr Ding« machen. Die Schere zwischen arm und reich geht immer weiter auseinander. Kommt Ihnen das bekannt vor? Der Abstand zwischen Bestimmern und Abhängigen, zwischen Macht und Ohnmacht wird immer größer.

Ja, die Macher bauen etwas auf, kümmern sich um die Leute, geben ihnen Lohn und Brot. Sie tun etwas für die Gesellschaft. Aber sie ziehen zu viele Nährstoffe und ein Übermaß an Wasser aus der Umgebung an sich, um groß und stark zu werden und eine riesige schattige Krone auszubilden, während in ihrem Umfeld alles verdorrt. In der Wüste unterm starken Baum tummeln sich unmündige Zuarbeiter, moderne Leibeigene. Sie sind Rädchen im großen Getriebe, im wahrsten Wortsinn abhängig Beschäftigte.

Das ist keine böse Absicht der Macher. Sie wollen die Arbeitnehmer nicht ausquetschen. Sie wollen nur – machen. Nur leider bleibt es dabei eben nicht aus, dass sie Menschen, Ressourcen und sogar die Zeit vergewaltigen. Ihnen ist nicht klar, dass sie ihre Mitarbeiter klein und dumm halten und bisweilen zu Deppen degradieren. Sie würden so einen Vorwurf weit von sich weisen. Es liegt nicht in ihrer Absicht, aber es geschieht durch sie.

Die Macher gehen eben von sich aus. Sie sehen, wie stark sie selbst sind, wie gut, wie leistungsfähig. Sie entwickeln sich immer weiter, sind Könner, haben den Überblick, haben als letztgültige Herren über die Prioritäten eine ganz andere

Perspektive auf alle Prozesse, Aufgaben und Tätigkeiten. Und sie sind geübt im ständigen Analysieren, im Entscheiden und im Tragen der Konsequenzen aus ihren Entscheidungen. Sie sind als Entscheider autark. Von diesem Gipfel aus schauen sie dann auf die Mitarbeiter herunter und wundern sich: Mein Gott, was für Kleingeister! Was tu ich nicht alles für sie, und die bekommen es einfach nicht hin! – Dass sie selbst diejenigen sind, die ihre Mitarbeiter systematisch klein halten, ist ihnen überhaupt nicht klar.

Wellensittichen, die alleine leben, wird ein kleiner Spiegel im Käfig aufgehängt, damit sich nicht so einsam fühlen. Der Vogel schaut in den Spiegel und sieht darin einen anderen Vogel. Beim Macher ist es ähnlich, doch auf perverse Weise verkehrt: Er sieht einen anderen Menschen und sieht nur sich in ihm, wie in einem Spiegel. Wenn ich es machen kann, muss der es auch machen können! – Vielleicht ist die Weltsicht des Wellensittichs doch gar nicht so dumm …

Der blinde Fleck

Wir sind uns vieler Dinge nicht bewusst. Die wenigsten Macher würden sich eingestehen, dass sie deshalb so Herausragendes leisten, weil sie unbewusst noch immer die Anerkennung von einem Elternteil vermissen, weil sie vielleicht als Kind keine oder zu wenig davon bekommen haben oder weil sie ihrem Vater einfach beweisen wollen, dass sie können, was der ihnen nicht zugetraut hat. Und noch weniger würden sie es vor anderen zugeben.

Wer einen solchen Grad von persönlicher Reife erlangt hat wie mein Rednerkollege Lothar Seiwert, der hat vieles verstanden. Er hatte den Mut, in seinem fabelhaften Buch »Ausgetickt« von seinem Vater und seiner schwierigen Beziehung zu ihm zu erzählen. Dabei legte er offen, dass der emotionale Rückzug und die Verschlossenheit seines Vaters ein traumatisches Mangelerlebnis für ihn waren – und der Grund für sein starkes Streben nach öffentlicher Anerkennung, Ruhm und Ehre, die Triebfeder seiner großartigen Karriere. Sich so klar selbst zu durchschauen und außerdem so souverän zu sein, dazu öffentlich zu stehen, das ist schon große Klasse. Und selten.

Vor allem wenn man voll im Saft steht, mitten drin ist in einer erfolgreichen Gegenwart, die man sich selbst aufgebaut hat, dann ist es schwer, den eigenen blinden Fleck im Spiegel der Welt zu erkennen und ehrlich zu verstehen, was man da eigentlich tut. Schließlich gibt es immer einen Grund, warum man bisher diesen Teil der Wahrheit über sich selbst nicht sehen wollte.

Das können wir im Alltag oft an uns selbst und anderen beobachten. Eine Bekannte von mir hatte sich beispielsweise einen Typen genau nach ihrem Beuteschema geangelt, ihn geheiratet, ein Kind von ihm bekommen und dann die Scheidung eingereicht. Als ihr damals jemand auf den Kopf zusagte, dass das einzige, was sie von dem Mann jemals gewollt hatte, ein Kind war, war sie empört. Frechheit! – Ein paar Jahre später kam ihr jedoch die Einsicht. Sie gestand es sich ein und redete ehrlich darüber. Mit Abstand erkannte sie selbst: Ja, es war so, sie hatte sich einen Samenspender gesucht und war darüber hinaus nicht an dem Mann interessiert gewesen. Aber als sie sich noch mitten in der Situation befunden hatte, war sie dafür blind gewesen. Sie wollte nur sehen, was sie sehen wollte. Alles andere hatte keinen Platz. Hätte sie die Wahrheit schon damals gesehen, wäre sie vor sich selbst als schlechter Mensch da gestanden.

Seien wir doch ehrlich: Wir alle sehen uns als viel netter, moralischer oder sozialer, als wir in Wahrheit sind. Damit dieses Bild auch bestätigt wird, wollen wir unbedingt vor anderen gut dastehen. Es ist nun einmal mal so: Oft sind es ganz einfache und manchmal reichlich erbärmliche Motive, die uns steuern. Manchmal denken wir, wir wüssten Bescheid, hätten alles im Griff und stünden kurz vor der Erleuchtung. Dabei handeln wir nur nach ganz simplen, archaischen Mustern. Aber diese Einsicht lässt oft auf sich warten. Der Name, den wir unserer Spezies selbst gegeben haben, lautet »Homo sapiens sapiens«. Der besonders weise Mensch. Oder: Weisester unter den Weisen. Nun, bis wir dem Namen gerecht werden, wird es wohl noch ein bisschen dauern ...

Wenn dann gegenüber einem künftigen Macher, in dem der schlummernde Dominator schon ansatzweise geweckt wurde, ein anderer devot auftritt und sich unterordnet, dann setzt beim Starken ein unbewusster Reflex ein, ein ursprüngliches, archaisches Muster: Dem Speichellecker würde er am liebsten noch eine reinsemmeln. Den Schwachen noch mehr erniedrigen, den Unterwürfigen noch tiefer unterwerfen. Ivan Lendl, einer der erfolgreichsten Tennisspieler aller Zeiten, drückte es so aus: »Wenn du deinen Gegner am Boden hast, musst du auf ihn drauftreten, damit er nicht mehr hochkommt.«

Dazu braucht es immer zwei, den Dominator und den Unterwürfigen, aber die ziehen sich gegenseitig an und finden sich immer. Ob das Leben in uns allerdings den schlummernden Dominator oder den schlummernden Untergebenen weckt, ist von äußeren Einflüssen genauso abhängig wie von der inneren Einstellung. Es ist am Ende eine Frage, mit welcher Rolle wir uns identifizieren.

Mit welchem Motiv geht ein 18-jähriger Single in die Disco? Richtig! Nicht, um sich zu unterhalten, etwas zu trinken oder Musik zu hören. Jetzt geht also der eine 18-Jährige voller Mut und Selbstvertrauen zum hübschesten Mädel, spricht sie an und will sie für sich gewinnen. Sie gibt ihm einen Korb. Autsch, das tut weh. Die höhnisch lachenden Kumpels setzen noch einen drauf. Er zieht den Schwanz ein und trottet an die Bar. Hoppla! Die war wohl eine Nummer zu groß für mich. **Erst mal einen trinken und den Schmerz betäuben.**

betäuben. Ein paar Tage dauert das sicher. Und beim nächsten Versuch setze ich sicherheitshalber ein paar Nummern tiefer an!

Der andere 18jährige sagt sich von vornerein: Eine von 10 wird's heute Abend. Und los geht's. 10, 9, 8, 7, 6, Treffer! Wer von den beiden wird wohl eher zum Macher werden?

Abhängig und beschäftigt

Faszinierend ist, wie leicht wir in solche Muster hineinrutschen und dort einrasten. Die Macher in das Muster des Dominierens. Und auch die modernen Leibeigenen fordern ihre Abhängigkeit geradezu ein.

Dazu passt die Geschichte zweier Nachbarn. Sie wohnen schon lange nebeneinander. Sie gehen ihren beruflichen Weg, jeder den seinen. Sie gründen und vergrößern ihre Familien, sie leben und sind ständig in Bewegung.

Ein Ritual verbindet die beiden. Jeweils am Samstag, eine halbe Stunde vor der Sportschau, treffen sie sich am Zaun und tauschen sich über die Woche aus.

Da passiert es, dass die eine Familie langsam, aber sicher in Richtung Armut driftet. Gewiss, der Mann arbeitet und strengt sich an. Aber es reicht nicht. Der andere ist selbstständig und sehr erfolgreich. Man kann es auch an den Autos erkennen, die vor den beiden Häusern stehen. Links der Dacia, rechts der Mercedes AMG.

Die beiden Familienväter stehen samstags wieder mal am Zaun und unterhalten sich. Der eine erzählt vom Urlaub in Griechenland, wo alles gerade ziemlich günstig ist, der andere von den Seychellen, wo alles gerade ziemlich super ist. Da sagt der Selbstständige:»Du, pass auf, hier hast du 500 Euro. Nimm's einfach. Ich weiß, dir geht's nicht gut. Lass es unsere Frauen nicht wissen. Nimm's einfach, bitte, ja?«

Der andere reagiert geschockt:»Bist du verrückt? Das

kann ich doch nicht annehmen, das geht so nicht ...« – und so weiter. Der Unternehmer braucht all seine Überzeugungskraft, bis sein Nachbar das Geld schließlich doch annimmt.

Als die beiden ein paar Wochen später wieder am Zaun stehen, ist der Widerstand schon geringer. Es dauert zwar, aber wieder nimmt er das Geld an.

Einige Monate später hat sich ein Unterstützungsritual daraus entwickelt. Dem einen tut das Geld gut, der andere hat es übrig, außerdem lässt die regelmäßige Wohltat in ihm Glückshormone tanzen – Wohltäter zu sein ist eine angenehme Überlegenheitsposition. Sie kennen doch solche Menschen: geben gern, aber bloß selbst nichts annehmen müssen. Doch diese beiden fühlen sich in ihren Rollen ganz wohl.

Innerhalb kurzer Zeit verändert sich der Markt des Selbstständigen auf einmal. Sein Marktvorsprung wurde von Mitbewerbern nicht nur aufgeholt, sondern er wurde sogar überholt. Er hat nicht aufgepasst. Sein Umsatz bricht drastisch ein. Wie das oft so ist, geht es ziemlich schnell, bis die Reserven aufgebraucht sind, denn die monatlichen Fixkosten des Selbstständigen sind hoch und lassen sich kurzfristig nicht anpassen.

Da unterhalten sich die beiden wieder am Zaun. Der eine erzählt von seinen Kollegen, der andere von seinen Problemen, wieder an Aufträge heranzukommen, und dass es gerade recht eng für ihn sei. Irgendwann ruft die Frau des Selbstständigen von der Terrasse: »Kommst du? Das Essen ist fertig.«

Die beiden wenden sich zum Gehen. Da dreht der eine plötzlich um und sagt: »He, wo bleiben eigentlich meine 500 Euro?«

Meine 500 Euro. In der Welt des Abhängigen hat die Summe bereits den Eigentümer gewechselt, er betrachtet sie als sein Vorrecht, er erhebt Anspruch darauf. Gerade in einem solchen Anspruchsdenken zeigt sich die Abhängigkeit. Es ist *das* deutlichste Symptom. Ansprüche entstehen rasend schnell und stehen im Regal der schlimmsten Geistesgifte ganz vorn. Überzogene Ansprüche sind der Fluch mangelnder Dankbarkeit. Es ist ein unausgesprochener Deal, der dann mit passiver Aggressivität eingefordert wird: Wenn ich schon zu dir aufsehe, dann musst du für mich sorgen! Du musst mir Geld geben! Du musst mir Sicherheit geben! Du darfst mich nicht entlassen! Du musst in meine Altersversorgung einzahlen! Du musst auf meine Arbeitsbedingungen aufpassen! Du musst für ein gutes Betriebsklima sorgen! Du musst mich motivieren! Du musst mich glücklich machen!

Die Menschen sind so, sie gewöhnen sich an jeden persönlichen Vorteil sehr schnell und sehen ihn binnen kürzester Zeit als ihr angestammtes Recht an. Sie fluchen, weil sie im Jet überm Atlantik wegen technischer Probleme temporär kein Internet haben. Vor ein paar Wochen gab es so etwas noch gar nicht. Jetzt aber erheben sie bereits Anspruch darauf. »Was ist los? Warum geht das Internet nicht? So eine Mist-Airline!«

Allein schon die Tatsache, dass sie in einem bequemen Stuhl sitzen, Videos schauen und gekühlte Getränke schlürfen, während sie in 10 000 Metern Höhe mit ihrem Stuhl durch die Luft fliegen! Es ist ein Wunder der Technik, eigentlich müsste jeder Fluggast jede Minute eines solchen Fluges jubeln und weinen vor Glück. Für die Reise, die er in einer Stunde unternimmt, hätte er noch vor zweihundert Jahren Wochen gebraucht und wäre vielleicht unterwegs ausgeraubt und ermordet worden.

Oder denken Sie an unser Straßennetz. Was nimmt mehr Raum in unserem Bewusstsein ein: Die Baustellen oder die vielen tausend problemlos befahrbaren Straßen? Aber für das, was uns guttut, für das, was wir geschenkt bekommen, sind wir vielleicht eine Minute lang ein wenig dankbar – wir sagen heutzutage vielleicht so etwas wie:»Hey, das ist ja cool.« –, und in der nächsten Minute spüren wir eine große Selbstverständlichkeit. Es ist normal. Wir nutzen es einfach. Und in der dritten Minute erheben wir dann darauf unseren Anspruch. Es wird»meins!« Und sollten wir es jemals eine Minute entbehren müssen, fangen wir an zu jammern oder uns zu beschweren. So ist das auch im Bereich der Arbeit mit allen mit ihr verbundenen Faktoren wie Gehalt, Pension, Arbeitszeit, Dienstwagen, Büroausstattung, Hardware und Software, Dienstreisen, Urlaub, Sekretariat, Posten – Mangel an Dankbarkeit und Demut ist eine Geißel des modernen Menschen. Von der Beschäftigungsgarantie ganz zu schweigen.

Dass wir uns damit von anderen abhängig machen und letztlich zu Hörigen werden, ist uns offensichtlich nicht klar. Die Kastration geschieht ganz still und heimlich und in den Alltag eingefügt. Es ist nicht so, dass die Mitarbeiter Frondienst verrichten und keinerlei Spielräume hätten.

Sie sitzen vielleicht in einer Abteilungsleiterkonferenz zusammen und diskutieren völlig verantwortungsbewusst und aus eigenem Antrieb über die anhaltenden Lieferprobleme ihrer Firma. Sie wollen das Problem aus der Welt schaffen. Sie wollen nicht nur den aktuellen Fall lösen, sondern überlegen gründlich, weil sie auf der Prinzipienebene ansetzen wollen, damit die Lieferproblematik künftig gar nicht mehr auf den Tisch kommt. Und sie sind gute Leute, hochqualifiziert. Und hochbezahlt, da kann man solchen Einsatz auch erwarten, finden sie selbst.

Sie sind schon weit gekommen. Da kommt der Chef rein: Da läuft mal wieder was nicht rund mit den Auslieferungen! Er scheucht den Hasenstall auf wie ein Habicht. Jeder erhält eine klare Anweisung. Wir müssen schnell handeln! Die Kuh muss vom Eis! So zeigt er wieder allen, was für ein Held er ist. Er rettet die Situation. Er löst das Problem. Er weiß, was zu tun ist.

Dass er damit nur den Einzelfall löst und die Firma überhaupt nicht substanziell weiterbringt, ist ihm nicht klar. Und nicht so wichtig. Eigentlich waren seine Mitarbeiter schon weiter. Aber davon hat er nichts, denn wenn die das Problem ein für alle Mal lösen könnten, dann könnte er sich nicht mehr als Held profilieren.

Seine Firma ist sein Produkt, seine Firma ist er. Sie ist so, wie er sie haben will. Und wenn sie ausschert, holt er sie zurück auf seine Linie. Das geschieht völlig unbewusst. Aber es geschieht.

Das Gemeine daran: Der Macher hat im Einzelfall auch noch recht! Er ist brillant. Dadurch dass die Angestellten nicht volle, letztgültige Verantwortung haben, können sie nicht die richtige Antwort liefern. Sie sind nicht bevollmächtigt. Der Macher schießt aus der Hüfte mit dem Colt besser als sie mit angelegtem Jagdgewehr.

Sie sind Eunuchen, aber sie sollen Kinder zeugen. Der Chef setzt sie unter Druck, dabei können sie

Sie sind Eunuchen, aber sie sollen Kinder zeugen.

gar nicht. Bring Ergebnisse, aber ich geb' dir nicht die Befugnisse! Ich tu' so, als ob ich dir die Sache übergebe, aber ich gebe die Handlungsmacht nicht ab. Aber bring die Ergebnisse!

So erzeugt der Macher schwache Mitarbeiter, er erzeugt ungewollt Abhängige, Schleimer, Arschkriecher, Harmoniesüchtige, Jammerer, Soldaten, To-do-Listen-Abarbeiter.

Entmächtigungssysteme

Zum Abarbeiten dessen, was vorgegeben ist, werden wir immer noch erzogen. Die Schule lehrt Schüler in vielen Fällen einfach nur, was »von oben« vorgesetzt wird, unter Zwang und Druck abzuarbeiten. Jede Schulstunde funktioniert so. Thema, Aufgabe und Lösungsweg: Oft ist das alles vorgegeben. Verweigerung führt zu Sanktionen. Abarbeiten als Entwicklungsweg. Klar, die Macher in der Wirtschaft brauchen ja Mitarbeiter und nicht Mitdenker.

Die Schüler gehen jeden Tag mit der inneren Haltung in die Schule, die nächsten Stunden durchzustehen und zu denken, was ein anderer, Höhergestellter, ihnen vorgibt zu machen und zu denken. So programmiert fragen sie später: »Chef, was soll ich machen?« Oder: »Chef, wie soll ich das machen?« Das ist die gelernte Grundhaltung. Martin Seligman beschrieb diese emotionale Anpassung bereits 1967 mit dem Begriff »erlernte Hilflosigkeit«. Und wenn es dann auf einmal keine Vorgaben mehr gibt, tun derart Abgerichtete einfach nichts. Ein Schüler, dessen Stunde wegen Krankheit des Lehrers ausfällt oder der hitzefrei hat, würde niemals auf die Idee kommen, von sich aus Vokabeln zu lernen oder nachzuschlagen, wie die Corioliskraft zustande kommt.

Natürlich gibt es mittlerweile Schulen, in denen Projektarbeit, das selbstständige Erarbeiten von Inhalten und das Einüben in Kritikfähigkeit auf der Tagesordnung stehen, doch im Großen und Ganzen besteht hier immer noch riesiger Entwicklungsbedarf. Immer noch wird Unselbständigkeit durch unser Bildungssystem systematisch herbeigeführt, und es ist davon auszugehen, dass das gesellschaftlich gewollt ist. Denn nicht das, was öffentlich gesagt wird, ist entscheidend, sondern das, was tatsächlich erwirkt wird. Menschen sagen, was sie gern wären, und zeigen durch Ergebnisse, was sie in Wahrheit sind. Unternehmen fordern lautstark den Unternehmer im Unternehmen und erschaffen in Wahrheit Leibeigene durch ihre gelebte Werterealität. Genau so ist die Diskrepanz zwischen den öffentlichen Forderungsparolen und der Realität des Schulsystems zu verstehen. Auch hier gilt: Ich kann deine Worte nicht hören, deine Taten sprechen so laut! Die Wirkung zeigt, was wirklich gewollt ist.

Das Ergebnis sind dressierte Beschäftigte, die schon bei

Berufseintritt aus tiefstem Innern abhängig sind und beschäftigt werden wollen. Die den Anspruch auf Versorgung haben. Wenn nicht im Unternehmen, dann direkt vom Staat. Dieses Bildungssystem ist auf eine Welt der Macher ausgerichtet, aber nicht indem es Macher produziert, sondern indem es den Machern die Abhängigen liefert, die ohne freie Entscheidung unter den starken Baum schlüpfen. Unter diesem Gesichtspunkt bekommt die Film-Trilogie Matrix eine ganz andere Bedeutung. Interessanterweise sind viele Macher schlechte Schüler gewesen, haben gar den vorgegebenen Bildungsweg abgebrochen, haben sich den Lehrern verweigert, hatten Probleme, sich anzupassen. Sechs der gegenwärtig zehn reichsten Männer der Welt sind Schulabbrecher, Studienabbrecher oder haben nie eine höhere Schule besucht.

Die Schule, so wie sie seit den preußischen Bildungsreformen Ende des 19. Jahrhunderts bis heute im Kern angelegt ist, setzt prinzipiell Gehorsam und Folgsamkeit über Initiative und Verantwortungsbereitschaft. Es sind Angestelltenfarmen, Treibhäuser für die unteren Ebenen der Hierarchien. Eine Wirtschaft, in der Unternehmen preußisch-hierarchisch aufgebaut sind, nur jeweils einer das Sagen hat und alle anderen um Vorgaben bitten, hat im 19. und 20. Jahrhundert ja auch sehr gut funktioniert. Es war das Zeitalter der Macher. Oder andersherum gesagt: Das Zeitalter der abhängig Beschäftigten.

Ein Volk von modernen Leibeigenen, welches glaubt, frei und unabhängig zu sein. Interessant. Wenn Menschen in einem Land sich weigern, Verantwortung zu übernehmen und stattdessen Ansprüche auf Versorgung erheben, blockieren sie die gesamte Gesellschaft. Auch hier ist ein Versäumnis bei anderen Ländern leichter zu beobachten als bei uns selbst. Denken Sie einfach an Griechenlands Umgang mit der Staatsverschuldung. Aber wo ist unser blinder Fleck? Er zeigt sich in der Summe der Ansprüche, die wir an andere stellen. Auch wir sind ein Volk, das seine Potentiale noch viel besser entwickeln kann. Viele Millionen Leben mit angezogenen Handbremsen, mit schlummernden Talenten, unentwickelten Potentialen, verkümmerten Fähigkeiten. Wie lange können wir uns das noch leisten? Das 21. Jahrhundert stellt radikal neue Anforderungen an die Menschen. Die wohlbekannten Stichworte lauten: Globalisierung, Technisierung, Dynamik, Vernetzung, Komplexität. Es ist nun einmal alles nicht mehr so einfach wie vor hundert Jahren. Ein Unternehmen, das allein auf die Kreativität und Initiative eines einzigen Menschen oder nur weniger Menschen setzt und das in den Mitarbeitern schlummernde Potential ungenutzt verkümmern lässt, hat heute keine Aussichten mehr, im Wettbewerb langfristig zu bestehen. Ein stagnierendes Land mit katastrophalen Defiziten im Bildungswesen, das den größten Teil seines Regierungsetats darauf verwendet, Ansprüche Abhängiger zu befriedigen, wird manövrierunfähig und schwach. In einer Wüste wachsen keine Früchte. Aus einem Heer von Abhängigen erwächst nichts Neues.

Wenn so ein Machersystem aber zwangsläufig irgendwann stagniert, weil es an seine Grenzen gestoßen ist, dann beginnen die Abhängigen auf die Macher zu schimpfen und auf sie einzuprügeln. Die Kinder schimpfen über die Eltern, die ihnen das Essen auf den Tisch stellen. Die Lehrer schimpfen auf den Kapitalismus, dem sie dienen und dessen Wohlstand sie genießen, wie auf eine Krankheit. Die Arbeitnehmer beschimpfen die Arbeitgeber, die ihnen jeden Monat das Gehalt überweisen, egal wie produktiv sie waren, als Ausbeuter, Menschenschinder und Nieten in Nadelstreifen. Und die kritisch beobachtenden Medien beschweren sich über die materielle Ungleichheit, weil die Macher nicht nur mehr machen, sondern auch mehr haben.

Ob in Familien, in Unternehmen oder in ganzen Gesellschaften: Wenn es nicht mehr so gut läuft, werden Schuldige gesucht, denn der Schmerz des Misslingens muss irgendwo abgeladen werden. Die Schuldigen sind »die da oben«. Aber wem man die Schuld gibt, dem gibt man die Macht. Und macht sich selbst damit zum Opfer. Die Ära der Macher erkennt man auch an diesen Gefolgsleuten, den Bewohnern der Arbeitersiedlungs-Wohnblocks, den überschuldeten Konsumenten, den Transferempfängern. Man erkennt sie an der Suche nach Schuldigen, an dem Finger, der immer auf die anderen zeigt. An der Freude über den Schaden des anderen, denn wenn es anderen schlechter geht, geht es einem selbst schon wieder relativ besser. Am schlechten Selbstwertgefühl der meisten Menschen, die wie Radfahrer nach oben buckeln und nach unten treten, an den Duckmäusern, die heimlich auf Rache sinnen. Dieses Hackordnungsempfinden lässt an Vögel denken, die übereinander auf mehreren Stromleitungen sitzen. Die oben geben ihren ganzen Mist nach unten weiter. Dann schauen sie nach unten und denken: Da gibt's nur Scheiße. Die unten schauen nach oben und denken: Ich sehe nur Arschlöcher.

Macher denken, wenn alle so wären wie sie, wäre alles besser, aber die Kinder von Machern sind oft schwach. Große Dominanz ist kein guter Nährboden für die Entwicklung einer starken Identität. Außerdem gleichen manche Macher das schlechte Gewissen, das sie aus ihrem Geschäftsleben mitbringen, mit erkaufter Nähe bei ihren Kindern aus. Das macht ihren Nachwuchs noch schwächer.

Rote Welle

Die Systeme, die auf dem Macherprinzip aus Vorgabe und Gehorsam beruhen und per Anweisung und Kontrolle funktionieren, sind dann überfordert, wenn sie zu groß werden und wenn die Komplexität zunimmt. Die Chefetage reagiert dann oft mit noch mehr Anweisungen und Vorschriften. Kleine oder noch junge Unternehmen kommen meist mit wenigen Anweisungen und Regeln aus. Doch wenn sie groß werden, wächst auch die Bürokratie und mit ihr der Wust an Formularen, Vorschriften und Kontrollmechanismen.

Ein wachsendes Unternehmen hat mit demselben Problem zu kämpfen wie der zunehmende Straßenverkehr: Der Schilderwald wächst. Für die über 45 Millionen Autos und Lastwagen in Deutschland braucht es über 500 verschiedene Straßenschilder, von denen ungefähr 20 Millionen Exemplare aufgestellt wurden. Im Durchschnitt steht am Straßenrand alle 28 Meter ein Schild. Hinzu kommen ungefähr 10 Millionen Ampeln, die den Verkehr regeln.

Damit die Autofahrer den Schildern auch gehorchen, müssen immer höhere Strafen erhoben werden. Es werden technische Überwachungssysteme entwickelt, Radarfallen, Punkte in Flensburg und so weiter.

Das alles finden wir völlig normal, wir sind ja damit aufgewachsen. Aber je weiter das Regelsystem ausgebaut wird, desto ineffizienter wird es. Mittlerweile bringen mehr Schilder eher mehr Unfälle als weniger Unfälle. Denn Autofahrer werden durch die zahllosen Hinweise am Wegesrand zunehmend verwirrt und achten immer weniger darauf.

Aber je weiter das Regelsystem ausgebaut wird, desto ineffizienter wird es.

Irgendwann, wenn die Sache immer komplexer wird, keimt die Erkenntnis, dass es auch andere Ordnungssysteme geben muss als das hierarchische Prinzip von Law and Order. Menschen sind in der Lage, sich selbst zu organisieren, wenn man sie lässt. In der niederländischen Stadt Drachten und einigen weiteren Ortschaften wurden Verkehrsschilder, Ampeln und Fahrbahnmarkierungen radikal abgeschafft. Es gibt nur noch zwei Verkehrsregeln: Tempo 30 und rechts vor links. Das Ergebnis: Man kommt in der Innenstadt schneller voran, und es gibt weniger Unfälle. Im Londoner Stadtbezirk Kensington wurden auf der Hauptstraße alle Schilder abmontiert. Seitdem gibt es 60 Prozent weniger Unfälle. Immer häufiger ersetzen Bürgermeister und Stadtplaner Ampelkreuzungen durch Kreisverkehre. Statt einfach nur stur und bequem zu befolgen, was die Ampel vorgibt, müssen die Verkehrsteilnehmer jetzt mehr aufeinander achten, mehr auf den Verkehrsfluss aufpassen und langsamer an die Kreuzung heranfahren. Aber man kommt insgesamt schneller voran.

Es gibt also ganz andere Prinzipien als das in der Welt der Macher vorherrschende. Und sie funktionieren. Diese neuen, moderneren Systeme haben immer etwas mit Selbstverantwortung, Selbstorganisation, Dezentralität, Freiheit und Machtverzicht zu tun. Sie sind immer dann überlegen, wenn die Komplexität stark zunimmt. Eins verbindet diese modernen Systeme: Sie zwingen mitzudenken und nicht nur einfach zu konsumieren. Mitdenker anstatt Mitkonsumenten. Man bedenke: Wer zu viel konsumiert, gibt sein Hirn ab.

Wer zu viel konsumiert, gibt sein Hirn ab.

Macher sind ausgeprägte Individualisten. Die Systeme aber, die sie geschaffen haben, sind ausgesprochen kollektivistisch. Alles wird zentral und von oben geregelt. Die Macher selbst würden sich in den von ihnen entworfenen Systemen niemals wohlfühlen, ob Gehaltssystem, soziales Versorgungssystem oder die Straßenverkehrsordnung. Ihr Lebensentwurf funktioniert nur, weil sie sich als außerhalb der Systeme stehend betrachten. Sie brechen die Regeln, weil sie davon ausgehen, dass die Regeln nicht für sie gemacht wurden. Sondern für die unmündigen Massen.

Aber wenn die Unmündigen mündig werden und wenn die kollektivistischen Systeme versagen, weil die Welt sich nicht vorschreiben lässt, wie sie sich verhalten soll, dann brechen die Macher ein.

Schwachmacher

Wenn die starken Bäume sterben, sind die Untergeschlüpften schutzlos. Sie werden arbeitslos und damit hilflos. Die sozialen Systeme brechen zusammen, weil die Anspruchsteller so zahlreich werden, dass das Geld nicht mehr reicht. Selbst diejenigen, die Arbeit haben, können mit ihrem Gehalt den Lebensunterhalt ihrer Familie nicht mehr bestreiten. Die Menschen haben keine Sicherheit mehr, fühlen sich ohnmächtig.

Sie wurden einst zur Unselbstständigkeit erzogen, deshalb rufen nun alle: Du da oben musst jetzt die Verantwortung übernehmen! Es geht nicht, dass du dich einfach aus der Affäre ziehst. Sie verlangen von »denen da oben« eine Eigenverantwortung, die sie selbst nicht leben. Interessant! Der Blick in den Spiegel lässt grüßen. Tief in ihrem Inneren sind diese Menschen überzeugt davon, dass sie ein Recht darauf haben, versorgt zu werden.

Der große Nachteil einer Macher-Gesellschaft sind die sozialen Verwerfungen, die lähmende Unsicherheit, in welche die Menschen gestürzt werden, sobald die Ära der Macher vorbei ist. Zuerst schützt man sie vor der Sonne, dann zieht man ihnen den Schutz weg, und wenn die Haut dann verbrennt, heißt es: Selbst schuld, was bist du auch so bleich?

Viele Macher behaupten zwar, dass sie starke Menschen um sich herum brauchen, sie sagen, dass sie sich Mitarbeiter wünschen, die Verantwortung übernehmen. Aber im Endeffekt lassen sie einfach nur andere für sich arbeiten. Sie wollen so gerne Menschenfreunde sein, aber sie stehen mehr für die kultivierte Unterdrückung von Menschen. Zugegeben: Das Ganze ist sehr subtil und auf den ersten Blick schwer erkennbar.

Was die Macher sagen, ist das, was sie gern hätten. Aber was die Macher tatsächlich haben, entspricht dem, wer sie sind. Und sie haben blockierte, unfreie, unselbstständige

Mitarbeiter. Wenn wir die Macher nach den Ergebnissen ihres Handelns beurteilen, nicht nach ihren Lippenbekenntnissen, dann sind sie diejenigen, die Schwäche produzieren. Macher machen ohnmächtig.

Macher geben ihren Mitarbeitern Orientierung, aber die Sicherheit, die sie bieten, ist nur eine äußerliche, oberflächliche. Wahre Sicherheit gibt es nur im Inneren, denn die äußere Sicherheit ist vergänglich, sie kann sich jederzeit als ein leeres Versprechen entpuppen.

Ich fände es besser für alle und gesünder, wenn die Macher wenigstens zu ihrer Rolle stünden. Ein Macher, der sagt: »Ich finde es geil, wenn alle innerlich auf die Knie sinken, sobald ich den Raum betrete«, ist wenigstens ehrlich zu sich und allen anderen. Und diese Ehrlichkeit ist der erste Schritt, der zu einer Transformation führen kann.

Mehr, mehr, mehr!

> Mr. Gorbachev, tear down this Wall!
> Ronald Reagan

Das Kernprinzip der Macher: Wachsen! – Aber wachsen, wozu? Macher wollen mehr Mitarbeiter einstellen, den Umsatz vergrößern, auf der Karriereleiter nach oben klettern, ein höheres Einkommen haben, mehr Vermögen besitzen, ihren Machtbereich ausdehnen, den weißen Wal erlegen, einen höheres Amt einnehmen, die Wirtschaftsleistung ihres Landkreises, Bundeslandes, Staates vergrößern, das höchste Haus der Welt bauen, sie wollen wachsen, wachsen, wachsen. Der Kabarettist Dr. Eckart von Hirschhausen bringt es in einem Vergleich auf den Punkt: Was ist der Unterschied zwischen einem Mann, der sechs Kinder hat, und einem Mann, der sechs Millionen auf dem Konto hat? Der mit den Kindern will nicht mehr haben.

Der Macher sehr wohl, und das »mehr« dient nur einem Zweck: Indem er sein Werk vergrößert, nährt er sein Ego, er bläht sich selbst auf. Das Werk des Machers ist die Projektion seines Ichs nach außen. Er will wahrgenommen werden. Seht her, das bin ich! Ich habe gewonnen! – Seine größte Angst ist es, von der Welt zu verschwinden.

Ödland

Ausbeutung pflastert den Weg der Macher. Macher beuten Menschen für ihre persönlichen Zwecke aus, sowohl emotional als auch materiell. Geschickt stellen sie ihre Handlungen als menschenfreundlich und zuvorkommend dar. Doch sie beuten Rohstoffe aus, sie beuten Regionen und Staaten aus, sie nehmen, was sie kriegen können, um es an sich zu ziehen und in ihr großes Werk einzuspeisen. Sie beuten die Erde aus, denn sie denken nicht über das Ende ihrer Lebensspanne hinaus. Nach sich sehen sie das große Nichts, deshalb verwenden sie die letzte Ernte für sich selbst und hinterlassen lieber eine abgeerntete Brache als ein fruchtbares, frisch gesätes Feld. Ihr Motto lautet: nach mir die Sintflut.

Ihr Motto lautet: nach mir die Sintflut.

Statt fruchtbarer Felder hinterlassen sie Statussymbole: Straßennamen, Gebäude, Pyramiden, Statuen, ikonische Fotos und Videoaufnahmen, die in die Geschichte eingehen, Rekorde, die aufgezeichnet werden, Taten, die unvergessen bleiben. Das haben sie noch im Geschichtsunterricht gelernt: Die, über die auch noch in der Zukunft gesprochen wird, das waren meistens Macher.

Macher sind Perfektionisten, was das Scheitern schon beinhaltet. Sie sind nie zufrieden, es geht immer noch besser. Wenn Macher Arbeit delegieren, dann ist das immer mit Druck und Ermahnungen verbunden und entspringt selten Überzeugung. Wer einen Arbeitsauftrag eines Machers annimmt, wird für das Scheitern gleich mit bezahlt. Zufrieden wird der Macher sowieso nicht sein. Das Geld, das dafür fließt, ist Schmerzensgeld.

Für ihr unsterbliches Andenken in der Zukunft opfern sie die Gegenwart vieler Menschen einschließlich ihrer eigenen. Macher dominieren, ihr pauschales Angebot des Unterschlüpfens gilt den vielen, die dominiert werden wollen. Dort, wo Macher am Werk sind, gibt es immer wenige Gewinner und viele Verlierer.

Erblasser

Die größte Stärke der Macher ist das Anfangen, Aufbauen, Aufbrechen. Darum ist ein gewisser Machergeist für die Gesellschaft unverzichtbar. Ohne Macher haben wir zu wenig Innovationskraft, zu wenig Antrieb, zu wenig Pioniergeist. Was sie für uns aufgebaut haben, ist Grund genug, ihnen das zu schenken, was sie am meisten wünschten: Ruhm und Ehre.

Die Macher waren unsere Vorbilder. Auch wenn sie es immer weniger sind, auch wenn wir heute wissen, dass sie nur mit Wasser gekocht haben, dass sie ihre herausragenden Stärken auf ebenso herausragenden Schwächen aufgebaut haben, dürfen wir ihre Werke trotzdem bewundern und uns über das Erbe freuen, das sie für uns aufgehäuft haben. Wir treten das Erbe an, aber nicht, um es nach alter Manier fortzuführen. Oder wie Tim Cook, der Nachfolger des legendären Apple-Gründers Steve Jobs sagte:»Ich liebe Museen. Ich möchte aber nicht in einem Museum leben.« Die Macher haben uns heute in eine phantastische, fast optimale Situation gebracht. Durch sie haben wir eine unglaubliche Chance, die wir zu nutzen verstehen sollten.

Wir wurden in eine entwickelte, freie, reiche, aufgeklärte, weitgehend friedliche und funktionierende Gesellschaft hineingeboren. Nun ist es an uns, das alles auf die nächste Ebene zu heben. Vielleicht beginnen wir damit, uns vor den Machern zu verneigen, die uns in diese Lage versetzt haben, und dann lassen wir von ihnen los. Ein Neubeginn fängt immer am besten mit einer positiven Anerkennung der Vergangenheit an.

Wir haben die Macher gebraucht. Und auch heute noch brauchen wir den Macheranteil in uns immer dann, wenn es darum geht, uns neue Ziele zu setzen und loszulaufen.

Bunga, Bunga

Für einen Macher ist das Ziel das Ziel. Basta. Ist es erreicht, wird ein neues Ziel gesetzt. Er kann mit dem neumodischen

Gedöns von »Der Weg ist das Ziel« nichts anfangen. Das ist was für weichgespülte Schattenparker und Wechselgeldzähler. Im Erreichen des Ziels vergrößert sich seine Potenz: Seht her, das habe ich geschafft. Jetzt wollen wir doch mal sehen, was ich als Nächstes stemme!

Ziele werden so zu Trophäen. Der Macher setzt sich Ziele in allen Lebensbereichen, um sich und der Welt zu beweisen, wie groß und stark er ist. Er will sich selbst und der Welt auch vorführen, dass er leistungsfähig ist. Dass er noch mehr schaffen kann als zuletzt. Dass er noch größere Mengen bearbeiten kann. Dass er noch mehr Mitarbeiter befehligen kann. Dass er im Zweifel auch die Champions League gewinnen kann. Dass er es einer Jüngeren noch besorgen kann. Mehr machen! Mit zweien auf einmal, mit dreien. Eine Orgie! Bunga, Bunga!

Wenn der Macher sich nicht weiterentwickelt, kennt er kein Stopp. Er überzieht. Er macht solange mehr, mehr, mehr, bis er sich überfordert. Irgendwann wird für alle Welt klar, dass das nach außen projizierte Ego des Machers eine Größe vorspiegelt, die er in Wahrheit nicht mehr halten kann. Plötzlich wird für jeden offenkundig: So groß ist er nicht. Die Blase platzt. Und danach wirkt er lächerlich klein.

Zuvor war alles genial. Zuvor hat alles geklappt. Was Porsche-Chef Wendelin Wiedeking und sein Finanzvorstand Holger Härter auch angepackt hatten, es hat sich in Gold verwandelt. Gemeinsam haben sie Porsche gerettet und zur profitabelsten Automarke der Welt gemacht. Sie haben geglänzt, sie haben mehr gemacht, sie haben nach den Sternen gegriffen. Am Ende kommt dann Verrücktes dabei heraus. Porsche soll VW schlucken. Völlig klar: Wiedeking wollte Chef des größten Autobauers der Welt werden. Er wollte das erzwingen. Solange, bis er scheitern musste.

To Do

Alle Wirtschaftsblasen der letzten Jahre sind machergetriebene Auswüchse des Höher-schneller-weiter-Wahns. Sie bilden ab, wie wir sind. Die Blasen, das sind letztlich wir. Darin zeigt sich die Gier des Mehr-haben-Wollens in uns allen. Macher sind schwach im Dienen. Denn gegen das Dienen sträubt sich in ihnen alles. Dienen wirkt oberflächlich schwach. Sie wollen aber oberflächlich stark sein. Die Hybris eines Machers gipfelt oft im Unethischen. Für ihn heiligt der Zweck die Mittel. Wenn er mehr Einfluss bekommt, als er charakterlich tragen kann, mehr Macht, als er Verantwortungsbewusstsein hat, dann dient er niemandem mehr außer sich selbst, und dann biegt er sich das Recht zurecht. Er lügt, er schmiert, er verdreht die Wahrheit, er erhebt sich über das Recht, denn er erkennt die Rechte der anderen nicht an. Macher neigen stärker zu kriminellen und unethischen Handlungen als andere, sie kennen am Ende, wenn es hart auf hart geht, keine Menschlichkeit. Wenn sie sich nicht rechtzeitig besinnen und in etwas anderes transformieren als nur Macher, gehen sie über Leichen, sobald sie die Macht dazu bekommen. »Du kannst alles schaffen«, so lautet der Spruch der Macher-Trainer. Ich dagegen bin froh, dass vieles von dem, was manche Menschen schaffen möchten, nicht wahr wird!

Die größte Gefahr für den Macher besteht darin, dass er im Wachstumswahn den Bezug zu den anderen Menschen verliert. Dass er vergisst, dass er ein soziales Wesen ist, das nur existieren kann, weil es nicht allein auf der Welt ist.

Sie machen alles, was sie machen können. Sie sind nicht imstande, sich zurückzuhalten. Wenn sie in der Lage sind, eine Atombombe zu bauen, dann bauen sie eine Atombombe, und ausprobieren müssen sie sie dann auch. Sie sind geistige Früh-Ejakulierer. Gute Aufreißer, schlechte Liebhaber. Ihnen fehlt die Fähigkeit, Pläne aufzuschieben. Sie preschen vor. Sie brennen sofort für etwas. Sie verglühen schnell. Der starke Handlungsimpuls erzeugt ungeheuren Druck in der Umsetzung. Dadurch geht alles schnell, Macher sind durchschlagskräftig. Aber sie machen auf diese Weise auch viel Unnötiges. Sie nehmen sich nie die Zeit, um zu überlegen, was überhaupt sinnvoll wäre. Wenn es nur in seinem Sinn gemacht wird, ist das dem Macher Sinn genug.

Manipulierte Manipulatoren

Einen wunden Punkt haben sie auch, eine Achillesferse: Sie sind manipulierbar. Warum? Sie sind eitel. Sehr eitel sogar! Hinter und unter ihnen steht oft eine mächtige Nummer zwei, die im Windschatten an den Marionettenfäden zieht. Als »graue Eminenz« gibt sie dem Macher Ratschläge, nimmt Einfluss auf seine Meinungen, steuert im Verborgenen. Nach außen genießen die Macher das Ansehen, den bezeugten Respekt, die Bewunderung, sie geben die Rolle des Helden, des Gurus, des Retters. Sie genießen ihren überlegenen Status. Doch eigentlich sind es oft die Einflüsterer, die mit ihnen die strategischen Schachzüge planen. Oft sind es die Ehefrauen/Ehemänner, manchmal ist es der Vizechef oder ein sich anbiedernder Berater.

Weil die Macher das drängende Bedürfnis haben, verstanden und bewundert zu werden, schmelzen sie dahin, wenn jemand in ihnen das Gefühl wachruft: Der versteht mich! Wie manipuliert eine Ehefrau ihren Macher-Mann? Sie küsst ihn morgens im Bett mit den Worten wach: »Welche Ehre, neben einem solchen Mann wie dir wach werden zu dürfen!« Derart eingesponnen, werden sie Wachs in den Händen des Manipulators und zeigen sich von ihrer erbärmlichsten Seite. Dann wendet sich das Prinzip Abhängigkeit, mit dem sie nach außen operieren, unversehens gegen sie selbst, sie werden selbst abhängig und können auf die schmeichelnden Einflüsterungen des strategischen Wegbereiters bald nicht mehr verzichten.

Aber wenn der Mann auf seine Ilsebill hört, die nicht so will, wie er es will, dann kann es ihm am Ende gehen wie dem Fischer und seiner Frau im Märchen, das die Brüder Grimm aufgeschrieben hatten: Als die Wünsche maßlos wurden, verwandelte der Zauberfisch den Palast wieder in die ursprüngliche arme Hütte.

Kriegsende

Eine Gesellschaft von Machern erkennt man zuerst an den vielen Abhängigen. Abhängigkeit charakterisiert in einer Machergesellschaft die Beziehung der Individuen untereinander. Machergesellschaften sind hierarchisch und autoritär. Der starke, große, allmächtige Vater Staat sorgt paternalistisch für alle Lebenssituationen. Alter, Krankheit, Arbeitslosigkeit, Kinderkriegen, Erziehung, Bildung, Berufswahl, Umweltverhalten, Mobilität, alles ist staatlich geregelt. Ein Wust von Gesetzen und Vorschriften ordnet das Individuum dort ein, wo es hingehört: ganz unten. Der Mensch soll arbeiten, Steuern zahlen, heiraten, Kinder kriegen, ein Haus bauen, dies dann lebenslang abbezahlen und sonst keinen Ärger machen – rein in den Ochsenkarren und ihn ein Leben lang ziehen! Eine Machergesellschaft produziert systematisch ein Heer von Arbeitsdrohnen, das von einer schmalen geldadeligen Schicht von Führern in Politik und Wirtschaft gelenkt wird. Die Menschen lassen sich in wichtig und unwichtig einteilen. Die wichtigen sind die Macher.

Eine höhere Stufe von Demokratie wird erst möglich, wenn Macht und Geld breiter verteilt sind. Machergesellschaften streben von einer solchen gleichmäßigen Verteilung weg. Ungleichheit ist in den Augen von Machern ein

107

gerechter Zustand, denn er spiegelt für sie die Ungleichheit der Fähigkeiten wider. Ihre überragenden Talente und die Deppenhaftigkeit aller anderen. Ungleichheit in Gesellschaften ist allerdings ein explosiver Grundstoff. Aber das flößt Machern keine Angst ein. Ihre Daseinsform ist ohnehin der Kampf. Am liebsten der offene Zweikampf, der mit Sieg und Vernichtung endet. Am Kampf scheitern die Macher nicht. Verlieren sie ihn, ist das eine ehrenvolle Niederlage, die nur das strahlende Comeback vorbereitet. Macher stehen immer wieder auf, solange sie kämpfen können. Und finden sie in der Niederlage den Tod, wissen sie um das Denkmal, das man ihnen setzen wird, die aufrecht im Kampf gefallen sind. Solange sie kämpfen, können sie nur gewinnen.

Macher scheitern erst, wenn sie sich übernehmen und alle ihre Ambitionen wie eine Blase platzen. Sie platzen, weil die Systeme, die die Macher kreieren, nicht mehr zeitgemäß sind, weil sie von der Komplexität und Dynamik der Umwelt überfordert werden. Dann implodieren Lebenswerke, Firmen, Staaten, ganze Ideologien. Und dann werden Macher machtlos und verschwinden von der Bildfläche.

Das Ende der Machersysteme in unserer Gesellschaft ist wirtschaftlich mit Krisen markiert: Immobilienkrise, Bankenkrise, Eurokrise. Politisch mit dem Mauerfall 1989. Der Zweikampf zwischen den USA und der Sowjetunion war der letzte große Zweikampf in einer einfachen Welt. Doch was bleibt, wenn das letzte Feindbild weg ist? Wenn niemand mehr im Außen bekämpft werden muss?

Doch was bleibt, wenn das letzte Feindbild weg ist?

Dann wird eine Gemeinschaft auf sich selbst zurückgeworfen. Egal ob Nationenstreit, Unternehmenskonflikte oder Nachbarschaftsstreit. Doch den Blick nach innen zu richten, kann schmerzlich sein, deswegen kommt der Krieg gegen das Böse immer zur rechten Zeit ...

Die Frage ist generell: Was wird aus den Machern, wenn sie

108

das Macherstadium überwinden und sich weiterentwickeln? Welche Systeme sind es, die in einer komplexen Welt überlegen sind? Sind wir schon soweit?

Da bläst er!

Wenn ich in einem Kinofilm das bittere Ende einer Macherexistenz zeigen sollte, dann würde ich ablehnen und sagen, dass dieses in unübertreffbarer Weise bereits dargestellt wurde: in der grandiosen Verfilmung von Herman Melvilles Roman »Moby Dick«, die der Regisseur John Huston 1956 vollbracht hat. In der Hauptrolle Gregory Peck als Käpt'n Ahab, der den weißen Wal jagt.

So wie der weiße Wal eine Projektion des Hasses ist, der in Ahab tobt, entspringt auch das Wirken des Machers oft einer Projektion. Der Verlust seines Beines ist der Schmerz, der Ahab antreibt. Doch anstatt die Zweifel in seinem Inneren zu bekämpfen, muss der Feind im Außen dran glauben.

Ahab ordnet seiner wahnsinnigen Jagd alles unter. Er nimmt den Untergang seines Schiffes und der von ihm abhängigen Mannschaft in Kauf, obwohl es sich eigentlich um eine ganz persönliche Angelegenheit handelt, seine eigene emotionale Verletzung. Er ist bereit, alles zu opfern.

Und so kommt es am Ende auch: Er verliert den Kampf und geht buchstäblich mit Mann und Maus unter. Am Ende ist er an den Körper von Moby Dick gefesselt, bewegungsunfähig, ohnmächtig. Seine Macht, die er an Bord noch wie ein Besessener ausgespielt hat, ist dahin. Sein Schmerz hat zwar ein Ende. Aber er ist tot. Er hat verloren.

TEIL 2: FÜHRUNGSLOSE

Grün – Der Gegenpol der Macher

Wir wollen nicht ...

Oben bleiben!
Schlachtruf der Gegner
des Stuttgarter Tiefbahnhofs

Es ist halb elf am Abend. Mein Zug rollt mit sanftem Ru-
ckeln langsam in den Stuttgarter Trichter. In Fahrtrichtung
links sehe ich durchs spiegelnde Fenster im Dunkel hinter
den Gleisanlagen einige Baumkronen, die zum Unteren
Schlossgarten gehören, diesem schmalen Streifen Grün, der
das alte Bad Cannstatt mit der modernen City von Stuttgart
verbindet.

Vor knapp 130 Jahren baute Gottlieb Daimler, einer der
einflussreichsten Macher der Geschichte, in seiner Cann-
statter Versuchswerkstatt den ersten Motorwagen. Heute ist
die Automobilindustrie die Kernbranche der deutschen Wirtschaft, unsere »Schlüsselindustrie«, an der ein Großteil der
Wertschöpfung, der Arbeitsplätze, der Innovationskraft und
der Wirtschaftsmacht Deutschlands hängt. Ohne die Automobilwirtschaft mit all den davon abhängigen Wirtschafts-
zweigen wäre Deutschland ein ganz anderes Land. Und der
mittlere Neckarraum, mit den in Stuttgart ansässigen Betrieben Daimler, Porsche, Bosch und seinen zig Mittelständ-
lern, ist das stärkste mittelständisch geprägte Industriegebiet
Deutschlands. Was wäre Stuttgart heute, hätte Gottlieb
Daimler nicht gelebt, nicht erfunden, nicht gemacht? Wahr-
scheinlich wäre dann heute Karlsruhe Baden-Württembergs
Hauptstadt, denke ich und schmunzle über die alte, sym-
pathische Rivalität im Südweststaat. Die Schwaben und die
Badener waren ja schon immer ein wenig rauflustig. Was sich
neckt, das liebt sich. Was allerdings derzeit in Stuttgart an
Rauflust vorherrscht, hat einen ganz anderen Charakter ...

Ich schaue nach rechts aus dem Fenster der Seite, mein Zug rollt gerade an der großen Baustelle des Europaviertels vorbei. Stuttgart erhält durch den Abriss der künftig überflüssigen Gleisanlagen im Norden des Hauptbahnhofs die einmalige Chance, ein ganzes Stadtviertel neu zu bauen, direkt in der City. Welche Herausforderung. Hier kann Stuttgart zeigen, was es drauf hat. Es leben hier ja genügend Stararchitekten und Bauingenieure von Weltruf, und Geld genug sitzt hier auch. Der Neubau des Tiefbahnhofs spült mehrere Milliarden Euro in die Region, was die ansässige Wirtschaft stärkt und Stuttgart mit Energie auflädt, die sich hier im neuen Europaviertel sinnvoll entladen kann. Hier wird sich zeigen, wie wir uns das städtische Leben im 21. Jahrhundert vorstellen: Wohnen und Arbeiten, Fußgänger und Mobilität, Cafés, Geschäfte, Straßen, Wege, modernste Gebäude, Natur und Stadt, emissionsfreies Wohnen. Hier können unsere Visionen für die nächsten hundert Jahre urbanen Lebens in Europa Gestalt annehmen. Hier wird sich zeigen, wie wir es schaffen werden, scheinbar Widersprüchliches zu vereinen, hier wird aus dem großen, spaltenden Entweder-oder des auslaufenden Industriezeitalters das versöhnende Sowohl-als-auch einer Gesellschaft von morgen. Wenn es klappt ... Wir sehen noch nicht so recht, wie genau das werden soll. Aber trotzdem: was für eine Chance!

Nur schade, dass darüber kaum jemand spricht. Das Europaviertel müsste eigentlich die Schlagzeilen dominieren in Stuttgart. Aber merkwürdigerweise sind viele Menschen nicht frei dafür. Sie sind blockiert im Kopf. Die einen wollen den Karren des Fortschritts mit aller Macht vorwärtsdrücken, die anderen wollen ihn vom Weg abbringen und in den Dreck fahren. Der Fortschrittswille hat mit dem Bahnhofsneubau sein Symbol gefunden. Die einen pochen auf ihr Recht und wollen geschlossene Verträge erfüllen, die anderen pfeifen auf Recht, Ordnung und den ganzen Staat, sie wollen Chaos, Auflehnung, Widerstand und den neuen Bahnhof mit aller

Macht verhindern, und sei es auch mit Gewalt, Sach- und Personenschaden inklusive. Und so ziehen und zerren die beiden Lager an dem Karren herum, genau an dem Ort, wo mein Zug gerade hält.

Beim Aussteigen merke ich, wie müde ich bin. Es war ein langer Tag. Ich komme von einer Auftrittstour zurück. Drei Firmenvorträge an zwei Tagen. Die Impulsvorträge sind glänzend verlaufen, die Reise hat sich gelohnt. Morgen geht es gleich weiter, aber heute Abend freue ich mich darauf, mal in meinem eigenen Bett zu schlafen. Ich freue mich auf meine Frau und auf das Frühstück morgen im Kreise meiner Familie.

Vor zwei Tagen habe ich mein Auto in einem Parkhaus im Norden des Bahnhofs geparkt, im Gebäude der Landesbank Baden-Württemberg. Dort gibt es eine extra Ebene für Kunden der Deutschen Bahn mit genügend Parkplätzen für Rollstuhlfahrer. Klasse! Der direkte Weg zum Parkhaus ist aber wegen einer Großdemonstration von der Polizei gesperrt. Ich muss also aus dem Nordtor ins Freie und dann mit meinem Rollstuhl irgendwie durch die Demo und durch die Absperrung hindurch bis zum Parkplatz. **Uff! Eine letzte Anstrengung für heute.**

Als ich zum Nordtor komme, höre ich schon die Demonstranten. Dann sehe ich sie. Der komplette Kurzzeitparkplatz bis hinüber zum Arnulf-Klett-Platz ist voll mit Menschen. Sie stehen auf den Straßen, schreien, machen ohrenbetäubenden Lärm mit ihren Trillerpfeifen, wedeln mit ihren Plakaten, skandieren Parolen. Es sind viele! Alle Wege nach draußen sind versperrt. Überall sind Polizeisperren. Ganze Hundertschaften versuchen, die Sicherheit rund um das Gebäude zu gewährleisten. Der Autoverkehr im Bereich des Bahnhofs wurde von den Demonstranten offenbar komplett abgewürgt, hier sind überall Menschen auf der Straße.

Am Nordausgang staut es sich. Wie soll ich da nur durchkommen? Und muss ich da wirklich raus in diese Menschenmenge? Ich schaue über die Absperrungen hinweg aus dem Bahnhofsgebäude und in die Gesichter. Aufgerissene Augen, aufgerissene Münder, gespannte Stimmung. Sehe ich da Hass und Gewaltbereitschaft? Ich zögere, mich in diese kochende Atmosphäre zu wagen. Ich bin zwar ein kräftiger Sportler und lasse mir nicht so leicht etwas gefallen, aber in meinem Rollstuhl sitzend bin ich nur halb so hoch wie die stehenden oder gehenden Menschen, und ich bin nicht so schnell und wendig, als dass ich mich in Sicherheit bringen könnte, wenn es hart auf hart kommt.

Mir flackern Bilder von den großen Zusammenstößen zwischen Polizei und Demonstranten durch den Kopf. Die Studentenunruhen in den Sechzigerjahren, die Friedensdemos in den Achtzigern, Startbahn West, die Demos gegen die G8-Gipfel, Castortransporte, 1. Mai in Kreuzberg ... Wie ist es, als Rollstuhlfahrer mitten in einer eskalierenden Demonstration zu stecken? Wenn Pflastersteine fliegen und Wasserwerfer anrücken? Wenn Menschen in Panik geraten, in einem Fluchtreflex einfach losrennen? Ich spüre meine körperliche Einschränkung durch die Behinderung. Ich habe Angst.

An der Absperrung frage ich einen Polizisten, ob ich nicht durch den Innenraum des Bahnhofs am Gleis 1 entlang hinten rausgelassen werden kann. Da gibt es doch noch einen Ausgang. Den konnte ich vor den Demonstrationen als Abkürzung problemlos benutzen. Das wären gerade einmal fünfzig Meter. So könnte ich die ganze Demo umgehen und direkt zum Parkhaus gelangen. Ja, da gibt es einen Ausgang, der Polizist nickt. Aber dazu braucht er eine Erlaubnis. Er spricht in sein Funkgerät.

Während er versucht, die Genehmigung irgendeines Vorgesetzten zu bekommen, sehe ich die Nervosität in den Gesichtern der Polizisten. Das ist kein angenehmer Job. Die Beamten müssen Menschen und Dinge schützen, sie sind gut ausgerüstet und gut ausgebildet, aber sie sind in der Minderheit. Auch unter ihnen wird es Befürworter und Gegner des Bahnhofsneubaus geben, nur darf das für sie hier keine Rolle spielen. Die Polizisten stehen für die Institution Staat, für Recht und Ordnung ein, und notfalls müssen sie dafür sogar ihre Gesundheit aufs Spiel setzen.

All diese widerstrebenden Interessen, denke ich: Die einen wollen bauen, sie vertreten die Wirtschaftsmacht. Die anderen wollen den Bau verhindern, sie vertreten die Macht der Anarchie, jene Macht, die »Wir sind das Volk!« ruft und »Ich will recht haben!« meint. Sie ist dazu fähig, ganze Regime und Staatssysteme in die Knie zu zwingen. Die Nächsten wollen Recht und Ordnung aufrechterhalten, sie verkörpern die Staatsmacht. Und ich? Ich will einfach nur zu meinem Auto und nach Hause. Welche Macht verkörpere ich?

Der Polizist lehnt bedauernd ab. Er hat keine Genehmigung erhalten. Zu gefährlich, dieser Nebeneingang muss geschlossen gehalten werden, damit die Demo nicht in den Bahnhof hineinschwappt. Ich sehe ihm an, dass es ihm leidtut. Er ahnt wohl, was es für mich bedeutet, jetzt da hinaus in die Menschenmenge zu müssen. Jetzt sind es über dreihundert Meter anstatt fünfzig Meter. Und das bepackt mit zwei Taschen auf den Schenkeln.

Also gut, was soll's, ich habe ja keine Wahl. Ich fahre zum Nordtor links Richtung Arnulf-Klett-Platz hinaus. Der Polizist begleitet mich noch bis zum Ausgang, von da an bahne ich mir alleine meinen Weg.

Ab einer bestimmten Anzahl von Menschen auf engstem Raum ist so eine Ansammlung unberechenbar. Menschenmassen reagieren dann nur noch instinktiv, die Prozesse, die dann ablaufen, sind chaotisch, nur schwer vorhersehbar. Ich muss an Duisburg denken, wo bei der Loveparade 2010 in einer Unterführung des ehemaligen Güterbahnhofs die Menschen einander in Panik zu Tode gedrückt haben.

21 Menschen sind ums Leben gekommen, über 500 wurden schwer verletzt. Und das waren Partygäste, die fröhlich gelaunt unterwegs waren. Diese Menschen hier aber sind voller Hass, wie ich sehe, da ich sie nun aus der Nähe zu Gesicht bekomme.

Man könnte ja denken, das seien soziale, friedliebende Leute. Bäumeschützer, Käferträger, Menschen, die mit bunten Farben Plakate malen, sich phantasievolle Protestlieder zur Gitarre ausdenken und nur das Beste für alle wollen. Man sollte meinen, dass diese Leute hilfsbereit sind, gerade auch einem Rollstuhlfahrer gegenüber. Wenn schon ein Juchtenkäfer ein zu beschützendes schwaches Wesen ist, für das sich diese Menschen sogar an Bäume ketten, wie groß muss dann erst ihre Hilfsbereitschaft sein, wenn ich hier mit dem Rollstuhl ankomme? Müsste sich nicht von ganz allein eine Gasse bilden?

Einen Scheißdreck! Diesen Leuten bin ich völlig egal. Sie stolpern gegen meinen Rollstuhl, drücken von der Seite dagegen, sie brüllen ohrenbetäubend über mich hinweg, sie stellen sich mir in den Weg und weichen nur missmutig zur Seite. Sie sind aggressiv. Hochaggressiv. Es ist Rebellionsstimmung, da kommt es scheinbar auf einen Einzelnen nicht an, Rollstuhl hin oder her.

Die Leute tun so, als hätten sie die Moral auf ihrer Seite, als seien sie die Menschlichen, während die böse Wirtschaft und der böse Staat auf der unmenschlichen Seite stünden, aber das ist Quatsch. Das wird mir gerade klar! Es geht hier nicht um Moral, das ist nur vordergründig, das Reklamieren moralischer Überlegenheit ist nur eine Waffe im Krieg. Hier geht es einfach um persönliche Interessen und Eitelkeiten. Hier geht es nur darum, die Auseinandersetzung für sich zu entscheiden. Sich in der Gruppe stark zu fühlen und sich mit aller Macht, notfalls mit Gewalt durchzusetzen und zu gewinnen. Die Menschen wollen den Sieg! Sie fühlen sich wie ein Heer kleiner Davids und wollen den bösen Goliath

118

besiegen. Wo ist der Stein, wo ist die Schleuder, wo ist die Stirn des Riesen? Sie wollen den Sieg!

Ich bin überrascht, mit so viel Feindseligkeit und Rücksichtslosigkeit hatte ich nicht gerechnet. Meine Angst wächst. Ich kehre um und versuche, einen anderen Weg einzuschlagen. Der direkte Weg zur Straße ist blockiert. **Warum hilft** Warum hilft mir niemand? **mir niemand?** Ich bitte einen Polizisten, mir über einen hohen Bordstein zu helfen, um direkt auf die Straße am Arnulf-Klett-Platz zu gelangen. Zuerst zögert der Beamte, den ich anspreche. Es ist offensichtlich schwierig für ihn, die Situation richtig einzuschätzen: Die Menschen da draußen sind die Feinde, die Angreifer. Er ist einer der Verteidiger. Darf jetzt ein Verteidiger einem Angreifer helfen? Ist das Teil des Jobs? Auch wenn er im Rollstuhl sitzt, er ist doch einer von denen, oder? – Nein, bin ich nicht! Ich werde fordernd, und das scheint bei diesem Polizisten genau das richtige Verhaltensmuster zu aktivieren. Er gehorcht und packt mit an.

Ich bin nun mitten auf der sechsspurigen Hauptverkehrsstraße, die für die Autos im Großstadtverkehr der Stuttgarter Innenstadt gebaut wurde und die jetzt von den Demonstranten in Besitz genommen worden ist. Hier sind etwas weniger Menschen. Ich fahre mit meinem Gepäck leicht bergauf in Richtung Heilbronner Straße. Ich spüre die Anstrengung in meinen müden Schultern bei jedem Druck auf die Greifreifen am Rollstuhl. Mein Weg führt direkt am Hotel Steigenberger Graf Zeppelin vorbei.

Ferdinand Graf von Zeppelin, der »Narr vom Bodensee«, ist hier in Stuttgart zur Schule gegangen. Als er später am Amerikanischen Bürgerkrieg als Beobachter teilnahm, fuhr er zum ersten Mal in einem Ballon. Er war fasziniert. Gleichzeitig ärgerte ihn als Maschinenbauer, dass der Ballon so schwach und schutzlos dem Wind ausgeliefert war. Irgendwie musste man doch diese Ohnmacht überwinden und den Ballon steuerbar machen können! Im Deutsch-Französischen Krieg von 1870/71 kam er wieder mit militärisch genutzen Aufklärungsballons in Kontakt. In seinem Kopf reifte langsam die Idee eines steuerbaren Luftschiffs. Nach dem Krieg begann er in Friedrichshafen mit dem Bau. Der Verein Deutscher Ingenieure unterstützte ihn zwar, aber die breite Öffentlichkeit verspottete ihn. Kaiser Willhelm II. stellte sich auf die Seite des Volks und bezeichnete ihn als »den Dümmsten aller Süddeutschen«. Aber manchmal irrt eben das Volk mit seinen opportunistischen Amtsträgern. Einen deutschen Kaiser gibt es nicht mehr, Willhelm II. war der letzte. Aber Luftschiffe werden am Bodensee noch immer gebaut.

Diese ablenkenden Gedanken kommen mir, als ich, am Hotel Steigenberger Graf Zeppelin vorbei, auf die Abbiegespur zur B27 Heilbronner Straße zusteuere. Normalerweise fahren hier jeden Tag zigtausende Autos über die riesige Kreuzung. Und jetzt ich mit meinem Rollstuhl. Ein komisches Gefühl. Sachen gibt's ... Von der B27 geht es auf eine weitere Abbiegespur, zurück in Richtung Bahnhof. Also jetzt von oben auf die Demonstration zu. Das Gedränge wird wieder größer.

Vielleicht irren sie sich in ihrem Widerstand und ihrem Spott gegen das Großprojekt genauso wie das Volk damals bei Graf Zeppelin, geht es mir durch den Kopf. Hat immer derjenige recht, der in der Mehrheit ist? Verleiht das Verschmelzen mit der konformen Masse irgendwelche Rechte? Und: Wenn es zu einer regulären Abstimmung käme und die Bahnhofsgegner würden diese Volksabstimmung verlieren, würden sie dann einpacken und aufhören zu demonstrieren? Natürlich nicht, wie die Reaktion auf den späteren Volksentscheid gelehrt hat. Der Protest ging weiter, obwohl sich die Volksmehrheit klar geäußert hatte.

Das zeigt: Der vermeintliche »Volkswille« ist für einige einfach nur ein Geschütz im Gesinnungskrieg, den sie führen. Entfällt dieses Argument, wird weiterdemonstriert, denn sie wollen sich niemandem unterordnen. Nicht einmal einer demokratischen Mehrheit. Die geistige Grundfigur ist die Auflehnung gegen die Macht. Nicht das Ringen um die beste Lösung für alle. Solche Menschen sind keine Demokraten, die eine Meinungsverschiedenheit austragen, ihr Grüppchen ist im Prinzip nichts anderes als eine Kriegspartei, die den Gegner vernichten will, wenn sie kann. All das geht mir durch den Kopf, während ich zielstrebig weiter in Richtung Parkhaus rolle.

Zwischen mir und meinem Auto liegt jetzt wieder eine Menschenmenge. Kein Durchkommen! Und dahinter eine Polizeisperre. Wenn die Polizisten mich da durchlassen würden, könnte ich dahinter, an der Reihe der absperrenden Beamten entlang bis zum Parkhaus kommen. So könnte es gehen!

Ich suche den Augenkontakt mit einem der Polizisten. Endlich sehe ich ein freundliches Gesicht. Ich kann in den Augen des älteren Beamten eindeutig Wohlwollen erkennen. Ich lächle ihm zu, er schaut freundlich. Ich fühle mich nicht mehr wie in einem Freiballon, der vom Sturm hin- und hergeschleudert wird, sondern wie der Kapitän eines steuerbaren Luftschiffs, mit Motoren und Seitenrudern. Jetzt bekomme ich die Situation endlich in den Griff. Ich steuere auf den Polizisten zu, auf der Abbiegespur, wo normalerweise die Autos fahren, es geht leicht bergab, gleich werde ich bei meinem Wagen sein, und dann kann ich aus diesem Irrsinn einfach herausfahren.

Doch plötzlich kommt von rechts eine Gruppe von Demonstranten. Einer rammt meinen Rollstuhl. Sie tun so, als ob sie mir helfen wollten, und treiben mich vorwärts in Richtung Absperrung. Aber was ich will, fragt keiner. Ich protestiere, aber der Lärm ist groß, und die Gruppe hat mich schon geschluckt. Mir ist sofort klar, was passiert. Sie haben einen Rollstuhlfahrer gesehen und den sofort für sich vereinnahmt. Den nehmen wir! Der gehört jetzt zu uns! Ein Rollstuhlfahrer, das muss ein Opfer sein, so wie wir! Sie benutzen mich, sie treiben mich weiter auf die Polizeisperre zu, um den moralischen Finger zu heben und der Welt zu zeigen: Ihr Polizistenschweine lasst nicht mal einen Rollstuhlfahrer durch!

Ich suche den Blick »meines« Polizisten. Und sehe, wie sein Gesicht von »offen« auf »geschlossen« umschaltet. Der Schlagbaum, der sich vor meinem inneren Auge gerade noch gehoben hatte, kracht wieder herunter. Hier kommst du niemals durch!

Aber so langsam werde ich wirklich wütend. Ich bleibe vor dem Polizisten stehen und spreche ihn freundlich an. Erkläre ihm meine Situation. Aber er traut mir nicht. Wo wollen Sie da lang? Warum? Wo steht das Auto? Wann haben Sie es dort abgestellt? Er klopft ab, ob ich die Wahrheit sage. Besteht wirklich eine Notwendigkeit? Muss dieser Mann wirklich da durch zum Parkhaus? Oder ist das nur ein Trick? Er misstraut mir.

Während ich da stehe und mit dem Polizisten diskutiere, beginnen die umstehenden Demonstranten wüst zu schimpfen: Willkürstaat! Das ist ein Behinderter, du Schwein! Lass ihn durch! Polizeistaat! Unterdrücker!

Sie deuten meine Behinderung moralisch und benutzen sie für ihre Zwecke. Sie spannen mich ein. Sie instrumentalisieren meine Situation, um den Polizisten beschimpfen und bedrohen zu können. Sie werfen dem Staat Unterdrückung vor und machen dasselbe gerade mit mir, indem sie mich für ihre Zwecke missbrauchen.

Da merke ich, dass meine Karten immer schlechter werden. Ich muss einen klaren Kopf behalten. Denk nach, Boris! Die nicht herbeigerufenen Helfer zerstören in ihrer Egozentrik meinen Ausweg. Und der Polizist? Ich verstehe ihn, ihm fehlt die Übersicht über die Situation, um das alles hier zu durchschauen, er bleibt auf der sicheren Seite und sperrt ab, solange er mich als Teil der Demonstration wahrnimmt. Nachvollziehbar.

Mir wird klar, ich muss jetzt und hier eine Trennung voll-
ziehen. Ich muss für Klarheit sorgen. Jetzt muss
ich in Führung gehen. Ich konzentriere mich, mo- Ich denke: Stopp.
bilisiere all meine Kräfte an diesem späten Abend. Ruhe. Stille. Aus.
Ich denke: Stopp. Ruhe. Stille. Aus.
Moment, sage ich. Nochmal lauter: Moment! Ich schaue
den Demonstranten bohrend in die Augen. Die Leute sind
überrascht. Hoppla, das Ding im Rollstuhl kann sprechen!
Er spricht mit uns! Damit haben sie nicht gerechnet. Alle
werden ruhig, alle schauen mich an. Auch der Polizist.
Ich befinde mich plötzlich auf einem neu geschaffenen
freien Feld, in einem Raum des Übergangs. Gerade eben
noch war Krieg. Jetzt ist Feuerpause. Was ist passiert? Es ist,
als hätte ich ein archaisches Programm unterbrochen. Die
Leute sind irritiert. Ich bekommen eine, zwei, drei Sekun-
den Zeit, in diese Lücke zu stoßen, bevor sich dieser neue
Freiraum destabilisiert und zusammenbricht.

Ich spreche klar, deutlich, langsam und bestimmt: »Ich
respektiere das, was Sie tun. Aber bitte benutzen Sie mich
nicht für Ihre Zwecke. Ich bin ein Geschäftsmann. Ich will
nur zu meinem Auto und nach Hause. Das ist alles. Bitte respektieren Sie das!«

In diesem Moment sackt den Demonstranten die Energie
weg. Sie fallen in sich zusammen wie ein Ballon, dem nach
der Landung die ganze heiße Luft entwichen ist.

Der Polizist grinst mich an und nickt. Er rückt die Absperrung zur Seite und lässt mich durch. Ich danke. Zwei seiner
Kollegen begleiten mich zum Parkhaus und helfen mir beim
Einsteigen und Einladen des Rollstuhls. Der eine sagt zum
anderen: »Du, das ist das erste Sinnvolle, was wir heute tun.«

Aggressive Opfer in kenternden Booten

> Nie wieder Deutschland!
> Spruch auf einem Plakat auf einer
> Demonstration von 1990 gegen
> die Wiedervereinigung Deutschlands,
> getragen u. a. von Claudia Roth, heute
> Bundesvorsitzende der Partei »Die Grünen«

Die ich-zentrierten Systeme der Macher wurden für eine einfachere Welt geschaffen als die, in der wir heute leben. Deshalb funktionieren sie nicht mehr.

Die Welt hat sich verändert. Früher war ein Arbeitsplatz in einem Konzern ein Leben lang sicher. Das gilt heute nicht mehr. Früher war die Rente sicher. Das ist vorbei. Früher war klar, dass die Amis Freund und die Russen Feind sind. Heute ist das völlig verworren. Früher hatten wir die D-Mark, das war stabiles Geld. Ob wir morgen den Euro noch haben, ist noch lange nicht klar. Wer früher sein Geld angelegt hat, konnte ausrechnen, wie viel er in fünf oder zehn Jahren haben würde. Wer heute sein Geld anlegt, hat morgen vielleicht gar keins mehr. Wer früher in die Bank ging, von dem wollte die Bank Sicherheiten. Heute wollen wir von der Bank Sicherheiten. Früher hatten Eltern viele Kinder, heute haben Kinder viele Eltern. Wer früher das Abitur gemacht hat, dem war ein guter Job sicher. Wer heute Abitur macht, kann wenig, was die Unternehmen brauchen. Wer früher heiratete, bekam Kinder, wurde Opa oder Oma und vielleicht Uropa oder Uroma und feierte Goldene Hochzeit. Heute ist die Scheidung vorprogrammiert, die Kinderlosigkeit immer wahrscheinlicher, und Goldene Hochzeiten gibt es bald nur noch in Familienchroniken. Früher hatte das Handwerk goldenen Boden, heute reicht es kaum zum Leben, Klempner

zu sein. Früher hat man sich eine Woche im Voraus telefo-
nisch fest verabredet und konnte sich darauf verlassen, dass
der andere kommen würde. Heute verabredet man sich
spontan per SMS und immer unter Vorbehalt – es könnte ja
kurzfristig was Wichtigeres dazwischenkommen.

Ich könnte mir noch hundert Beispiele mehr einfallen
lassen, aber es ist immer das gleiche Prinzip. Früher war das
Leben stabil und sicher, jedenfalls stabiler und sicherer als
heute. Egal ob das wirklich wahr ist oder eine Zuspitzung –
so ist jedenfalls das Lebensgefühl der Menschen.

Dass die Welt komplexer geworden ist, liegt auf der Hand.
Die Treiber sind auch bekannt: Globalisierung, Technisierung und Vernetzung haben alles potenziert, was das Leben
schneller macht und den Lebensradius vergrößert. Entfer-
nungen spielen für die tägliche Kommunikation zwischen
den Menschen keine Rolle mehr, Schreckensmeldungen aus
allen Ecken der Welt überfluten uns in Echtzeit, alles geht
immer schneller, die Schnelllebigkeit und die Unvorher-
sagbarkeit jeder einzelnen Aktion und Reaktion im Alltag,
ob beruflich oder privat, sind so groß geworden, dass wir vor
allem eines vermissen: Sicherheit.

Die Band Silbermond drückt das in ihrem Song »Irgendwas bleibt« so aus:

Gib mir ein kleines bisschen Sicherheit,
in einer Welt, in der nichts sicher scheint.
Gib mir in dieser schweren Zeit irgendwas, das bleibt.

Eigentlich sind wir unwahrscheinlich reich, der Wohlstand
war in der Geschichte der Menschheit noch nie so groß wie
heute, insbesondere in Westeuropa. Wir haben Frieden, wir
leben in einem immer noch funktionierenden Rechtsstaat,
die Chancen und Möglichkeiten für jeden Einzelnen sind
unendlich viel größer als noch vor hundert Jahren – aber wir
empfinden unsere Zeit als eine »schwere Zeit«. Warum nur?

Die schützenden Bäume der Macher verlieren immer mehr

Äste, denn sie schaffen es selbst mit ihrer urgewaltigen Tatkraft nicht mehr, in dieser unübersichtlichen, unbeherrschbaren Welt klar zu kommen. Die Abhängigen, die Untergeschlüpften, die plötzlich im Regen stehen, reagieren darauf mit großer Enttäuschung.

Sie suchen die Schuldigen und zeigen mit dem Finger auf die entzauberte Elite. Ihr Manager, ihr Politiker, ihr seid schuld daran, dass uns Altersarmut droht, obwohl wir ein Leben lang euer Spiel mitgespielt haben! Das ist ungerecht! Ihr seid schuld, dass wir nicht mehr wissen, was morgen unsere Arbeit ist, weil ihr uns von Umstrukturierung zu Reorganisation und von Neuordnung zur Reform schickt und weil nichts mehr bleibt, wie es war. Ihr seid schuld, dass wir nicht mehr wissen, wie wir unsere Bankschulden tilgen sollen. Ihr seid schuld, dass unser Geld in der Telekom-Aktie verbrannt ist. Ihr seid schuld, dass die Griechen unser Abendbrot verfrühstückt haben. Ihr seid schuld, dass die Inflation kommt, dass wir zu wenige Kinder bekommen, diese dann auch noch im Pisa-Test versagen, dass das Benzin, der Strom und die Mieten zu teuer sind. Eure Systeme sind daran schuld, dass wir jetzt alle einen Burnout bekommen ...

Und es ist ja auch wahr: Die Macher können es nicht mehr richten. Manche Macher sind schlicht gescheitert, weil sie sich nicht weiterentwickelt haben und ihr Ego-Spiel heute nicht mehr funktioniert, andere haben sich durch die Macht verführen lassen und wurden als Steuerhinterzieher, Betrüger, Plagiatoren, Korrupte oder Größenwahnsinnige entlarvt. Die Zumwinkels, Schneiders, Guttenbergs, Wulffs und Schleckers stehen exemplarisch für einen großen Teil der gesellschaftlichen Elite, die schlicht abgewrackt hat. Jedenfalls ist ihre Zeit vorbei, sie schaffen es nicht mehr, den Abhängigen die geforderte Gegenleistung zu bieten: eine sichere Versorgung, eine verlässliche Führung, eine sinnstiftende Orientierung.

Die Menschen sind trotzdem mehr denn je auf der Suche

nach Sicherheit, Führung und Sinn. Nur: Wo sollen sie jetzt finden, was sie suchen? Verloren ist das Vertrauen in die Führenden, stattdessen machen sich Wirtschaftsfeindlichkeit und Politikverdrossenheit breit. Am Wahltag wird das kleinste Übel gewählt, wenn überhaupt. Manager, insbesondere Banker, aber auch die Wirtschaft im Allgemeinen haben einen schlechten Ruf. Einer der am wenigsten geachteten und mit dem größten Misstrauen beäugte Beruf ist der des Politikers, in einer Umfrage aus dem Jahr 2010 kam er in der Unbeliebtheit auf Platz zwei, gleich nach dem des Versicherungsvertreters.

Weil sie sich auf nichts mehr verlassen können, suchen die Menschen mithilfe der Medien nach Schuldigen, die sie an den Pranger stellen können, aber auch nach neuen Vorbildern. Sie suchen verzweifelt nach neuen Wegen, versorgt zu werden. Die Ohnmächtigen erwachen und lassen sich nicht mehr alles gefallen. Aber ihr Wirken ist destruktiv, nichts als sich entladender Frust. Sie suchen nach Schuldigen, anstatt mehr Selbstverantwortung zu übernehmen. Sie fordern statt anzupacken, sie blockieren statt anzuschieben, sie zerstören, was die Macher aufgebaut haben. Wie pubertierende Teenager, die ihre Eltern in einem fort angreifen, sägen sie an dem Ast, auf dem sie sitzen.

Die Zeit der Macher ist vorbei. Begonnen hat eine merkwürdige Zwischenära, die geprägt ist von einem nebulösen, verworrenen, führungslosen Gefühl. Wer sind die Akteure dieser verrückten, scheinbar so schweren Zeit?

> **Begonnen hat eine merkwürdige Zwischenära.**

Auf der Empore

Als Kinder sind wir unselbstständig und abhängig und werden von Erwachsenen geführt, unseren ersten Vorbildern. Das ist die erste Phase. Irgendwann sind wir dann so weit, dass wir unserem inneren Kern näher kommen und beginnen, stärker aus uns selbst heraus zu schöpfen. Wir beginnen, uns selbst zu führen. Wir weichen unsere frühkindlichen Prägungen auf und fangen an, selbst etwas aufzubauen. Sobald das gelingt, stehen wir auf eigenen Beinen. Das ist die zweite Phase. Und mit zunehmender Reife schaffen es manche von uns, über das eigene Ich hinauszudenken. Über den Tellerrand zu blicken, sagt der Volksmund. Andere in ihrer Entwicklung zu unterstützen, ihnen zu dienen. Führungsverantwortung zu übernehmen. Das ist die dritte Phase.

Wenn nun aber der Übergang von der ersten zur zweiten Phase, von der Abhängigkeit zur Selbstwirksamkeit, noch nicht so ganz klappt, dann sind die Menschen verwirrt. Das ist die Zwischenphase, die Adoleszenz, wenn ein Mensch zwar formal und körperlich erwachsen ist, aber emotional und geistig noch nicht vollends gereift. Die alten Vorbilder wackeln und bröckeln auf ihren Denkmalsockeln – aber an wen soll man sich stattdessen wenden? In der äußeren Realität stehen die Menschen bereits schutzlos im Regen, aber im Inneren sind sie immer noch Abhängige, noch nicht bereit, das eigene Leben selbst in die Hand zu nehmen. Die Vaterrolle des Patriarchen in Politik und Wirtschaft ist verwaist. Und jetzt?

Aus Frust darüber, im Stich gelassen zu werden, empören sie sich. Aus Frust darüber, im Stich gelassen zu werden, empören sie sich. Empörung ist die erstaunliche geistige Figur unserer Zeit. Wir empören uns über Sarrazin, Stuttgart 21, Wulff, Guttenberg, Nieten in Nadelstreifen, Parteispendenaffäre, Atomwirtschaft, Bohrinselversenkung, ehebrechende Politiker, steuerhinterziehende Konzernchefs, lügende Politiker, gebrochene Wahlversprechen, Glykolwein, schädigende Medikamente, Wettskandale, Bespitzelungen, BSE, Bonusmeilenmissbrauch, Wahlfälschungen, Gammelfleisch. Wie unfähig die alle sind! Wie bescheuert! Wie dumm! Wie dreist! Wie kriminell!

Interessant ist: Nicht *ich* empöre mich, sondern *wir* empören uns. Empörung geht am besten im Kollektiv. Dann erst heizt sie sich selbst so richtig an, bis völlig Überzogenes gefordert wird: Die Menschen erheben Anspruch auf perfekte Vorbilder, die besser sind als das gegenwärtige Angebot an Führungspersonal, zu dem ihnen nur Naserümpfen und Schulterzucken einfällt. Wer »da oben« sein will, soll gefälligst so erfolgreich sein wie Jack Welch, John D. Rockefeller oder Bill Gates, die Visionskraft von Mahatma Gandhi, Nelson Mandela oder Martin Luther King besitzen, strategisch genial sein wie Napoleon, Sun Tzu oder Carl von Clausewitz und Nächstenliebe praktizieren wie Mutter Teresa, Albert Schweitzer oder Jesus von Nazareth. Aber bitte jeweils nur das Beste davon! Drunter wollen wir's nicht mehr ...

Die Lücke zwischen dem, was ein demokratisch gewählter Politiker oder ein auf Vorstandsebene angekommener Manager realistischerweise leisten kann, und den Ansprüchen, die von der Öffentlichkeit an sie gestellt werden, ist enorm – und wird immer größer. Es ist eine abstruse Form des allgemein herrschenden Perfektionismus, der immer nur für »die da oben« zu gelten scheint. Aus meiner Coachpraxis geläufig ist mir zum Beispiel folgende Haltung: Die Gehälter von den da oben müssen veröffentlicht werden – mein eigenes natürlich nicht. Klar, in die Wohnzimmer der anderen wollen alle gerne spähen, aber zu Hause lassen sie die Gardinen doch lieber zu.

Übrigens, wissen Sie, warum man hierzulande die Gehälter besser nicht veröffentlichen sollte? Da viele Menschen die Tendenz haben, bei anderen eher die Beschränkungen wahrzunehmen, fühlen sie sich ihnen häufig überlegen. Natürlich denken die anderen dasselbe über sie. Dieses Phänomen wird in der modernen Psychologie Überlegenheitsillusion genannt. Die Überlegenheitsillusion gibt Menschen Sicherheit und Bestätigung. Wir nehmen die Verfehlungen der anderen Ehepaare wahr – und schon geht es in uns in unserer Beziehung besser. Wir haben die beste Beziehung, den besten Job, die besten Freunde, die höchste Intelligenz, sind der beste Autofahrer usw. Wären jetzt aber alle Gehälter transparent, würden wir genau sehen, wo wir im Vergleich zu anderen stehen. Was, der Depp kriegt mehr als ich? Könnten Menschen glasklar sehen, wo sie selbst tatsächlich stehen, wäre die Überlegenheitsillusion nicht mehr länger zu halten. Eine Folge wäre massive Unzufriedenheit, die sich leicht bis hin zur Gewaltbereitschaft steigern könnte.

Von einer solchen Überlegenheitsillusion betroffen sind durchaus auch Menschen, die Schwierigkeiten haben, in ihrem für sie selbst unüberschaubaren Leben zurecht zu kommen, und bemerken, dass sie ihren eigenen Ansprüchen nicht gerecht werden. Das ist schmerzlich. Da ist es viel angenehmer, sich umzuschauen und festzustellen, dass alle anderen um sie herum diesen Ansprüchen auch nicht gerecht werden. Das ist dann der Bestätigungsfehler – eine nur vermeintliche Bestätigung, die die Illusion aufrecht erhält. Das Problem: Da meine Ergebnisse zeigen, wer ich wirklich bin, stagniere ich. Der Frust steigt.

Indem sie dann gemeinsam mit Gleichgesinnten der Gruppe, zu der sie sich zugehörig fühlen, mit dem Moralfinger auf die anderen da draußen zeigen und ihnen das vorwerfen, was sie selbst nicht hinbekommen, fahren sie selbst innerlich mit dem Fahrstuhl empor. Sie empören sich, sie heben sich selbst auf die Empore, um von dort oben auf die anderen herunterzuschauen. Das bringt ihnen einen massiven emotionalen Gewinn: Es tut einfach gut, der bessere Mensch zu sein, wenn man schon nicht reicher, schöner oder berühmter ist als die anderen.

Dann bläst man einfach das ungeschickt platzierte Victory-Handzeichen eines Josef Ackermann so groß auf, dass das seine gesamte Lebensleistung überstrahlt. Und schon fühlen wir uns nicht mehr so klein, denn wir sind ja moralisch überlegen. Auf unsere persönlichen Ergebnisse hat das keine Auswirkungen. Die stagnieren weiter.

Und so ist es schon beinahe ein öffentliches Lustspiel geworden, jeden Prominenten, also jeden, der sein Haupt über die Masse erhebt, moralisch einen Kopf kürzer zu machen – mittels kollektiver Empörung. Es ist nichts anderes als ein Akt der eigenen Selbstüberhöhung, eine Kompensation des mangelnden Selbstwertes nach außen. Die Triebfeder gleicht der der Macher, doch das Resultat ist ein ganz anderes. Was durch diesen Empörungsakt entfällt, ist die Arbeit an sich selbst.

Nicht wir selbst, sondern die Chefs, die Politiker, die Manager, die Banker, die Fußballspieler, die Popstars, der Papst, der amerikanische Präsident, sie alle müssen bessere Menschen werden, denn das sind ja wirklich ganz armselige Gestalten. Sie alle müssen sich ändern, und ihre Werke und Ergebnisse müssen sich ändern: Die Politik muss besser werden, die Führung muss besser werden, das Steuersystem, die Banken, das globale Finanzsystem, die Unternehmensstrategien, all das muss sich ändern – *das alles, und noch viel mehr, würd ich machen, wenn ich König von Deutschland wär* ...

In Mangel-Haft

Wer sich allerdings ständig empört, wer mit seinen Gedanken viel bei anderen ist, ist zu selten bei sich selbst. Und zu wenig in seiner Kraft und damit bei seinen Möglichkeiten und Chancen. Mit diesem überhöhten inneren Selbstbild, der bessere Mensch zu sein und von oben auf die Welt runterzuschauen, kann man nichts in der Welt bewegen. Klugscheißerei ist jedenfalls keine Bewegung.

Die meisten Menschen glauben beispielsweise, sie müssten mehr Geld verdienen, ihr Gehalt sei nicht ausreichend. Sie fühlen sich nicht wertgeschätzt und würden am liebsten streiken – und das tun sie dann auch ab und zu. Sie alle glauben, sie seien mehr wert als das, was die monatliche Überweisung des Arbeitgebers widerspiegelt. Doch selbst wenn sie mit ihrem Gehalt unzufrieden sind, wollen sie keinesfalls an sich selbst arbeiten, an ihren Fähigkeiten oder an ihrem Arbeitsergebnis. Sondern sie stellen völlig selbstverständlich fest, dass das System, der Chef, die Führung sich ändern muss und dass sie aus moralisch verwerflichen Gründen nicht ausreichend bezahlt werden: Die gierigen Chefs wollen sich an ihnen bereichern, indem sie sie ausbeuten, ist doch klar! Diese Grundhaltung ist in unserer Gesellschaft beinahe schon ein Reflex geworden. Wenn Streiks im öffentlichen Dienst die Berufstätigen, Schüler und Studenten daran hindern, per öffentlichem Nahverkehr an Arbeitsplatz, Schule und Uni zu kommen, zucken viele Passanten, wenn man sie befragt, mit den Schultern und bekennen sich solidarisch mit den Streikenden: »Ich komme zwar heute zu spät, aber ich finde das o. k., wenn die streiken, damit sie mehr Gehalt bekommen. Das ist ihr gutes Recht.«

Ob die Produktivität der Streikenden wirklich schneller gestiegen ist als ihr Gehalt, ob sie wirklich 6,5 Prozent mehr leisten und deshalb 6,5 Prozent mehr Gehalt verdient haben – weil sie es sich verdient haben –, das fragt keiner. Das wäre anstrengend. Also wird es schon stimmen. Und alle, die sich solidarisch mit den Streikenden erklären, tun das, weil sie in ihrem eigenen Bereich genauso denken: Ich werde ungerecht behandelt. Ich verdiene mehr. Das System oder das Unternehmen oder die Politik müsste besser für mich sorgen.

Was aber, wenn einer sagen würde: Ich verdiene bis jetzt, was ich verdiene. Mein Gehalt ist gerecht. Aber es ist mir zu wenig, ich möchte gerne mehr. Also muss ich meine Bedeutung in der Welt vergrößern. Ich muss den Nutzen, den andere davon haben, dass es mich gibt, vergrößern. Wenn ich mehr Geld will, muss ich meinen Wertbeitrag für andere erhöhen, dann werde ich auch mehr Geld bekommen. Was, wenn einer so denken würde? Würde er dann demonstrieren oder streiken gehen? Oder würde er sich auf den Hintern setzen und sich fortbilden, sich verbessern oder seine berufliche Situation grundsätzlich überdenken? So jemand würde in die Selbstwirksamkeit, in die eigene Kraft kommen, er würde von der ersten Phase in die zweite übertreten und erwachsen werden, weil er die Verantwortung für seine eigene Situation übernähme und begänne, für sich selbst zu sorgen. So jemand würde auf das schauen, was er hat – und was da ist, um daraus mehr zu machen.

So jemand würde in die Selbstwirksamkeit, in die eigene Kraft kommen.

Die meisten Beschwerdeprofis hingegen, darunter auch die sich empörenden Wutbürger, schauen auf das, was sie nicht haben. Sie sehen primär die Lücke. Denn sie sind sich ihrer Stärke und ihrer Macht nicht bewusst. Sie spüren hauptsächlich Defizite in sich und projizieren diese nach außen in die Welt, um sie nicht mehr spüren zu müssen.

Sie hätten eigentlich gern mehr von allem, sie würden gern den 5-Sterne-Urlaub haben, aber sie sind nur bereit, zwei Sterne zu bezahlen. Sie wollen auch einen Maserati fahren, aber sie sind nur bereit, einen Honda Accord zu finanzieren. Aber was soll daran toll sein, ein Produkt, das normalerweise 180 000 Euro kostet, für 50 000 zu bekommen? Das mag angenehm für den Schnäppchenjäger sein, ist aber hochgradig schädlich für die Gesellschaft. Sie möchten einen Traumpartner haben, aber sie sind nicht bereit, ein Mensch zu werden, der zu einem Traumpartner passt. Das macht sie so unzufrieden. Sie erleben die Welt als defizitär, sie sehen den Mangel, nicht die Fülle. Wenn ein anderer mehr hat, sehen sie daran, dass sie selbst weniger haben, und das fühlt sich nicht gut an. Also neiden sie dem anderen das, was er hat. Sie sind Problemdenker, nicht Lösungsdenker. Sie sehen die Hindernisse, nicht die Möglichkeiten. Ihre Weltsicht ist: Es gibt zu wenig von allem, und sie kommen immer zu kurz.

Wenn die innere Großzügigkeit fehlt, die nötig ist, um anderen einen Erfolg zu gönnen, und wenn die Bereitschaft fehlt, sich selbst anzustrengen, um so weit zu kommen, wie man eben kommen kann, dann wird es im Inneren eng. Aus Enge wird Angst, das steckt schon im Wortstamm.

Und so haben die Menschen Angst vor dem sozialen Abstieg, vor dem Klimawandel, vor dem Waldsterben, vor der Vogel-Schweine-Hongkong-Grippe, vor AIDS, vor dem Atomkrieg, vor dem Ozonloch, vor dem Mayakalender, vor der Islamisierung, vor der Arbeitslosigkeit, vor dem Kippen des Golfstroms, vor den Russen, den Chinesen, den Türken und vor der Invasion der Außerirdischen.

Wer große Angst hat, ist nicht frei, sondern eng im Inneren – und geht deshalb aggressiv ins Außen. Aber nicht mit offensiver Aggressivität, so wie die Macher. Sondern mit verdeckter, passiver Aggressivität, die nur selten offen ausbricht. Beispielsweise dann, wenn ein Bestsellerautor als Nazischwein beschimpft wird oder wenn ganz normale Durchschnittsbürger beginnen, gegen Polizisten zu randalieren, die eine Großbaustelle schützen. Aber im Allgemeinen bleibt es bei verbalen Scharmützeln. Das ist eine kultivierte, sehr intelligente Methode, um nichts an sich selbst ändern zu müssen. Sie funktioniert subtil und ist so sauber ausgedacht, dass sich die Menschen selbst nicht auf die Schliche kommen:

»Scheiß überbezahlte Fußballprofis!«

»Bist du etwa neidisch auf die Fußballer, weil die so viel verdienen?«

»Neidisch? Ich? Ich bin doch nicht neidisch! Aber verdient haben die das nicht! Kein Mensch sollte durch seine Arbeit so viel Geld verdienen!«

»Das heißt, du würdest die 9 Millionen Jahresgehalt nicht nehmen, wenn du Bastian Schweinsteiger wärst?«

»Ach komm, lass uns noch ein Bier trinken ...«

Beneidet, gefürchtet, verachtet

Hinter der Empörung steckt innere Enge, Angst. Angst vor den eigenen Möglichkeiten, die zu einer Verpflichtung werden könnten. Es ist nicht schlimm, Angst zu haben, wenn man ihr entschieden entgegentritt. Die Angst vor sozialem Abstieg kann ja auch ein wertvoller Antrieb sein, sich nach oben zu arbeiten. Die Angst, vor anderen als nicht erfolgreich zu gelten, ist der stärkste Antrieb vieler Millionäre. Die Angst vor dem Tod, der unumstößlichen Deadline, kann viele Menschen zu Höchstleistungen motivieren. Ohne die Angst vor Verarmung wäre ich selbst niemals in der Lage gewesen, mich von einem Sozialhilfe-Empfänger im Rollstuhl zu einem erfolgreichen Redner und Unternehmer mit finanzieller Freiheit zu entwickeln. Aber Angst kann nur dann vom Mangel zur Fülle führen, wenn man ihr in die Augen schaut und sich ihr stellt. Erkennen, anerkennen, auflösen heißt hier der Dreiklang. Dann hat man sie im Rücken, und sie schiebt an; wird zum Motor, zu einer dienenden **Ist meine Angst** Kraft. Das ist die große Frage: Ist meine Angst **Diener oder Herr?** Diener oder Herr?

Wird sie nicht zum Diener, dann baut sie sich vor einem auf, dann lähmt sie einen. Wenn man sich seinen Ängsten nicht stellt, friert die Welt um einen herum ein, alles stagniert. Dann wird aus Todesangst Lebensangst. Dann beginnen Menschen, den eigenen Mangel, den inneren Stillstand ins Außen zu verlagern und sich zu empören, die unbewusste innere Blockade wird im Außen bewusst herbeigeführt. Die Menschen beginnen zu blockieren, zu sabotieren, zu demonstrieren, zu protestieren, zu streiken, sie stellen sich quer, sie zerstören, was andere aufbauen wollen. Doch selbst bleiben sie stehen und wachsen nicht weiter.

Mit diesem passiven Dominanzstreben machen sie den Führenden die Führung streitig. Sie schließen sich zu Protestbewegungen zusammen, sie gehen in den Widerstand, sie wählen die Opposition, um die Regierenden bei der Arbeit zu stören. Einerseits wollen sie den Mächtigen die Macht aus der Hand schlagen, andererseits wollen sie aber die Verantwortung an deren Stelle nicht übernehmen. Das würde sie überfordern. Sie sind »gegen«, nicht »für«.

Für einen meiner Dorfnachbarn bin ich so etwas wie ein Großkapitalist. Zugleich weiß ich, wie wichtig ihm Geld als sozialer Gradmesser ist. Warum? Weil er andauernd über Geld redet. Einmal saßen wir bei einem Dorffest zusammen am Biertisch. Mein Dorfnachbar war wieder mal am Schimpfen: Die Politiker wurden durch den Kakao gezogen. Dann kamen die Reichen an die Reihe, die ja nur deshalb so reich seien, weil sie die Armen ausbeuteten. Und schließlich ließ er sich über die Speichelleckereien aus, ohne die man nicht erfolgreich sein könne, und über die korrupten Schweine, die sich das gefallen ließen. Eine Kurzanleitung darüber, wie das Leben funktioniert. Irgendwann knöpfte ich ihn mir vor. Meine Strategie war Sarkasmus. Bitterböser, schwarzer Humor. Ich sagte: »Mensch, klasse, wie toll du dich auskennst. Respekt! Du bist so ein cleverer Fuchs. Du durchschaust alles. Dir kann man nichts vormachen. Du weißt genau, wie der Hase läuft. Ich habe da die Idee für dich: Mach dich selbstständig! Mach dein eigenes Ding. Wenn einer so viel drauf hat wie du, dann ist er in sieben Jahren finanziell unabhängig! Das bestätigen aktuelle Untersuchungen.«

Stille am Tisch, alle schauten ihn an. Er fiel in sich zusammen. So nachdenklich hatte ich ihn noch nie gesehen, und schon gar nicht auf einem Fest. Die Stille am Tisch blieb eine Weile, bevor wieder leichtere Themen die Unterhaltung bestimmten. Die Inspiration für dieses Vorgehen verdanke ich der Rapband Die Fantastischen

Dann mach doch mal! Vier. Sie haben einen Song geschrieben mit dem Titel »Dann mach doch mal!«, in dem sie die vielen Weltverbesserungsstatements, denen wir tagtäglich ausgesetzt sind, durch den Kakao ziehen. Denn jeder glaubt, er kann es besser machen, aber wer stellt dies schon unter Beweis? Ich nenne das gern den Kasperletheater-Effekt: Führende, egal ob in der Wirtschaft oder in Politik und Gesellschaft, erhalten viel Aufmerksamkeit, aber wenig Respekt.

Der britische Medienwissenschaftler John Fiske hat ein anschauliches Modell entwickelt, das die Emotionen Mitleid, Stolz, Verachtung und Neid in einen plausiblen Zusammenhang stellt. Er bedient sich dazu der beiden Achsen »Kompetenz« und »Wärme« und bildet daraus eine Matrix mit vier Feldern: Im rechten oberen Feld vereinen sich hohe Kompetenz und starke Wärme – das ist nichts anderes als das Verhältnis zur eigenen Gruppe. Das sind die Menschen, mit denen man sich verbunden fühlt, die man auf einer Stufe gleicher Kompetenz mit sich selbst sieht, die man gut kennt und denen man auf Augenhöhe begegnet. Das Bewusstein der gemeinschaftlichen Stärke verleiht den Menschen Stolz.

Im linken oberen Feld trifft hohe Wärme auf niedrige Kompetenz. Auf diese Gruppe schauen die Menschen herunter. Sie fühlen sich selbst kompetenter, aber es gibt keinen Grund, die anderen abzulehnen, um für emotionale Distanz zu sorgen. Das trifft beispielsweise auf Alte oder Behinderte zu. Die zugehörige Emotion ist Mitleid. Und Mitleid zu haben, kann auch Ausdruck einer gefühlten Überlegenheit sein. Deswegen tut es vielen Menschen gut, Mitleid mit vermeintlich Schwächeren zu haben, das Gefühl von Überlegenheit stimuliert das hormonelle Belohnungssystem in unserem Gehirn. Mitleid macht zufrieden und hilft dabei, sich groß und stark zu fühlen.

Nun gibt es aber gesellschaftliche Gruppen, die eindeutig extrem kompetent sind, was man an ihrem gesellschaftlichen Status, ihrem Vermögen oder ihren Werken ablesen kann. Gleichzeitig gehören sie augenscheinlich nicht zur eigenen Gruppe, über ihre Beweggründe weiß man nicht so genau Bescheid. Aufgrund ihrer hohen Kompetenz bemühen sie sich nicht allzuviel um die Nähe anderer. Aus einer Angst, unterlegen zu sein, wird die eigene Ablehnung, die wir dieser Gruppe entgegenbringen, ins Außen projiziert, sodass die Ablehnung von ihr auszugehen scheint. Der Gruppe werden negative Absichten unterstellt, beispielsweise Gier, Kriminalität oder andere moralische Makel, die gegen das Wohl der eigenen Gruppe gerichtet sind: Die wollen sich an uns bereichern, die beuten uns aus, die leben auf unsere Kosten. In Fiskes Modell ist diese Gruppe im rechten unteren Quadranten verortet, in diesem Feld treffen hohe Kompetenz und niedrige Wärme aufeinander. Die zugehörige Emotion ist der Neid. Die Quelle von Neid ist immer das eigene Gefühl der Unzulänglichkeit oder Minderwertigkeit, das in die andere Gruppe als moralisches Defizit hineinprojiziert wird. Noch weiter weg von sich schieben kann man eine Gruppe, wenn man ihr die Kompetenz abspricht. Im linken unteren Quadranten des Modells trefft geringe Wärme auf geringe Kompetenz. Typisch für diese Gruppen sind Arme, Langzeitarbeitslose, Hartz-IV-Empfänger, Obdachlose – also Menschen, die als unfähig abgestempelt werden können. Die zugehörige Emotion ist die Verachtung. Wenn nun die Menschen massenweise den Respekt vor den Führungsfiguren in Wirtschaft und Gesellschaft verlieren und versuchen, ihnen jegliche Kompetenz abzusprechen, versuchen sie damit nichts anderes, als sich nach oben von ihnen abzusetzen. Sie verwenden sehr viel Zeit und viele Worte darauf, darzulegen, welch unglaubliche Deppen Politiker und Manager sind, dass sie eben nicht nur moralisch unzulänglich sind, sondern außerdem total unfähig. Das ist der Versuch, Neid durch Verachtung zu ersetzen und die eigene Position abzusichern, indem man eine Gruppe emotional so weit wie möglich von sich wegschiebt. Die Erniedrigung von Eliten geht einher mit einer unbewussten Selbstüberhöhung, also mit Empörung.

Man könnte auch sagen: Der weit verbreitete Neid und die allerorten zu beobachtende Verachtung erfolgreicher Menschen sagen viel aus über die innere

In jedem Urteil drückt der naiv urteilende Mensch sich selbst aus.

Not und Enge der Neider und Verachter. Hinter der Blockade der Mächtigen steckt ein Gefühl der Ohnmacht. Die begnadete

Schriftstellerin und Philosophin Ricarda Huch sagte es treffend: »In jedem Urteil drückt der naiv urteilende Mensch sich selbst aus.«

Deutschland schafft an

Wer opportunistisch mitschwimmt und sich vom mächtigen Patriarchen oder von Vater Staat versorgen lässt, ist abhängig. Genauso abhängig ist aber auch derjenige, der die Gegenposition einnimmt und aus einem Lebensgefühl der Ohnmacht heraus dagegen ist. Gegen was auch immer. Gesinnungsoppositionelle – Menschen, die nicht aus politischer Überzeugung aufrecht für ihre Weltsicht kämpfen, sondern sich in informelle oder formelle Gruppen zusammenschließen, um die Mächtigen an der Machtausübung zu hindern – wollen kein Unrecht tun. Sie tun, was aus ihrer Weltperspektive das richtige ist: verhindern. Dabei meiden sie die Verantwortung, das Konkrete, denn sie wollen sich nicht hervortun, sondern in der Masse verschwinden, anonym bleiben, im Hintergrund agieren. An die Stelle von Taten setzen sie Symbole. Stuttgart 21 ist so ein Symbol, dessen Bekämpfung es überflüssig macht, sich über die Stadt der Zukunft oder den Verkehr der Zukunft ernsthafte Gedanken zu machen. Auch ein Trainerrauswurf ist eine Symbolhandlung, die es einem Fußballverein erspart, den Ursachen für die sportliche Talfahrt auf den Grund zu gehen. Und darüber zu streiten, ob ein kontroverser Bestsellerautor wie Thilo Sarrazin im öffentlich-rechtlichen Fernsehen Redezeit bekommen darf oder nicht, ist ein symbolischer Streit, der es Politikern erspart, über die Zukunft des Euro oder die mangelhafte Integration von Immigranten ernsthaft zu diskutieren. Als in Duisburg im Sommer 2010 die Loveparade zur tragischen Katastrophe wurde, gaben viele Menschen erst Ruhe, nachdem der Oberbürgermeister Adolf Sauerland aus dem Amt gejagt worden war – völlig unabhängig davon, wie viel persönliche Schuld er an dem Vorfall trug; worüber es zu diesem Zeitpunkt noch laufende Ermittlungen gab. Der Leiter der Notfallseelsorge der evangelischen Kirche im Rheinland, Uwe Rieske, dessen Organisation viele der Überlebenden und der Hinterbliebenen der 21 Todesopfer betreute, sagte im Zeitungsinterview, dass es menschlich sei, bei jemandem die Schuld zu suchen. Es sei schwer, zu sagen, »was davon Schuld in moralischer Kategorie und was davon Projektion ist«. Es bestünde jedenfalls die allgemeine Erwartung, dass beim Abwahlverfahren gegen den Oberbürgermeister »ein Zeichen, ein Votum, ein Signal erfolgt«. Gesucht wurde also ein Sündenbock, gebraucht wurde ein Bauernopfer, damit sich alle wieder besser fühlen können.

Bisweilen arten Kampagnen gegen die symbolischen Träger von kollektiver Schuld in wahre Hetzjagden aus, besonders dann, wenn die Medien auf den fahrenden Zug aufspringen und noch einmal kräftig mit anschieben. Im Kern handeln Journalisten dann wie Prostituierte der Emotionen – sie geben sich für Kampagnen gegen Menschen her, weil sie Auflage bringen und damit die Existenz der Redaktion samt ihre eigenen Arbeitsplätze sichern. Journalisten verweisen oft auf den hohen moralischen Anspruch, auf den ethischen Kodex, dem ihr Beruf unterliegt. Eine Konsequenz der offiziellen Selbstverpflichtung durch den Pressekodex ist beispielsweise, dass sich ein Journalist aus Prinzip keine Sache zu eigen macht, nicht einmal eine gute. Man ist sich darin einig, dass gerade auch bei so genannten Herzblut-Themen eine kritische Distanz zum Thema geboten ist und bei Konflikten die Positionen beider Seiten darzustellen sind. Außerdem verlangt der Pressekodex sinngemäß, dass zur Veröffentlichung bestimmte Informationen in Wort, Bild und Graphik mit der nach den Umständen gebotenen Sorgfalt auf ihren Wahrheitsgehalt zu prüfen und wahrheitsgetreu wiederzugeben sind. Deren Sinn sollte durch Bearbeitung, Überschrift oder Bildbeschriftung weder entstellt noch verfälscht werden. Unbestätigte Meldungen, Gerüchte und Vermutungen sind als solche erkennbar zu machen. Dieser Anspruch an die eigene Arbeit schließt unbegründete Behauptungen und Beschuldigungen, Ehrverletzung, Veröffentlichungen, die das sittliche oder religiöse Empfinden verletzen, und eine unangemessen sensationelle Darstellung von Gewalt und Brutalität aus. Und es wird explizit gefordert, dass die Presse das Privatleben und die Intimsphäre des Menschen achten soll.

Wer sich bei den immer wieder hochkochenden, oft hochemotional ausgetragenen Hetzjagden auf die Symbolträger des politisch Unkorrekten in den Medien umschaut, wird zu dem Schluss kommen, dass die meisten Journalisten ihren eigenen hehren Ansprüchen nicht genügen.

Wenn die Gutmenschen ein Bauernopfer fordern, dann ergreifen die meisten Journalisten Partei, und dann ist ihnen die Ehre des Gejagten völlig egal. Wirklich unabhängigen, nämlich auch von wirtschaftlichen Erwägungen unabhängigen, dem eigenen Kodex folgenden Journalismus in der Breite zu fordern, ist allerdings illusorisch. Umso erfreulicher ist es, dass es inmitten der von den Medien befeuerten Symboldebatten dann immer wieder einzelne Redaktionen gibt, die Format beweisen.

In der heftigen Debatte um Thilo Sarrazins »Deutschland schafft sich ab« beispielsweise schaffte es die Redaktion der FAZ, alle Seiten der Debatte zu beleuchten, ohne dem Autor die Ehre abzuschneiden. FAZ-Herausgeber Berthold Kohler fasste den Schaden, den nicht das Buch, sondern die ausufernde Debatte angerichtet hatte, so zusammen: »Wer solche […] Bücher schreibt, muss sich auf politische und gesellschaftliche Ächtung gefasst machen. […] Die Freiheit der Andersdenkenden war einmal.«

Ächtung, Verachtung, Respektlosigkeit – und auch Neid. Vielfach wurde kritisiert, insbesondere von Journalisten,

Sarrazin sei durch den Erfolg seines Buches zum Millionär geworden – als ob das in irgendeiner Form etwas Verwerfliches wäre. In Wahrheit hat die Aufregung, die hier erzeugt wird, mehr mit jenen zu tun, die sich aufregen, als mit dem, der angeprangert wird: Missgünstig wird beäugt, wie jemand die Aufmerksamkeit bekommt, die man selbst gerne hätte. Doch Journalisten sind natürlich intelligent und eloquent, sie tun so, als ob sie neutral wären, sie tun so, als ob sie einen klaren Blick hätten. Dabei gelingt das nur den allerwenigsten. Alleine schon der Anspruch, man könne losgelöst vom eigenen Empfinden neutral berichten, setzt eine so starke Dissoziation von seinen eigenen Emotionen voraus, dass man das realistischerweise nur von den Allerbesten der Zunft erwarten kann.

Das Opfer bin ich!

Am 21. August 1968 wurde der tschechoslowakische Reformkommunismus »mit menschlichem Antlitz«, der so genannte »Prager Frühling«, von Truppen des Warschauer Paktes gewaltsam niedergeschlagen. Die Sowjetunion klatschte mit der flachen Hand auf den sich regenden Widerstand und sicherte so ihren Machtanspruch innerhalb ihres Einflussbereichs im so genannten »Ostblock«. Der Einmarsch der Panzer war ein kollektives Trauma für die Bevölkerung, das auch nach dem Ende des Kalten Kriegs nachwirkte – bis heute. Die Tschechen und die Slowaken sehen sich als Opfer. Und sie zeigen mit dem Moralfinger auf »die Russen«. Noch heute, über vierzig Jahre später, sind laut Umfragen knapp 60 Prozent der Tschechen dagegen, den Russen für die 68er-Invasion zu verzeihen. Gut 40 Prozent fühlen sich gar noch immer von Russland bedroht. Die Tschechen halten fest an ihrem Opferstatus und an ihrer Schuldzuweisung. Was sie damit sich selbst antun, ist ihnen gar nicht bewusst.

142

Interessanterweise möchten die Tschechen ihr Trauma gern für sich behalten. Sie hören es nicht gern, wenn Menschen aus anderen ehemaligen Ostblockstaaten wie Polen, DDR oder Ungarn darüber sprechen, wie sehr die brutale Aktion der Militärs von 1968 auch sie schockiert hat und wie traumatisch die Niederschlagung der Reformbewegung auch für sie war – denn die Öffnung des Sozialismus war ja damit auch in den anderen Ostblockstaaten erledigt. Nein, viele Tschechen wollen das nicht hören, denn sie beanspruchen die moralische Überlegenheit des Opferstatus ganz für sich. Dass es sogar in der ehemaligen Sowjetunion Menschen gab, die mit dem Prager Frühling sympathisierten, die der Öffnung des Sozialismus entgegenfieberten und die von der Niederschlagung geschockt waren, leugnen viele Tschechen. Solche Geschichten bringen tschechische Politiker und Intellektuelle auf die Palme. Das darf überhaupt nicht sein, die Russen sollen gefälligst die Bösen bleiben! Wie einfach. Mal wieder ist bei der mangelnden Differenzierungsfähigkeit Endstation.

Die tschechische Attitüde lautet: Lasst uns die Russen für alles verantwortlich machen! Dabei wird völlig unter den Teppich gekehrt, dass es damals auch in Russland öffentliche Proteste gegen die Niederschlagung des Prager Frühlings gab. In seinem in Osteuropa viel diskutierten Buch »Invasion 1968. Eine russische Sicht« holt der junge tschechische Historiker und Journalist Josef Pazderka die differenzierte Wahrheit ans Licht und deckt auf, dass es damals auf dem Roten Platz in Moskau sogar Demonstrationen gegen den Einmarsch in Prag gab, trotz größtem persönlichen Risiko; dass es im Hinter- und Untergrund viele russische Intellektuelle gab, die versucht haben, den Reformsozialisten in Prag zu helfen; dass es russische Journalisten gab, die sich gegen die sowjetische Propaganda auflehnten und es unter persönlichen Opfern ablehnten, die Invasion zu leugnen oder schönzureden.

Wenn russenfeindliche Tschechen sich weigern, die diffe-

143

renzierte Wahrheit anzuerkennen, und auf dem etablierten Schema von Tätern und Opfern beharren, dann verhilft ihnen das vor allem dazu: sich nicht weiterzuentwickeln. Stehen zu bleiben. Im Geiste Kind zu bleiben. Nicht in die eigene Größe zu gehen. »Die Erinnerungskultur in Tschechien in Bezug auf 1968 besteht einfach darin«, so Josef Pazderka, »alle Schuld in einen Zug zu setzen und diesen nach Osten fahren zu lassen.«

Schuld zuzuweisen und die Schuldzuweisungen mit aller Macht aufrechtzuerhalten, ist kennzeichnend für die aggressiven Opfer nach dem Ende der Ära der Macher. Sie sind abhängig von dieser Schuld der anderen, denn nur sie kann sie davor bewahren, auf sich selbst zu schauen und anzufangen, an sich selbst konsequent zu arbeiten. Um die Verantwortung weit von sich zu weisen, ist die Schuld der anderen eines der mächtigsten Instrumente.

Bei uns sind als Schuldige sehr beliebt: die Kapitalisten und die Neoliberalen, die imperialistischen Amerikaner, die gierigen Banker und Finanzjongleure an der Wall Street, Josef Ackermann und all die anderen Manager-Schergen, Mutti Merkel und ihre Politikerbuben, die Industrie und all die anderen CO_2-Sünder, die Chinesen und all die anderen Unmenschen und an vorderster Front – unsere Großeltern und Urgroßeltern und all die anderen Nazis.

Dass wir uns den Stillstand im Opfermodus überhaupt leisten können, beeindruckt mich persönlich sehr. Wir verfügen in Mitteleuropa immer noch über genügend Leistungssubstanz. Die Ergebnisse der hochproduktiven Wirtschaft und der Minderheit der Leistungsträger sind immer noch so stark, dass die Äste, auf denen die aggressiven Opfer sitzen und sägen, immer noch tragen. Die riesige Masse der Verantwortungsflüchtlinge wird noch immer gehalten und aufgefangen. Wir können uns ihren Opferstatus und die damit verbundene Entwicklungsblockade tatsächlich noch leisten. Aber wie lange noch?

Auf die Generationen, die etwas aufgebaut haben, ist eine Generation gefolgt, die besitzt, was sie geerbt hat, dafür aber wenig Respekt empfindet. Sie verteilt den Kuchen, will aber den bestehenden nicht vergrößern. Sie erntet das Feld ab und hört auf, es weiter zu bestellen. Und dafür, dass es irgendwann nichts mehr zu essen gibt, sind schon heute die Schuldigen identifiziert.

Würden sie die Energie, die sie in die Bekämpfung der vermeintlich Schuldigen stecken, stattdessen in die Vermehrung ihrer eigenen Substanz an Wissen, Bildung, Können und Persönlichkeit stecken, dann hätten sie die Opfernummer bald nicht mehr nötig, denn dann würden sie nicht mehr versagen. Das nämlich tun die aggressiven Opfer: Sie versagen. Die schwachen Ergebnisse lassen es erkennen.

Du machst mich schwach!

Als ich es geschafft hatte, mich aus der Sozialhilfe, die heute Hartz IV heißt, herauszuarbeiten, bekam ich eines Tages eine große Chance: Ich wurde mit einem anderen Kollegen zusammen als Produktmanager eingestellt. Der starke Macher-Anteil in mir bewirkte, dass ich schnell gute Ergebnisse erzielte, ich konnte den Verkauf der mir anvertrauten Produktlinien enorm ankurbeln. Macher können eben anschieben. Ich machte meinen Job so gut, wie ich konnte, und die Ergebnisse sprachen für sich.

Was mir dann passierte, ist typisch für unsere Zeit: Mein Kollege machte mir Vorwürfe. Was ich eigentlich glaubte, wer ich sei, dass ich mich so reinhänge! Sich neben mir zu entwickeln, sei unmöglich, niemand habe neben mir eine Chance, wenn ich so Gas geben würde. Er nahm meine Anstrengung persönlich.

Er nahm meine Anstrengung persönlich.

Und versuchte bald, mich mit unfairen Mitteln auszubremsen. Er warf mir offen vor, ich würde mich auf seine Kosten in den Vordergrund drängen, ich würde Kontakte, die er geknüpft habe, für mich nutzen und ihm so die Ergebnisse stehlen. Der Moralknüppel war aus dem Sack und drosch immer heftiger auf mich ein. Dadurch drohte auch die Stimmung der Kollegen gegen mich zu kippen. Eine unschöne Situation. Doch mein Chef hielt zu mir und erstickte das beginnende Mobbing im Keim. Viel zu sehr freute er sich über die Ergebnisse, und er wusste auch meine Leistung zu würdigen. Da entschied sich mein Kollege zu gehen. Er kündigte, um sich selbstständig zu machen. Und bevor er sich verabschiedete, zischte er mir noch zu: »Wenn du mir noch ein einziges Mal in die Quere kommst, mache ich dich fertig!«

Ich habe das damals einfach nicht begriffen. Heute weiß ich, was mit ihm los war. Aus seiner Weltsicht war sonnenklar, dass ich der Schuldige war – derjenige, der ihn schlecht aussehen ließ. Denn das ist es, was aggressive Opfer am meisten wollen: Sie wollen gut dastehen. Sie wollen nicht gut sein, nicht sich als Bestmögliche verwirklichen, sondern sie wollen den schönen Schein, den Status, das Ansehen. Um das zu erreichen müssen alle, die mehr leisten als sie, klein gemacht werden.

Die andere Möglichkeit, nämlich sich selbst anzustrengen und besser zu werden, ist für sie keine echte Option. Ihre Vorstellung ist: sich nicht groß reinhängen, aber trotzdem ganz ordentliche Erfolge feiern können. Mit geringem Aufwand gut dastehen. Doch das bedeutet schlicht, mehr zu fordern, als man zu geben bereit ist. In irgendeiner Weise werden so Schulden gemacht. Unterm Strich ist diese Lebenshaltung immer eine Vorteilnahme, etwa gegenüber den Kollegen, gegenüber nachfolgenden Generationen oder gegenüber dem Kollektiv der gegenwärtigen Steuerzahler. Dahinter steckt der fortdauernde Anspruch auf Versorgung. Er verwandelt sich in Minderleistung zu vollen Bezügen. Und das mit dem Gefühl der absoluten Berechtigung. Das geht leider nur so lange gut, bis ein Höchstleister kommt, der tatsächlich sein Bestes gibt – und mühelos deutlich mehr leistet. Dann stehen die aggressiven Opfer plötzlich als Versager da. Und fühlen sich ungerecht behandelt.

Sie sehen nicht, wie schwach es sie in Wahrheit gemacht hat, dass sie immer nur daran gewerkt haben, das Potential anderer zu unterminieren, anstatt konsequent an ihrem eigenen Potential zu arbeiten. Ihnen fehlt das realistische Selbstbild. Mein ehemaliger Kollege war als Selbstständiger in kürzester Zeit pleite. Ihm fehlten die nötigen Macherqualitäten, um ganz von unten anzufangen. Er hatte wirklich gedacht, ich sei das Problem. Dabei war er es selbst, der sich alles kaputtgemacht hat. Nach zwei Jahren meldete er sich bei mir und fragte mich, ob ich einen Job für ihn hätte. So ist es oft: Aggressive Opfer wandern nach Neuseeland aus, weil sie glauben, dann behindere sie niemand mehr, aber in Wahrheit nehmen sie sich selbst dorthin mit, und das Auswandern löst gar nichts. Sie glauben wirklich, wenn die äußeren Umstände sich ändern würden – wenn sie einen anderen Partner hätten, einen anderen Chef, andere Kollegen, andere Mitarbeiter –, dann wäre plötzlich alles ganz anders. Sie erkennen nicht, dass das Problem gar nicht außerhalb von ihnen liegt, sondern in ihrem Innern.

Das ist schade. Denn solange sie glauben, dass »das System«, die anderen oder die Umstände verantwortlich für ihr Versagen sind, werden sie ihr großes Potential nicht entfalten können. Sie stecken auf ihrem langen Lauf zu sich selbst im Stau.

Blockieren, retten, unterdrücken

> Wir müssen vor allem darauf achten, wieder
> Stürmer in und für diese Gesellschaft aus-
> zubilden und nicht allein Schiedsrichter.
>
> Lothar Späth

Am Gymnasium hatte ich einmal einen Englischlehrer, der
so eine stolze Art hatte, mit Autorität und Charakter zu führen. Er war streng, aber sehr korrekt und gerecht. Wir Kinder
spürten, dass er uns mochte. Seine Autorität war keine rein
funktionale, die nur mit der Machtposition des Lehrers zu
begründen war, sondern sie kam von innen heraus, eine »natürliche Autorität«. Er war eine Autorität, ohne autoritär zu
sein. Bei ihm war Stille im Raum, die Schüler spurten, waren pünktlich und machten die Hausaufgaben. Ja, und sie
zogen den Kopf ein, sie gehorchten. Das war ein Führungsstil
mit einer gewissen Distanz, ein eher preußisch-militärischer
Ansatz, der auf Gehorsam beruhte. Aber wir Schülern waren
freiwillig gehorsam. Wir bewunderten ihn, und mir schien es,
dass auch er mit einem gewissen Stolz auf uns blickte. Er war
in seiner Geradlinigkeit ein Vorbild. Zumindest für viele von
uns.

Diese Sorte Autorität, die aus dem Charakter und nicht aus
dem Amt entspringt, setzt eine gewisse Eigenständigkeit,
eine Unabhängigkeit der eigenen Meinung von den Meinungen der anderen voraus, ein Freidenken. Das schließt
ein, dass die eigene Meinung sich bisweilen deutlich unterscheidet von der Meinung anderer und auch von Mehrheits-
meinungen. Autorität entsteht nicht durchs Mitschwimmen
im Strom, sondern gerade durch das Vertreten eigener Positionen. An so einer Autorität bleibt man hängen, sie eckt
an, sie stört auch manchmal, ist unbequem. Aber gleichzeitig

entstehen so Würde, Ansehen und Einfluss. Und genau das ist die lateinische Bedeutung des Wortes *auctoritas*.

Demgegenüber steht die *potestas*, die bloße Amtsgewalt, die Vollmacht, die Verfügungsgewalt, die mit einem Posten verbunden ist. Octavian begriff vor gut 2000 Jahren als einer der ersten Politiker, dass diese beiden Formen der Macht etwas Unterschiedliches sind. Ihm war klar, dass nicht die formale Amtsgewalt, sondern sein Ansehen der entscheidende Faktor für seinen Erfolg war. Macht folgt der Würde. Das Amt ist nur eine Folge davon.

Octavian gab daher seine außerordentliche Amtsgewalt als militärischer Führer nach dem Ende der römischen Bürgerkriege ganz bewusst ab und legte sie in die Hände des Senats zurück. Anstatt sich als König über das Volk zu erheben und die *potestas* ins Maximum zu treiben, wie es seine Vorgänger getan hatten, trat er klug und bescheiden in die Reihen der anderen Senatoren zurück und ließ sich lediglich als »Erster des Senats« bezeichnen. Das steigerte paradoxerweise seine Macht umso mehr. Durch den Verzicht auf die Amtsgewalt trat seine natürliche Autorität erst so richtig hervor. Die Bewunderung für ihn nahm zu, er erhielt den Ehrennamen »Augustus« und viele andere symbolische Zuschreibungen, die sein hohes Ansehen verdeutlichten und ihn letztlich zum ersten Kaiser der Welt machten. Allein die *auctoritas* verlieh ihm die Grundlage für eine lange und erfolgreiche Regentschaft von über vierzig Jahren. Später schrieb er über die Grundlage seiner Macht: »Ich überragte damals an Ansehen alle, an formaler Gewalt jedoch besaß ich nicht mehr als die anderen, die jeweils meine Kollegen im Amt waren.«

Amt und Würde

Wenn es einem Amtsinhaber an Würde und natürlicher Autorität fehlt, dann kann er wenig ausrichten. Denn die Menschen folgen ihm zwar formal und oberflächlich– weil sie es ja müssen –, insgeheim aber widersetzen sie sich und lassen ihn ins Leere laufen. Auf dem intellektuellem Weg wird der Kopf erreicht, nicht aber das Herz. Wer Menschen wirkungsvoll führen will, der muss deren Herzen erreichen. Über Menschen, die zwar *potestas* haben, aber keine *auctoritas*, wird gerne gewitzelt, denn sie sind eigentlich lächerlich. In der Politik werden sie als »lahme Enten« bezeichnet. Amtsträger ohne Macht und Würde haben keine Zukunft.

Als im Frühjahr 2012 dem CDU-Politiker Norbert Röttgen nach einem zögerlichen Wahlkampf die Landtagswahl von Nordrhein-Westfalen in die Binsen ging, war damit auch seine Autorität dahin. Er war dadurch auf seinem Posten des Bundesumweltministers zur lahmen Ente geworden. Da dieses Amt zu Zeiten der Energiewende in Deutschland eine Schlüsselposition ist, auf der man etwas ausrichten können muss, war er schnell auch da weg vom Fenster und wurde von der Kanzlerin entlassen. Lahme Enten gehen oder werden gegangen.

Wenn also die Autorität, das Ansehen und die Würde auf Dauer die entscheidenden Machtfaktoren sind, und das Amt nur eine Folge davon ist, dann ergibt sich daraus eine Achillesferse für jeden Amtsinhaber: Wer einem anderen Menschen seine Position neidet und ihn sabotieren möchte, muss nicht offen die Amtsführung und deren Ergebnisse kritisieren, sondern er kann den Umweg über den Hinterhof wählen und die Würde des Amtsinhabers angreifen. Ist die moralische Integrität erst einmal zerstört, dann fällt kurz darauf auch das Amt. Wer jemandem die Macht entreißen will, muss ihn nur entwürdigen. Dazu braucht es eine Schlammschlacht, eine Hetzjagd, einen Skandal. Das kann alle vier Jahre trefflich anhand des amerikanischen Präsidentschaftswahlkampfes studiert werden. Es fängt auf der inhaltlichen Ebene an und endet im Sumpf – mit einer wilden Schlammschlacht. Immer!

Die Art meines Englischlehrers eckte im Verlauf der letzten zwanzig Jahre immer mehr an. Zuletzt waren die meisten Eltern in Erziehungsfragen anderer Meinung, vor allem was die Tugend der Gehorsamkeit anging. Sie begannen, ihn offen zu kritisieren. Dennoch war er unbestreitbar ein guter Lehrer, wenn man die Ergebnisse zugrunde legte. Sein Ansehen beruhte letztlich darauf, dass seine Schüler wirklich etwas lernten. Wenn ich heute an ihn zurückdenke, dann bin ich ihm dankbar, denn er brachte mir die Grundlagen des Englischen bei – ein klar messbares Ergebnis, sobald man wie ich nicht nur im Urlaub eine Portion Fish and Chips bestellt, sondern am Verhandlungstisch auf Englisch um einen Millionenvertrag ringt oder bei einer internationalen Leadership-Konferenz einen Vortrag auf Englisch hält.

Als die opponierenden Eltern in der offenen Konfrontation nicht durchkamen, begannen sie, auf ihre Kinder einzuwirken. Und als die Eltern dem Lehrer die Würde absprachen, nahmen ihn auch die Kinder bald nicht mehr für voll. Seine Autorität bröckelte. Seine Amtsgewalt als Lehrer half ihm auch nicht mehr, sobald die Schüler begannen, sich mit Rückendeckung der Eltern ihm zu widersetzen. Die Autorität, auf der seine Lehrmethode basierte, war dahin. Das Prinzip kennt jeder aus der Familie: Wenn die Eltern sich nicht verstehen, bröckelt ihre Autorität, und die Kinder nutzen das Machtvakuum aus. Besonders schlimm ist es bei dem emotionalen Krieg, der oft auf eine Scheidung folgt. Dieses »zu viel an Einfluss« schadet den Kindern sehr.

Mit dem Schwinden der Autorität setzte Disziplinlosigkeit ein. Jetzt nutzten die Eltern genau diese Disziplinlosigkeiten, um den Lehrer noch weiter zu diskreditieren. Ein Teufelskreis war angestoßen, der Beschuldigte hatte keine Chance. Schließlich hatten sie es geschafft: Der Lehrer, dessen Lebenswerk vor seinen Augen zerfiel, wurde krank und musste frühpensioniert werden. Das tut weh.

Ein Teufelskreis war angestoßen.

An den Stammtischen im Ort wurde heftig diskutiert, denn es gab viele Fürsprecher des Lehrers, die ihn noch in ihrer eigenen Schulzeit erlebt hatten. Aber seine Art zu führen, war eben nicht mehr zeitgemäß, ob sie nun funktionierte oder nicht. Er wurde nicht mehr gewollt, und sein Körper reagierte auf diese Ablehnung mit aller Deutlichkeit. Das zeigt, wie sensibel solche »harten Hunde« sein können. Jeder Führungsstil hat eben seine Zeit. Weil die Menschen, die geführt werden, sich ändern. Nicht weil der eine oder der andere Stil richtig oder falsch ist. Ändern sich die Menschen, ändern sich die Fragen und damit die Antworten, die es braucht. Und die Zeit von Anweisung und Kontrolle, Befehl und Gehorsam ist definitiv vorbei. Weil ein solcher Stil nicht mehr akzeptiert wird. Gegenüber der pluralistischen, kollektivistischen Mehrheitsmeinung und gegenüber den zahlreichen Blockierern und Saboteuren, die offene Machtausübung ausschließlich negativ sehen und verhindern wollen, hat eine solche Führungskraft heute keine Chance mehr. Führen wie ein Macher, das geht heute in einem öffentlichen Amt nicht mehr.

Der Fall meines alten Englischlehrers zeigt aber auch, wie die aggressiv diejenigen vorgehen, die sich für Opfer halten. Sie kommen in der offenen Konfrontation nicht durch, sie können die Ergebnisse nicht wirklich anfechten. Daher zielen sie mit giftigen Moralpfeilen auf die Achillesferse der Macher. Dass sie sich damit ins eigene Fleisch bzw. in das ihrer Kinder schneiden, ist ihnen nicht bewusst. Denn was haben ihre Kinder denn dadurch gewonnen, dass dieser Lehrer »entfernt« wurde?

Es gab weit und breit kaum einen, der ihnen Englisch besser beibrachte. Das war die Ergebnisseite. Aber selbst wenn man die beiseite lässt: Wäre es nicht eine hervorragende Chance für die Schüler gewesen, zu lernen, wie man mit Autoritäten klarkommt? Disziplin zu lernen? Verbindlichkeit und Verlässlichkeit einzuüben? Konsequenzen des eigenen Verhaltens zu tragen? Die große Chance, die Schule bieten kann, besteht doch unter anderem darin, dass Lehrer sehr unterschiedlich sind. In jedem Job gibt es gute, durchschnittliche und schlechte Leute. Soziales Lernen heißt doch auch für einen Schüler, gerade mit den Unfähigen und Durchschnittslehrern klarzukommen. Beispielsweise die Verantwortung für die eigene Zeugnisnote zu übernehmen und trotz eines mäßigen Lehrer etwas zu lernen. Das ist eine Vorbereitung auf das Leben. Später im Beruf muss man sich ja auch ständig mit solchen Typen rumschlagen. Woher kommt dann der Anspruch, dass Kinder nur tolle Lehrer haben sollten?

> Das ist eine Vorbereitung auf das Leben.

Den perfekten Lehrer zu fordern, ist erstens unrealistisch und zweitens überheblich, denn auch auf Elternseite gibt es gute, durchschnittliche und grauenhafte Mütter und Väter. Ich habe beobachtet, dass diejenigen Eltern, die engagiert und verantwortungsbewusst ihrem Erziehungsauftrag nachkommen, auch diejenigen sind, die problemlos mit schwachen Lehrern zurechtkommen. Meist sind es jene Eltern, die ihren Erziehungsauftrag geistig komplett an die Schule abgeben, die sich über nicht perfekte Lehrer beschweren. Der eigene, nicht gelebte Anspruch wird auf andere projiziert. Es ist ja in Ordnung, wenn man anderer Meinung ist. Aber darf man, nur weil man nicht einverstanden ist, gleich das Ganze sabotieren? Anstatt zuerst zu überlegen, was man selbst beitragen kann? Aus meiner Sicht ein klares Nein. Aber genau das wird gemacht.

Am meisten helfen wir unseren Kindern, wenn wir ihnen beibringen, jederzeit klarzukommen. Auch mit unfähigen Lehrern. Aber das ist ein Konzept, das Gutmenschen, Weltverbesserer und aggressive Opfer nicht akzeptieren. Eltern von dieser Sorte wollen einfach nur gut dastehen, und das funktioniert am besten, wenn die Lehrer schlecht dastehen. Und so wird das »Lehrerhasserbuch« geschrieben und in großen Stückzahlen gekauft, und die Eltern hetzen über die Lehrer genauso wie die Lehrer über die Eltern. Die Erziehungsverantwortung wird hin- und hergeschoben. Autorität hat in diesem Spiel niemand mehr. Nur: Wer soll dann noch die Kinder erziehen?

Kohle ist wichtig!

Die Führungslosen konzentrieren sich nicht auf das Wesentliche. Nicht auf das, was wirklich entscheidend ist. Im Falle der Eltern müsste das Wesentliche eigentlich die bestmögliche Erziehung und Bildung für ihre Kinder sein. Stattdessen führen sie Krieg gegen einen Lehrer, der ein wichtiger Baustein in der Entwicklung ihrer Kinder hätte sein können. Letztlich eine Energieverschwendung.

Im Kern geht es ihnen nicht um das Wesentliche – um das, was da ist, und um das, was daraus werden soll –, sondern um den kurzfristigen Effekt für sich selbst. Wie erstaunlich diese Strategie des »geistigen Abhauens« vom Wesentlichen ist, demonstrierten mir einmal ein paar Weggefährten aus dem Rollstuhlrugby-Verband.

Sie hatten mich eingeladen zu einer Vorstandssitzung. Ich war aktiver Rollstuhlrugby-Nationalspieler, und ich liebe diesen Sport. Ich sehe darin eben nicht nur einen netten Zeitvertreib für Behinderte, sondern einen wichtigen Baustein in meinem Leben, der mir nach meinem Unfall geholfen hat, wieder Selbstvertrauen zu tanken und fit zu werden. Es ist ein ziemlich rauer, körperbetonter Sport, bei dem es auf Kraft und Schnelligkeit, Mut, Technik, Taktik und Teamgeist ankommt. Eine Mischung aus Autoscooter und Schach. Das Spiel ist laut, schnell und spektakulär. Ich wurde ein richtig guter Spieler, wurde mehrfach zum besten europäischen Spieler meiner Klasse gewählt, und mit der deutschen Nationalmannschaft nahm ich an den Paralympics

2000 in Sydney teil. Eine große Ehre, das eigene Land bei einem solchen Spektakel vertreten zu dürfen.

Weil mir der Sport so wichtig war und mir im Leben schon so viel geholfen hatte, war ich entschlossen, etwas zurückzugeben und mich noch mehr fürs Rollstuhlrugby einzusetzen. Schon seit längerem übernahm ich führende Verantwortung in meinem Verein, den Cologne Alligators, und im NRW-Landesverband in Duisburg. Und ich kam gern zur Sitzung des Vorstands, um zu sehen, ob ich etwas tun konnte. Unsere Liga war klein, es gab nur ca. 80 aktive Spieler. Der Rugby-Verband hatte damit etwa die Größe eines erweiterten Skatclubs, mit einem Budget in der Größenordnung eines halben Kleinwagens.

Da saßen wir also nun zusammen und diskutierten. Mir wurde ganz schwindlig: Man sollte, man müsste, man könnte doch, was wäre wenn ... stundenlang redeten die Anwesenden um den heißen Brei herum. Lauter Führungslose, die nicht erkannten, was das Wesentliche war. Ich war genervt. All die Pläne, all die Luftschlösser, die sie sich ausdachten, waren unrealisierbar ohne die finanziellen Mittel.

Ich sagte: Kohle! Kohle ist wichtig. Der Verband braucht Geld.

Alle sahen mich an. Ich verpflichte mich, sagte ich. Ich bin von euch allen am meisten in der Wirtschaft drin. Ich kann aus der Wirtschaft Unterstützung organisieren. Auch finanziell. Sponsoren. Ich sage: Verdopplung des Budgets innerhalb eines Jahres. Das kann ich leisten. Einverstanden?

Und genau in dem Moment, als ich den Mund zumachte, ging es los. Es war wie ein Reflex. Es interessierte sie überhaupt nicht, wie genau ich an das Geld rankommen wollte, wie sie mich dabei unterstützen konnten, was sie selbst beitragen mussten, unter welchen Bedingungen das Geld zu uns kommen würde, welche Gegenleistung wir den Sponsoren bieten konnten und so weiter. Das Wesentliche, nämlich

Stattdessen verteilten sie das Bärenfell, ehe der Bär erlegt war.

155

die Einnahmenseite, war ihnen völlig egal. Stattdessen verteilten sie das Bärenfell, ehe der Bär überhaupt erlegt war. Die Verteilungskämpfe begannen, während die letzte Silbe, die ich gesagt hatte, noch im Raum schwebte. Sie zofften sich, wer von dem Geld welchen Anteil bekommen würde, noch bevor auch nur ein Cent da war.

Mir graute. Als ich heimfuhr, dachte ich daran, sofort auszusteigen. So einen Schwachsinn mache ich nicht mit! Und das machte ich auch nicht. Stattdessen änderte ich meine Strategie und ließ mich zum Verbandsvorsitzenden wählen. Ich schaltete einfach wieder in meinem Machermodus und legte los: Das Budget wurde verfünffacht und eine deutschlandweite Strategie zur Gewinnung neuer Spieler gestartet. In dem Moment, als das Wesentliche funktionierte, klappte auch das Sportliche. Der Verband wurde ein toller, richtig gut organisierter Laden mit flächendeckenden Angeboten in ganz Deutschland. In vier Ligen spielen heute ungefähr 400 Spieler, an der Leistungsspitze rangiert Deutschland unter den Top Ten der Weltrangliste.

So einen Schwachsinn mache ich nicht mit!

Doch ich habe immer wieder Fehler gemacht. Vor lauter Schwung wollte ich zunächst zu vieles selbst machen. Ich wollte den anderen zeigen, wie erfolgreiches Rekrutieren ging. Also bin ich selbst in die Kliniken rausgefahren, um den Sport vorzuführen und neue Mitglieder zu werben. Ich machte viele Vorführungen – und gewann wenig neue Spieler. Ein Kollege war bei derselben Kampagne viel erfolgreicher als ich. Warum? Die frisch Verletzten konnten sich nicht mit mir identifizieren. Sie empfanden mich als zu weit weg von ihnen. Eine bittere Einsicht.

Diese und ähnlich schmerzhafte Erfahrungen, privat und beruflich, halfen mir, meine Begrenztheit Stück für Stück besser zu verstehen. Die Niederlagen halfen mir, besser zu verstehen, wohin ich gehöre und wohin nicht. Und nach und nach lernte ich, von meinem inneren Macherbild Abschied zu nehmen. Es wurde immer klarer: Meine Stärke besteht darin, anderen zu Wachstum, Kraft und Größe zu verhelfen. Ein Katalysator für menschliche Entwicklung zu sein. Im Rollstuhlrugby Verband waren schließlich alle Abteilungsleiter in ihren Bereichen besser als ich. Ich hatte als Macher angefangen und als Inspirator geendet.

Einige Jahre später hatte ich geleistet, was ich in meiner Position leisten konnte: den Verband zu ordnen, zu starten und abheben zu lassen. Fliegen würden nun die anderen besser, und ich konnte getrost aussteigen und mich auf meine Selbstständigkeit konzentrieren. Kurz darauf wählte mich der Verband zum Ehrenvorsitzenden, worauf ich sehr stolz bin.

Im Nachhinein wurde mir klar, was das Tolle an der ganzen Geschichte war: Wir hatten den Übergang geschafft, ohne dass mich einer abschießen oder entwürdigen musste. Keiner hatte einen Skandal angezettelt und mich moralisch diskreditiert, was bestimmt irgendwie möglich gewesen wäre. Denn ich bin sicher kein Heiliger. Ich musste nicht beseitigt werden. Sie haben es geschafft, mich nicht nur eine Weile zu ertragen, sondern mich sogar wertzuschätzen. Tolle Leute! Und ich habe es hingekriegt, den Staffelstab rechtzeitig und in Würde zu übergeben, nachdem das für mich Wesentliche geleistet war. Das so etwas möglich ist, ist eine sehr schöne Erfahrung.

Des war jetzt net clever

Ich begreife, dass in unserer Gesellschaft die Zeit der Macher vorbei ist. Was mir aber trotzdem wehtut und was mich ärgert, ist die Gnadenlosigkeit, die Würdelosigkeit und die Sinnlosigkeit, mit der führungslose Gutmenschen die mächtigen Burgen der Macher schleifen. Zum ersten Mal ist mir das klar geworden, als unser »Cleverle« aus dem Amt gemobbt wurde. Lothar Späth war in meinen jungen Jahren unser unangefochtener Landesvater. Nie wieder hatte seitdem ein Ministerpräsident in Baden-Württemberg eine solche tief im Volk verwurzelte Autorität. Dreimal hintereinander holte er bei den Landtagswahlen die absolute Mehrheit für die CDU, er regierte unangefochten und modernisierte den Südweststaat dabei konsequent. Er stand für den wirtschaftlichen Erfolg im Ländle, den er mit einer Mischung aus Beharrlichkeit und Schaffenskraft einerseits und einem klaren Blick für die Zukunft andererseits anführte.

Eine Besonderheit seiner Amtsführung war die Nähe zur Wirtschaft, insbesondere zu mittelständischen Unternehmern. In diesen Machern sah er völlig zurecht die Motoren für den Wohlstand des Landes, zu ihnen hatte er einen besonderen Draht – weil er eigentlich einer von ihnen war, wie er später als Geschäftsführer der Jenoptik AG in Jena eindrucksvoll bewies.

Im Ausland wird gern über die Mentalität der Deutschen gewitzelt: Wenn es hierzulande eine tolle Idee gibt, die super anläuft, gibt es sofort eine Steuer, die erst einmal das Tempo rausnimmt, danach kommt ein Gesetz, das die Idee so ziemlich ausbremst und, falls sich dann noch was regt, schließlich eine Protestbewegung, bis alles stillsteht. Aber Baden-Württemberg hatte seit Lothar Späth einen anderen Ruf. In seiner Amtszeit wurde das Land enorm wettbewerbsfähig. Im Bereich der Hochtechnologie und im Bereich von Forschung und Entwicklung gilt Baden-Württemberg als eine der innovativsten Regionen Europas.

Dass Lothar Späth als Ministerpräsident Hervorragendes für die Allgemeinheit geleistet hatte, war aber völlig egal, als Ende 1990 zwei Journalisten des Südwestrundfunks aufdeckten, dass er auf Einladung des Firmenchefs von SEL in dessen Firmenflugzeug nach Griechenland geflogen war. Die Opposition und die Presse, insbesondere das Nachrichtenmagazin DER SPIEGEL und die Wochenzeitung DIE ZEIT, stürzten sich auf den Fall wie Fliegen auf eine offene Wunde.

Ein Untersuchungsausschuss wurde von der frohlockenden Opposition durchgesetzt, für die es war, als ob Weihnachten und Ostern in jenem Jahr zusammenfielen, und dabei kam heraus, dass Lothar Späth regelmäßig mit Unternehmern in deren Privat- oder Firmenflugzeugen mitflog. Er sah darin überhaupt kein Problem, und wie die Firmen die Flüge verbuchten, war ihm egal. Er sah in den Flügen eine Gelegenheit, um die Nähe zur Wirtschaft zu pflegen, sich auszutauschen und Politik im Sinne Baden-Württembergs zu machen. An Vorteilsnahme oder Korruption habe er dabei nicht gedacht, sagte Späth. Und er wisse auch gar nicht, wie die Forderungen der Öffentlichkeit praktikabel umzusetzen seien, argumentierte er:»Wenn der Herr Grundig mich einlädt, soll ich den fragen, ob ich mich am Dieselkraftstoff beteiligen soll von seiner Yacht?« Ermittlungen gegen ihn wegen des Verdachts der Untreue und der Vorteilsnahme wurden angestrengt, aber letztlich wieder eingestellt. Doch er musste gehen.

Ob nun Lothar Späth korrupt war oder nicht, interessierte die Hetzer aber gar nicht. Der Kommentator der ZEIT schrieb:»Schließlich kommt es nicht darauf an, ob ein Politiker sich tatsächlich in seinen Entscheidungen von Gönnern abhängig macht, sondern allein auf die bloße Möglichkeit des bösen Scheins.« Damit ist jeder Politiker als potentiell korrupt gebrandmarkt. Auf Journalisten selbst angewandt, würde dieser völlig überzogene Anspruch jeden Schreiber der Zunft zu einem potentiellen Lügner machen, sobald er einen Satz geschrieben hat, mit dem sich die bloße Möglichkeit des bösen Scheins eröffnet, der Satz könnte unwahr sein und sei nur zur Auflagensteigerung geschrieben worden. Das ist in etwa so geistreich, wie jeden Mann als potentiellen Vergewaltiger vorzuverurteilen. Aber in genau diesem Geiste werden Macher gejagt und zur Strecke gebracht.

Ich habe mich immer gefragt, warum es dann nicht möglich war zu sagen: Schau, Cleverle, des war jetzt net clever.

Lieber Herr Späth, unterlassen Sie es bitte künftig, sich auf Flüge einladen zu lassen, sondern bestehen Sie auf einer Rechnung, die der Steuerzahler dann für Sie bezahlt. Entschuldigen Sie sich bitte öffentlich, und wir verlangen sogar, dass Sie einsehen, dass das keine gute Idee war. Und außerdem möchten wir Sie bitten, Ihren hervorragenden Job anschließend noch möglichst lange weiterzumachen! So etwas ist leider nicht möglich. Bei keiner einzigen Hetzjagd auf Manager oder Politiker konnte sich in den letzten Jahren eine solche Stimme der Vernunft durchsetzen. Ich verstehe heute besser, warum: Gerade der große Einflussbereich der Verfolgten ist es, was die ohnmächtigen Verhinderer stört. Indem sie das Aufgebaute einstürzen lassen, die Höchstleistung sabotieren und hochfliegende Pläne zerplatzen lassen, machen die Verhinderer die Welt wieder ein Stück kleiner, sodass ihre eigene Unterlegenheit nicht mehr ganz so deutlich zutage tritt. Wenn Kindern nebeneinander am Strand Sandburgen bauen, ist die größte und schönste Sandburg auch immer die erste, die zerstört wird. Sobald man einen so hohen Posten hat, dass er deutlich über das Mittelmaß herausragt, ob als Politiker, Manager oder Fußballtrainer, verlangen die Mittelmäßigen von einem, dass man fehlerfrei ist – nur um einem dann das Gegenteil zu beweisen. Für Führungslose muss ein Ministerpräsident oder Bundespräsident unfehlbar sein, und wenn er einmal Hinweise auf Fehlbarkeit zeigt, dann weg mit ihm!

Wenn jeder Fehltritt, jede Dummheit und jede Unachtsamkeit eines Mächtigen zu einer Hetzjagd führt mit dem Ziel der totalen Vernichtung, sind die Führungslosen am Werk. Dann wird der Vorstandsvorsitzende, der Geld in Luxemburg oder Liechtenstein gehortet hat, in der Öffentlichkeit zu einem solchen Monster hochstilisiert, dass man glauben könnte, er verspeise jeden Morgen zum Frühstück ein kleines Kind. Oder die Weigerung, Parteispendern namentlich zu nennen, wird so aufgeblasen, dass dahinter ein ganzes Lebenswerk verschwindet. Denn die Zerstörung der Würde ist das einzige Mittel, das den Ohnmächtigen bleibt, um die Mächtigen auf ihre Stufe herunterzuziehen.

Showstopper

Der »Zorn und Groll über ›die da oben‹« könne aber »das politische Augenmaß nicht ersetzen«, so der Kieler Philosoph Ralf Konersmann.

Die Wutbürger ersetzen die Hierarchie der Macht durch eine Hierarchie der Moral, verlieren dabei aber alle Vorteile, die ihnen die Elite verschafft hatte. Wir können uns nur so lange mit den moralischen Verfehlungen von Späth, Barschel, Kohl, Guttenberg oder Wulff beschäftigen, solange wir nichts Besseres zu tun haben – weil es uns gut geht. Den führungslosen Blockierern bescheinigte Konersmann einen »Fanatismus der Saturierten«, eine »neue Renitenz«, eine »postkritische Wut«, die »rechthaberisch, starrsinnig, selbstgerecht und hysterisch« sei.

Da es mitten im Wohlstand für die Führungslosen um wenig geht, mutet das Köpfen der letzten Macher bisweilen wie ein großes Gesellschaftsspiel an, insbesondere für die Medien. Man spuckt auf die »da oben« wie ein Pubertierender auf seine Eltern. Solange man sie nicht stoppt, spielen die Wutbürger weiter auf der Klaviatur der Empörung. Wie aber stoppt man sie?

Nicht nur die Macher, auch die Führungslosen haben eine Achillesferse. Jeden ausrastenden Blockierer kann man mit einer bestimmten Methode zur Räson bringen, ihn dazu bringen, sein destruktives Spiel zu beenden.

Diese Methode habe ich unbewusst angewendet, als ich einmal Besuch von einem alten Schulkamerad bekam. Ich kam gerade vom Sport zurück zu meinem Haus, da wartete einer auf mich, den ich zunächst kaum erkannte. Dann fiel es mir ein: Ach ja, wir waren in derselben Klasse gewesen. Bis zur neunten Klasse hatten wir ziemlich viel Kontakt, danach eher selten. Er hatte im Gegensatz zu mir immer einen lockeren Spruch auf den Lippen und genügend Geld. Sein reicher Papa aus der ersten Ehe seiner Mutter hatte ihm als Schüler und später im Studium immer Geld geschickt. Er war ein Sunnyboy, der auf Kosten anderer lebte. Irgendwann hatte ich nichts mehr von ihm gehört. Na schön, ich bat ihn ins Haus, bot ihm einen Kaffee an und fragte ihn, wie es ihm gehe.

Schlecht, meinte er. Sehr schlecht.

Ich fragte ihn, warum er mich besuche.

Nun ja, meinte er, weil es ihm so schlecht gehe, dass er Hilfe brauche. Und da sei er auf mich gekommen, weil ich ihn bestimmt verstehe, denn mir ginge es ja auch schlecht.

Ich verstand nicht recht und schaute ihn fragend an.

Na ja, wegen dem Rollstuhl und so, stammelte er.

Oh, da hatte er jetzt nun wirklich Pech gehabt. Er suchte einen, dem es noch schlechter ging als ihm, damit er sich ein bisschen besser fühlen konnte. Er hatte allen Ernstes darauf gesetzt, meine Querschnittslähmung zu instrumentalisieren, um sich selbst gute Gefühle zu holen. Und dann traf er statt auf ein rollstuhlfahrendes Opfer auf einen gestandenen Mann, der sein Leben im Griff hatte, glücklich verheiratet war und wohlhabend. So was Blödes aber auch!

Worin denn die Hilfe bestehen sollte, fragte ich ihn.

Da schaute er sich in meinem großen Haus um, zuckte mit den Schulter und gestand, dass er arbeitslos sei und pleite. Der Geldfluss vom Vater sei versiegt. Er habe sein Studienfach mehrfach gewechselt und nie eins davon abgeschlossen. Danach sei er von mehreren Firmen ausgebeutet worden.

Vor mir saß eine Zecke. Vor mir saß eine Zecke. Er hatte sich auf mich fallen lassen, um mir Blut abzuzapfen.

Ob nun in Form der Relativierung seines Leids, um sich besser zu fühlen, oder in Form von Geld oder Kontakten zu Arbeitgebern. In irgendeiner Weise wollte er von mir profitieren. In bester Opfermentalität des Abhängigen eben – so wie er aufgewachsen war.

Ich bat ihn ganz höflich, mein Haus zu verlassen, und machte ihm klar, dass ich in Zukunft keinen Kontakt mehr mit ihm wünschte. Das brachte seine passive Aggressivität zum Ausbruch, die er bis dahin unterdrückt hatte. Er holte die Moralkeule hinter seinem Rücken hervor und begann sie zu schwingen: Was ich für ein Schwein sei, was für eine Frechheit, einen Schulkameraden hängen zu lassen, Hilfe zu verwehren, wenn sie jemand brauche, was ich für ein Unmensch sei, dass mich mein Erfolg wohl verdorben habe, dass ich ihm in seiner Situation helfen müsste, wie arrogant ich sei, dass er ein Recht darauf habe, angehört zu werden, was ihm Schlimmes passiert sei und so weiter.

Ich öffnete ihm die Tür, er trottete hinaus und fing immer wieder von vorn an. Er würde mir diesen Rauswurf sicher sehr nachtragen. Irgendwie musste ich dem ganzen Theater ein Ende setzen. Nur wie? Mir war klar, dass er meine Weltsicht niemals teilen würde – eine vernünftige Erklärung, dass sein Problem nicht in einem Geldmangel oder sonstigen Umständen im Außen bestand, sondern seine Einstellung zur Welt betraf, war völlig aussichtslos.

Nahrungsergänzungsmittel essen vor allem die, die sich ohnehin schon bewusst ernähren. Und die brauchen sie eigentlich gar nicht. Für die anderen hingegen, die sie brauchen könnten, ist es Teufelszeug. Hier war es nicht anders. Das, was ihm wirklich helfen könnte, würde er erst recht als Beweis seiner moralischen Überlegenheit umdeuten. Es ist enorm schwierig, sich über die Grenzen solch unterschiedlicher Wertesysteme hinweg zu verständigen. Um ihn irgendwie zu erreichen, musste ich auf seine Ebene hinuntersteigen und die Moralkeule schwingen. Und da gab es etwas.

Ich sagte:»Nach meinem Unfall gab es eine Zeit, in der es mir sehr, sehr schlecht ging ... Wo warst du da?«

Er zuckte zusammen. Schaute zu Boden. Und ging.

Heilsames Nein

Wenn man die Opfer, die Ohnmächtigen, die Blockierer, die Gutmenschen in die Verantwortung nimmt, kann man sie stoppen. Dann findet eine innere Reinigung statt. Das klare Nein entlädt die passive Aggressivität in einem offenen Ausbruch, und danach kann die Katharsis einsetzen. Sie hören auf zu zerstören, sobald man sie in die Verantwortung nimmt. Sobald Joschka Fischer als Minister in Amt und Würden war, begann sein langer Lauf zu sich selbst. Am Ende war aus dem destruktiven Steinewerfer und Nichtwähler, der versucht hatte, in der Belegschaft von Opel Rüsselsheim eine Revolution anzuzetteln, ein hochrespektabler, geachteter und verantwortungsvoller Staatsmann geworden, der insbesondere im Ausland großes Ansehen genoss.

Verantwortung ist der Schlüssel. Also genau das, was die aggressiven Opfer ablehnen. Aber sobald man ihnen die Außenprojektionsfläche entzieht und sie auf sich selbst zurückfallen lässt, sobald man ihnen den Fahrstuhl wegnimmt, auf dem sie innerlich nach oben fahren, um sich zu empören, sobald man sie unter großen Schmerzen mit ihren eigenen Defiziten konfrontiert und sie in die Verantwortung zwingt, beginnt die Heilung.

Verantwortung ist der Schlüssel.

So ergeht es auch den Griechen mit ihrer drohenden Zahlungsunfähigkeit. Wir Deutschen sind die ideale Projektionsfläche für den Hass und die Aggression der Griechen, die merken mussten, dass sie nicht mehr damit durchkommen, auf Kosten anderer zu leben. Wir sind ihr Feindbild. Warum? Wir haben das Geld, von dem sie bisher gelebt haben, und wir wollen es ihnen nicht mehr geben. Wir konfrontieren sie durch das Stoppen der gegenleistungslosen Versorgung mit ihrer eigenen Unzulänglichkeit, mit ihrem Gefühl der Minderwertigkeit. Das ist hart. Wir sagen: Helft euch selbst! Fangt an, zu erwirtschaften, was ihr ausgebt!

Das ist schmerzhaft. Dass griechische Zeitungen und Politiker uns nun als Nazis bezeichnen, ist erstens ein schlechtes Zeichen, nämlich ein Zeichen ihrer geistigen Unreife. Denn sie schaden sich selbst damit am meisten, wenn die Deutschen nicht mehr nach Griechenland in den Urlaub fahren, sondern nach Mallorca oder Antalya. Und zweitens ist es ein gutes Zeichen, nämlich ein Zeichen dafür, dass die Katharsis, die geistige Selbstreinigung, begonnen hat. Das ist hier wie in anderen Fällen auch: Der Alkoholiker verflucht die Angehörigen, die ihn zur Therapie schleppen. Im besten Fall folgt danach die Selbsterkenntnis, ein Alkoholiker zu sein, und damit ist die Voraussetzung für eine erfolgreiche Therapie gegeben. Und noch später kann der nun trockene Alkoholiker seinen Liebsten endlich danken, dass sie ihn gezwungen haben, sich mit seinem Problem auseinanderzusetzen.

Wenn das Nein hilfreicher ist als das Ja, wird es für den Helfer anspruchsvoll: gut dazustehen, ohne wirklich zu helfen, ist einfach. Schlecht dazustehen, sich beschimpfen zu lassen, obwohl man eigentlich hilft, das muss man erstmal aushalten. Hoffentlich bleibt unsere Regierung konsequent gegenüber den Griechen. Nicht um unser Geld zu schützen. Nein, um den Griechen zu helfen, den nächsten Schritt in Richtung mehr Selbstverantwortung zu tun.

Eine solche Zurückweisung wirft die Abhängigen auf sich selbst zurück. Das ist der Moment der Einsicht, des Innehaltens, der Selbsterkenntnis. Der Moment, wo sie beginnen nachzudenken – auch wenn das am Anfang noch überdeckt wird durch Zeter und Mordio. Der Entzug beginnt und damit die Heilung.

Entmachtete Macher

> Ich bin der Geist, der stets verneint.
>
> Mephistopheles

Macht ist teuer. Mitte des 18. Jahrhunderts führte die britische Krone kostspielige Kriege. Nicht genug damit, dass Großbritannien gemeinsam mit den Preußen und den Portugiesen gegen die Habsburger, die Franzosen und die Spanier um die Vorherrschaft in Europa kämpfte. Außerdem prügelten sich die Großmächte auch noch in Indien, in der Karibik, auf hoher See und in Nordamerika. Die königliche Staatskasse war leer, die Schulden stiegen. In dieser prekären Lage entwickelten sich ausgerechnet die 13 Kolonien in Nordamerika mehr und mehr zur finanziellen Belastung. Die direkten Kosten stiegen. Zuerst mussten die Franzosen in Nordamerika in einem aufwendigen Krieg besiegt werden, um die Existenz der Kolonien in der neuen Welt zu sichern. Und dann waren es vor allem die ewigen Konflikte der aggressiven Siedler mit den amerikanischen Ureinwohnern, die immer wieder eskalierten, sodass sich der britische König Georg III. gezwungen sah, jede Menge zusätzlicher Soldaten nach Nordamerika zu schicken, um die Siedler von den Ureinwohnern zu trennen. Doch die Siedler hielten sich nicht an die Verbote aus London, sie erschlossen immer weitere Gebiete, die sie den Stämmen abtrotzten. Von den britischen Soldaten schützen ließen sie sich trotzdem gern.

Von Dankbarkeit gegenüber der militärischen und finanziellen Macht aus der alten Heimat keine Spur. Die Kolonisten akzeptierten den Herrschaftsanspruch Englands immer weniger. Dass es die britischen Kolonien ohne die Siege der königlichen Truppen über die Franzosen und die amerikanischen Ureinwohner schon längst nicht mehr gegeben hätte, war ihnen egal. Sie waren Abhängige, aber sie sägten wie selbstverständlich an dem Ast, auf dem sie saßen. Sie hetzten gegen die Krone, sie spotteten über den König und seine Soldaten, sie tuschelten hinter vorgehaltener Hand. Aber aus der Deckung wagte sich kaum einer. Dabei war eigentlich schon zu diesem Zeitpunkt klar: Die Zeit der Mächtigen befand sich in der Auflösung. Was folgte, war nur die Manifestation dieser inneren Entmachtung im Außen.

Nach dem Ende des Siebenjährigen Kriegs 1763 war England finanziell stark angeschlagen. Und so beschloss das Parlament in London, in dem die Kolonisten zwar formal vertreten waren, auf das sie über die große Entfernung hinweg aber praktisch keinen Einfluss hatten, ganz rational, dass die Kolonien sich an den durch sie entstandenen Kosten beteiligen sollten. Zu diesem Zwecke wurden eine Zuckersteuer und eine Stempelsteuer erhoben.

Eigentlich eine faire Angelegenheit, die völlig legal und im Rahmen der damaligen Form von Demokratie zustande gekommen war. Die Belastung der Kolonisten durch die Steuern war zudem sehr gering: In England lag die Steuerlast für die Einwohner ungefähr 50-mal höher. Dennoch war die Empörung der amerikanischen Siedler riesengroß. Ihnen ging es nicht um die Sache, sondern um die Symbolik der ganzen Angelegenheit. Letztendlich lief es darauf hinaus, dass sie sich weigerten, den Machtanspruch des Mutterlands weiter anzuerkennen. Sie wollten einfach nicht beherrscht werden!

Dabei strebten die Kolonisten zunächst keineswegs die Loslösung von England und die Errichtung eines eigenen Staates an. Sie traten überhaupt nicht konstruktiv für irgendetwas ein, sondern sie nahmen nur eine radikale Verweigerungshaltung ein. Die Spannung stieg, Unruhen drohten.

Die Krone reagierte mit einer Machtdemonstration, nämlich der Verstärkung der Militärpräsenz. In Boston versuchten zweitausend Soldaten, die Aggressionen der Siedler zu unterdrücken. Das erhöhte aber nur den Druck im Kessel. Da genügte dann ein nichtiger Anlass, nämlich der Streit um die nicht bezahlte Perückenrechnung eines britischen Offiziers, um die Stimmung überkochen zu lassen. Die Siedler begannen, die englischen Truppen mit Dreck, Müll und Schneebällen zu bewerfen. Der Hass in den Siedlern, die sich aus ihrer eigenen Ohnmacht heraus zu moralischer Überlegenheit emporschraubten, muss extrem gewesen sein. Der Krawall eskalierte. Irgendwann flogen nicht mehr nur Schneebälle, sondern Steine, Stöcke und Eisstücke. Die Siedler begannen, Blockaden aufzuschichten und sich provozierend direkt vor die Soldaten zu stellen und sie anzuschreien. Es gab ein Handgemenge, ein Soldat wurde dabei zu Boden gezerrt, er gab vor lauter Angst einen Schuss aus seiner Muskete ab und schrie: »Feuer!« – kurz darauf waren drei Siedler erschossen und acht verletzt. Zwei der Verletzten starben später an ihren Schusswunden. Nun war es passiert! Ab hier gab es kein Zurück mehr. Ab diesem Moment waren die Siedler auch nach außen sichtbar Führungslose.

Angesichts der vergifteten Stimmung versuchte es der britische Finanzminister in Folge mit einem Kompromiss. Ihm ging es noch immer um die gerechte Sache, er erkannte nicht, dass mit den Kolonisten auf der Ebene von Vernunft und Sachlichkeit überhaupt keine Kommunikation mehr möglich war. Also hob er in Gottes Namen die direkten Steuern, gegen die sich die Siedler so sehr wehrten, wieder auf und führte stattdessen eine indirekte Abgabe ein, nämlich über Zölle auf die Einfuhr von Artikeln des täglichen Gebrauchs wie Leder, Papier und Tee nach Nordamerika. So mussten die Siedler nicht mehr direkt Geld an den Steuereintreiber bezahlen, sondern hatten ihren Finanzierungsbeitrag indirekt über höhere Warenpreise zu leisten.

Das heizte die Aggressionen der Siedler aber nur noch mehr an. Sie taten, was Führungslose immer tun: Sie schlossen sich zusammen, zu Gruppierungen wie den »Söhnen der

Freiheit«. Und sie hetzten, sabotierten, stellten sich quer, blockierten. Sie organisierten Boykotte britischer Waren und den Schmuggel derselben. Die Proteste waren so laut, dass sie bis nach London drangen und das Parlament veranlasste, nun auch die Zölle wieder zurückzunehmen. Bis auf die Teesteuer. Hätten die Briten nämlich sämtliche Steuern aufgehoben, wäre das ein Gesichtsverlust ohnegleichen gewesen. Irgendwie musste die formale Machtstellung doch noch aufrechterhalten werden. Die Teesteuer wurde als Symbol für die alten Machtverhältnisse weiterhin erhoben. Es ging ums Prinzip. Die Briten wollten nun die Zuspitzung auf die Machtfrage. Und sie bekamen sie. Natürlich nicht in einer offenen Konfrontation, sondern in der typischen Art der Führungslosen – mittels einer verdeckten, nächtlichen, symbolischen Aktion. Am 16. Dezember 1773 verkleideten sich ungefähr 50 Bostoner Bürger als Indianer, drangen unter Triumphgeheul in den Hafen ein, kletterten auf die vor Anker liegenden Schiffe und warfen systematisch den Tee, den sie dort fanden, ins Hafenbecken. Insgesamt 45 Tonnen. Um das Hafenbecken herum standen tausende staunende Zuschauer, die nicht wussten, ob sie die Symbolhandlung bejubeln oder sie aus Angst von den Konsequenzen verhindern sollten. Der Vorfall ging als »Boston Tea Party« in die Geschichte ein.

Der Vorfall ging als »Boston Tea Party« in die Geschichte ein.

In der Folge wurden in ganz Nordamerika weitere Tea Partys gefeiert: Tee wurde verbannt, Wirtshäuser, die Tee verkauften, wurden demoliert, Händler wurden gezwungen, ihren Teebestand zu vernichten. Überall wurde verbreitet, Tee sei gesundheitsgefährdend und solle nicht mehr getrunken werden. Es ging nun mal nicht um Wahrheit, Ehrlichkeit oder Gerechtigkeit. Es ging um die Entmachtung der Mächtigen. Und dazu war jedes Mittel recht. Die Amerikaner begannen, Milizen aufzustellen. Die Briten sendeten Truppen nach Amerika. Es folgte das Unausweichliche: Krieg.

Gefährliches Spiel

Die Geschichte der Entmachtung Großbritanniens in Nordamerika zeigt in ihrem Anfang alle Merkmale des Kampfes zwischen Machern und Führungslosen, so wie wir ihn in immer neuen Varianten anhand von Einzelfällen und nun auch auf gesellschaftlicher Ebene in Mitteleuropa beobachten können. Sie zeigt auch: Die passive Aggressivität der Führungslosen ist gefährlich. Sie führt letztendlich immer zum Ausbruch von Gewalt, zu Ungerechtigkeit, zu Unmenschlichkeit. Dabei operieren die Führungslosen stets unter dem Deckmantel der Friedensliebe, Gerechtigkeit und Menschlichkeit. Oft führen aber diejenigen, die sich am lautesten über Ausbeutung und Unrecht empören, die größten Ungerechtigkeiten im Schilde. Nur eben keine offenen Ungerechtigkeiten, sondern verdeckte, wie etwa eine so hohe Verschuldung, dass sie zu Lebzeiten nicht mehr getilgt werden kann; und das ist nichts anderes ist als die Ausbeutung nachfolgender Generationen. Dass im Namen der Gerechtigkeit insgeheim Ungerechtigkeit gefordert wird, zeigt sich aber immer erst, wenn man die Gesamtzusammenhänge betrachtet und durchschaut.

Diejenigen, die am lautesten »Nie wieder Krieg!« schreien und sich gegen die Gewaltherrschaft des militärisch-industriellen Komplexes auflehnen, sind im Verborgenen und vermummt oft erstaunlich gewaltbereit, indem sie etwa Körperverletzung, Landfriedensbruch, Diebstahl oder Sachbeschädigung begehen. Der junge Joschka Fischer ist dafür ein Beispiel, die Rote Armee Fraktion ein noch extremeres.

Und diejenigen, die den Machern am lautesten Unmenschlichkeit und unmoralisches Verhalten vorwerfen, vergreifen sich selbst in ihren Verhaltensweisen oft erheblich und werden ihren eigenen Ansprüchen nicht gerecht. Wenn beispielsweise die Journalistin Mely Kiyak in der »Frankfurter Rundschau« gegen den ihrer Ansicht nach unmenschlichen Autor Thilo Sarrazin hetzt, tut sie das in bester Tradition der Führungslosen auf menschenverachtende Art und Weise, indem sie ihn als »lispelnde, stotternde, zuckende Menschenkarikatur« bezeichnet. Das ist nun wahrlich kein schlagendes Sachargument, und selbst wenn die Journalistin nicht wusste, dass Sarrazin seit einer Tumor-Operation unter einer teilweisen Gesichtslähmung leidet, die ihm das Sprechen erschwert, ist die unwürdige Beschreibung dennoch ein Schlag unter die Gürtellinie, die mehr über die Journalistin aussagt als über den Autor.

Aber so ist das in Zeiten der Führungslosigkeit. Die Vertreter der alten Macht werden massiv bekämpft, allerdings nicht, um im Widerstreit der Systeme besiegt und durch eine neue Macht ersetzt zu werden, sondern um der Entmachtung als Selbstzweck willen. Auch die Aufstände und Proteste im Arabischen Frühling zeigen diese Merkmale. Das »weg von« ist stärker als das »hin zu«. Nur irgendwie raus aus dem Beherrscht-Werden – ob das dann in eine Demokratie nach westlichem Vorbild münden soll oder doch eher in einen islamistischen Gottestaat, das weiß keiner so genau. Es entsteht ein gefährliches Vakuum. **Es entsteht ein gefährliches Vakuum.** Verschiedenste Randgruppen versuchen das auszunutzen.

In so einem Zwischenstadium stehen einander nicht Macht und Gegenmacht gegenüber, sondern Macht und Antimacht. Die Independenten, die Unabhängigen, die sich selbst ermächtigenden Macher auf der einen Seite und die Dependenten, die Abhängigen, die Verantwortung ablehnenden Führungslosen auf der anderen Seite.

Die Independenten merken irgendwann, dass sie doch nicht so unabhängig sind, wie sie dachten. Denn sie brauchen andere Menschen. Einerseits, um ihre großen Werke zu vollbringen, andererseits um bewundert und wertgeschätzt zu werden. Ihre Macht ist zu Ende, sobald sich keine Willfähigen mehr finden, die sich ihnen unterordnen. Sie sind erpressbar, man kann sie bestreiken und sie moralisch verfolgen. Macher sind nicht in der Lage, Menschen zu führen. Sie dominieren sie stattdessen und zwingen sie zum Gehorsam. Solange, bis die Abhängigen sich widersetzen, und dann sind die Macher sehr schnell am Ende.

Die anderen, die Dependenten, sind nicht am Ende, weil sie gar nicht erst an den Start gehen. Sie sind nur gegen alles, niemals für etwas, sie beziehen ihr Selbstverständnis aus der Opposition. Sie wollen nur eins: nicht geführt werden, vor allem nicht dominiert werden. Sie errichten nichts Neues, sondern sie zerstören das Alte. Sobald sie aber in die Verantwortung gezwungen werden, beispielsweise, weil der Hunger sie dazu treibt oder sie ihr Leben gegen feindliche Truppen verteidigen müssen, beginnen sie, die Konsequenzen ihrer Verweigerung zu spüren und unweigerlich zu tragen. Ab dem Moment lässt ihre Empörung schlagartig nach, und sie sind keine Führungslosen mehr.

Independent oder dependent, beides hat keine Zukunft. Denn beide Gruppen wollen ja im Prinzip das Gleiche: maximalen Einfluss. Nur eben die einen offen und die anderen im Verborgenen. Und beide wollen diesen Einfluss so sehr, dass er ihnen am Ende aus den Händen gleitet. Die einen dominieren aus ihrer Stärke heraus und bauen rücksichtslos auf, immer höher, schneller, weiter, so lange, bis alles zusammenbricht. Die anderen empören sich und entwürdigen die anderen aus ihrer eigenen Schwäche heraus und zerstören das, was sie fertig aufgebaut übernommen haben, ohne Rücksicht auf die eigene Zukunft.

Beides geht auf Dauer nicht gut. Aber wie soll man das auflösen? Prallen beide Seiten aufeinander, gibt es Gewaltausbrüche. Keine der beiden Seiten ist für die Argumente der jeweils anderen Seite zugänglich. Jede will recht haben.

Die eine Seite, die der independenten Macher, ist hervorragend darin, sich materiell selbst zu versorgen, andere zu besiegen und im Zweikampf zu gewinnen, sich durchzusetzen, und sei es auf Kosten anderer. Sie wissen, wie das Spiel funktioniert, können planen und strategisch handeln, sind clever und haben das Wissen. Das Heil der Gemeinschaft liegt für sie in ihrer individuellen Stärke. Sie sind fähige Individualisten.

Die andere Seite, die der dependenten Führungslosen, schließt sich in Gemeinschaften zusammen und erklärt sich aus dieser Perspektive die für sie unverständliche Welt, sie ordnen sich gerne unter, sobald ihnen jemand sagt, was sie tun sollen, und ihre Versorgung übernimmt. Sie streben nach Gleichheit und Ausgleich für alle und wollen nicht, dass es irgendjemandem relativ schlechter geht, was impliziert, dass es auch niemandem relativ besser gehen darf. Das Heil der Gemeinschaft liegt für sie in einem System, das Macht verhindert und Geld umverteilt. Sie sind durch und durch Kollektivisten.

Beide Seiten irren sich in ihrem Absolutheitsanspruch. Die Macher, die glauben, sie könnten alles allein, enden einsam und verbittert. Die Führungslosen, die glauben, dass die Welt ein besserer Ort wird, sobald man einen Geldsack um sein Vermögen gebracht hat, enden arm und desillusioniert. Beide Seiten können nicht miteinander, aber auch nicht ohne einander. Die Macher sind ohne ihre Abhängigen nichts, und die Führungslosen brauchen für ihr Selbstverständnis ein Feindbild: die Macher.

Beide Perspektiven sind Ausprägungen derselben Egozentrik, einmal offen und einmal verdeckt. Die beiden Gruppen werden niemals miteinander klarkommen, und sie werden auf Dauer auch in der Welt nicht klarkommen. Denn beide schaffen es nicht, über den Tellerrand ihrer eigenen Weltanschauung zu blicken. Ihre Weltanschauung ist zu klein – die Realität ist viel größer.

Sobald die Realität jenseits des Tellerrandes Einzug hält, explodiert das Pulverfass. Decken Sie einmal in irgendeinem mittelständischen Unternehmen mit über hundert Mitarbeitern die Gehälter aller Mitarbeiter auf. Was folgt, ist Mord und Totschlag. Sobald Sie den Schleier, der die Wahrheit verbirgt, lüften, sobald Sie das Informationsmonopol der Macher auflösen, gehen die Abhängigen auf die Macher los. Die Wahrheit, die klärende Realität ist, dass Gehälter nicht gleich sind. Sie dürfen nicht gleich sein, weil das ungerecht wäre. Denn die Leistungsfähigkeit, der erbrachte Nutzen und die Verantwortung der Mitarbeiter sind ja auch nicht gleich. Gehälter bilden im Durchschnitt ziemlich genau ab, wie wichtig ein Job für die Allgemeinheit ist. Und auch wenn das keinem gefällt: Jobs mit großer Austauschbarkeit verlieren an Wert. Jobs, in denen einzigartige und seltene Fähigkeiten gefragt sind, haben einen hohen Wert. In der Ungleicheit eines Erzieherinnengehalts und eines Fußballnationalspielergehalts beispielsweise spiegelt sich die tatsächliche Wertschätzung der Gesellschaft wider. Moral hin oder her, es ist so. Diese faktische Ungleichheit ist aber bei den Abhängigen tabuisiert: Es kann nicht sein, was nicht sein darf.

Der Pragmatismus der rationalen Macht prallt auf den irrationalen Idealismus der Ohnmächtigen. Und sobald man das hauchzarte Tuch, das beide Seiten füreinander blind macht, wegzieht, gehen sie einander an die Gurgel. Da beide Seiten glauben, ihre Weltsicht sei die einzig wahre, gibt es keine Möglichkeit der Verständigung.

Wie soll man das nun überwinden? Wenn beide Konzepte keine Zukunft haben, wie kommen wir dann über die beiden unzulänglichen Stadien des Menschseins hinweg?

Wie soll man das nun überwinden? Wie soll es von hier aus weitergehen? Irgendwie muss es doch möglich sein, die verborgenen und verlogenen Ecken auszuleuchten, ohne dass uns das blockiert.

Dunkle Ecken

Geld, Macht und Sex – die einen verheimlichen es, die anderen tabuisieren es. Das Gehalt und das Vermögen eines reichen Machers kann immer nur geschätzt werden. Wo er seine Finger drin hat und welchen Politiker er wie genau kennt, weiß man nicht. Und die Bunga-Bunga-Partys finden im Verborgenen statt. Für die Führungslosen ist reich sein an sich bereits ein moralisches Vergehen. Ein hohes Einkommen oder ein großes Vermögen machen einen Menschen für sie schon von vorneherein verdächtig. Viel Geld haben ist tabu, denn im Mangeldenken der Führungslosen lässt sich Geldbesitz nur dadurch erklären, dass es anderen, die jetzt zu kurz kommen, weggenommen worden ist. Genauso negativ wird von ihnen Macht wahrgenommen, zwischen Macht und Verbrechen sehen sie einen fließenden Übergang, beides lässt sich für sie nicht auseinanderhalten. Sex ist für sie grundsätzlich ein Quell der Ausbeutung der Frau. Männer, die ihre sexuelle Potenz ausleben, sind Machos und damit schlechte Menschen. Und Frauen, die sich nicht von vorneherein wie ein Kaktus geben, sind deren potentielle Opfer. Der weibliche Sexualtrieb wird tabuisiert, und der männliche Sexualtrieb wird stigmatisiert.

Aber Verheimlichen und Tabuisieren bewirken niemals Hilfreiches. Verdrängte und tabuisierte Sexualität sucht sich ihr Ventil. Ein furchtbares Beispiel dafür sind die zahllosen Fälle von Kindesmissbrauch durch Geistliche, die sich dem Zölibat unterworfen haben, die aber nicht per Dogma zu asexuellen Wesen mutieren können. Unter dem Tabu wird ihr Trieb pathologisch. Die monströsen heimlichen Sexpartys des ehemaligen italienischen Ministerpräsidenten Silvio Berlusconi oder der Leibwächter von Barack Obama oder des französischen Exministers Dominique Strauss-Kahn oder der Verkaufsmannschaft der Versicherung Ergo sind damit zwar nicht auf eine Stufe zu stellen, denn keine der Prostituierten wurde zum Sex gezwungen, aber sie sind skurril und entwürdigend, insbesondere für die Lebenspartnerinnen der durchgeknallten Männer.

Ebenso verlogen ist der Umgang mit Macht. Die einen verheimlichen sie, die anderen tabuisieren sie. Macht an sich ist weder gut noch böse. Sie ist einfach ein Prinzip des menschlichen Miteinanders, und sie ist notwendig, um etwas in der Welt zu verändern. Wer einerseits Macht verneint und andererseits die Welt verbessern möchte, ist einfach unaufrichtig. Denn das eine geht ohne das andere nicht. – Das ist die eigentliche Krux der Ohnmächtigen. Während die Macher so aufrecht, starr und steif sind, bis sie zerbrechen, sind die Führungslosen so krumm und unaufrichtig, so verbogen und hintenrum, dass ihre Taten in einem fort ihren Worten Hohn sprechen. Sie sind zur Selbsterkenntnis unfähig, weil sie die Augen vor sich selbst verschließen.

Macht ist für sie das Allerschlimmste, das ist besonders ausgeprägt in Deutschland. Da Macht im Dritten Reich in unglaublichem Ausmaß missbraucht wurde, ist die Dringlichkeit, den Missbrauch von zu viel Macht für eine Person in alle Ewigkeit zu verhindern, hierzulande besonders groß. Und das ist ja auch verständlich. Aber wenn die kollektive Schuld zu einem Reflex führt, der jegliche Macht komplett verhindern will – weil Machtlosigkeit die beste Form zu sein scheint, um Machtmissbrauch zu verhindern –, dann ist das einfach nur idealistisch und realitätsfern. Denn Macht lässt sich genauso wie das Geld oder der Sexualtrieb nicht vernichten, sie lässt sich höchstens anders verteilen. Und wenn man den offenen Umgang mit ihr verunmöglicht, sucht sie sich andere Wege.

Macht ist wie ein Messer. Sie ist wie ein Werkzeug, das sich einsetzen lässt, um die eine oder die andere Wirkung zu erzielen, aber an sich ist sie neutral. Ein Messer kann verwendet werden, um ein Stück Brot zu teilen – oder um jemanden den Hals durchzuschneiden. Aber ein Messer ist deswegen nicht böse. Es ist mit der Macht wie mit dem Beton: Es kommt drauf an, was man draus macht.

Gerade wir in Deutschland, gerade weil wir Kinder, Enkel und Urenkel derjenigen sind, die ihre Macht exzessiv missbraucht haben, müssen uns an die Macht wieder heranwagen. Wir müssen lernen, mit ihr bewusst, offen und ehrlich umzugehen, damit sie nicht verdrängt im Untergrund wieder Schaden anrichtet. Und dazu gehört es auch, offen anzuerkennen, wenn einer mit seiner Macht verantwortungsvoll umgeht. Weil sein Verantwortungsgefühl größer ist als sein Einflussstreben.

Die Führungslosen sind darin unglaublich schlecht. Dabei versucht schon jeder mittelmäßige Schreiberling, seinen Einfluss für seine persönlichen Zwecke einzusetzen, eine Sensation herbeizugieren oder einen Mächtigen in die Pfanne zu hauen – und merkt nicht, wie egoistisch er seine eigene Macht einsetzt. Indem jemand einem anderen die Macht wegnehmen möchte, verleiht er seinem eigenen Machtstreben Ausdruck. Indem sie ihre eigene **Indem jemand einem anderen die Macht wegnehmen möchte, verleiht er seinem eigenen Machtstreben Ausdruck.** Macht ignorieren und gleichzeitig die Macht der »da oben« bekämpfen, verhindern die Führungslosen den offenen und ehrlichen Umgang mit der Macht – unter dem Banner vermeintlicher Objektivität. Umgekehrt gilt aber: Je mehr sie sich ihrer radikalen Subjektivität bewusst wären, desto objektiver wären ihre Aussagen tatsächlich. Wer sich selbst für objektiv hält, versperrt sich seine Sicht auf unbewusste Prägungen, welche seine Wahrnehmung steuern. Er unterschätzt seine innere emotionale Sensibilität. Wer dagegen darum weiß, der ist sehr vorsichtig mit seinen Wahrnehmungen und Einschätzungen. Gerade diese Unsicherheit kann zu einer zweifelnden Sicherheit der Wahrnehmung führen. Der objektive Blick nimmt zu. Ein Beispiel: Ein ehrgeiziger

Karrierist sieht vor allem die Verfehlungen seines Vorgesetzten, dessen Position er will. Seine Gier auf die Position lässt ihn primär die Verfehlungen des Chefs wahrnehmen. Wüsste er um seine Motive, könnte er besser zwischen persönlicher Interpretation und realem Gesamtblick unterscheiden. Das wäre hilfreich für die Beziehung zum Chef, die eigene Karriere und für das ganze Unternehmen. Das lässt sich an jedem beliebigen Gegenstand durchdeklinieren. Nehmen Sie den aktuell festzustellenden Boom des Leiharbeitssektors. Aus der Perspektive der Macher ist Leiharbeit ein geniales Steuerungsinstrument, um die Schwankungen von Angebot und Nachfrage auffangen zu können. Die Märkte werden immer unberechenbarer, und Nachfragespitzen folgen immer enger auf Nachfragetäler. In einer solchen Situation wird die Produktionssteuerung extrem schwierig, denn die meisten Organisationen sind auf einen relativ konstanten Ausstoß an Produkten ausgelegt. Somit ist Leiharbeit ein wertvolles Instrument, um die Spitzen aufzufangen, ohne die Stammbelegschaft zu überfordern. Unterm Strich lässt sich so aus Sicht des Managements die Auslastung optimieren und der Profit maximieren.

Die Stammbelegschaft und ihre gewerkschaftlichen Interessenvertreter wollen einerseits keine Überstunden machen, sondern tendentiell eher ihre Arbeitszeit verkürzen – bei vollem Lohnausgleich natürlich. Andererseits wollen sie die Arbeit auch nicht einfach hergeben. Sie stehen in einem Konkurrenzverhältnis zu den Leiharbeitern und betrachten diese mit größtem Argwohn. Am liebsten wäre es ihnen ohnehin, wenn es weder diese blöden Leistungsspitzen noch die blöden Leiharbeiter gäbe. Nun ist es aber so. Also braucht es dafür Schuldige, und das sind dann natürlich die Manager, die ihren Job nicht richtig machen. Leiharbeit ist für die Führungslosen Pest und Cholera zugleich, einfach unmoralisch und gehört abgeschafft, denn was anderes als Ausbeutung soll das sein? Die Leiharbeiter werden von den bösen Kapitalisten ausgesaugt und wieder ausgespuckt. Die sicheren Arbeitsplätze werden durch unsichere ersetzt, damit die Kapitalisten ihren Wolfshunger auf Kosten der Arbeiterklasse stillen können. Nein, an der Leiharbeit ist für die Führungslosen nichts Positives zu finden.

Der Effekt beider Perspektiven ist, dass wir über den pragmatischen Gebrauch des Instruments Leiharbeit nicht sachlich diskutieren können. Wenn die Leiharbeit nun mal da ist, müsste es doch das Ziel sein, sie zum Wohle des ganzen Unternehmens inklusive des Managements und der Belegschaft einzusetzen, um bestehende Probleme zu lösen. Die Frage wäre, wie sich das am besten organisieren ließe, wie viel sinnvollerweise ein Leiharbeiter bezahlt bekommt und so weiter. Stattdessen gibt es Grundsatzdebatten darüber, ob das Instrument gut oder böse ist. Wieder ein Fall von mangelnder Differenzierungsfähigkeit.

Was haben wir von Grundsatzdebatten darüber, ob das Messer oder die Gentechnologie oder die Atomkraft oder die Stammzellenforschung oder die Windkraft gut oder böse ist?

Der Ast ist ab!

Vor Jahren gab es in der Firma, in der ich als Produktmanager angefangen hatte, einmal eine Situation, die mir im Rückblick klar vor Augen führt, was passiert, wenn Führungslose Grundsatzdebatten anzetteln. Damals kamen neuen CNC-Werkzeugmaschinen mit einer großen Anzahl unterschiedlicher Werkzeuge auf. Wir haben Produkte für die häusliche Pflege produziert und an Sanitätshäuser vertrieben. Pflegebetten, Personenlifter, Rollatoren, Rollstühle. Das war damals eine sensationelle Innovation, die die alten Drehbänke und die computergesteuerten Maschinen mit nur einem Werkzeug völlig überflüssig machte. Natürlich, alte Arbeitsplätze verschwanden und damit auch die alten Kenntnisse und Fertigkeiten. Aber die neuen Maschinen mussten bedient werden. Das eröffnete für manchen die Chance auf einen höherqualifizierten Arbeitsplatz.

Die Chefetage wusste, dass sie an dieser Innovation nicht vorbeikam. Zu groß waren die Kostenvorteile in der Produktion. Die ersten Maschinen wurden geordert. Sensationelle Teile, die auch Aluminium bearbeiten konnten. In der Belegschaft regte sich Widerstand. Eine Grundsatzdebatte setzte ein, denn für einige war klar, dass diese Teufelsdinger Arbeitsplätze vernichteten. Niemand wollte durch eine Maschine ersetzt werden. Der Chef wollte am liebsten alle zehn in Frage kommenden Mitarbeiter auf die CNC-Schulung schicken. Verpflichtend. Doch das war genau das, was einige Führungslose im Unternehmen nicht wollten: Sie wollten nicht akzeptieren, dass ihnen einfach so jemand anordnet, auf eine Schulung zu gehen. Das könne man doch nicht machen, sagten sie. Das sei schließlich Sache jedes Einzelnen. Und manche hätten eben große Aversionen gegen die neue Technik, die könne man doch nicht einfach zwingen.

Es wurde palavert und diskutiert. Denn in so einem Management sitzen ja nicht nur Macher, auch dort sind Führungslose in großer Zahl vertreten – und die setzten sich schließlich durch: Es wurde beschlossen, dass jeder, der wollte, freiwillig auf die Schulung gehen konnte. Fünf erkannten die Chance. Die anderen fünf erkannten die Bedrohung, verschlossen die Augen davor und machten einfach weiter wie bisher. Als ob sich nichts in der Welt verändert hätte. Das war zunächst der bequemere Weg: Sie mussten sich nicht anstrengen, mussten sich nicht strecken, genossen ihre Freiheit, lästerten über die fünf Streber und freuten sich, dass eine Ebene über ihnen jemand schützend die Hand über sie hielt.

Diese Schlauberger, die sich im Führungskreis erfolgreich dagegen gewehrt hatten, dass Mitarbeiter einfach gegen ihren Willen irgendwo hingeschickt wurden, diese vermeintlichen Vorkämpfer für Freiheit und Gerechtigkeit fühlten sich in diesem Moment sehr gut. Natürlich, sie hatten sich durchgesetzt. Sie hatten den Mächtigen gezeigt, was eine Harke ist. Und sie wähnten sich in der moralisch überlegenen Position.

Sie hatten den Mächtigen gezeigt, was eine Harke ist.

Es waren Leute, die ich gern als Phase-III-Leute bezeichne. Die Phase I ist die Phase der Neulinge. Das sind Mitarbeiter, die sich durch enorm hohes Engagement auszeichnen und damit ausgleichen, dass sie von Tuten und Blasen keine Ahnung haben. Ihnen fehlt die Kompetenz. Sie sind wie frisch Verliebte: voller Begeisterung für die neue Liebe, aber blind für die Schwächen des anderen.

Irgendwann nimmt die Kompetenz zu, und sie kommen in Phase II, das heißt, die Ernüchterung über die Realität kommt so langsam durch. Sie bemerken, wie anspruchsvoll ihre Aufgabe ist, wie sehr sie sich anstrengen müssen, um ihr gerecht zu werden, und dass in diesem Job auch nicht alles Friede, Freude, Eierkuchen ist. Das ist wie bei einem Paar, bei dem die erste Verliebtheit so langsam nachlässt. Man bemerkt, dass der andere auch manchmal schnarcht, einen Pickel am Hintern hat und auf die Toilette geht. Wie andere Menschen auch. Das Engagement leidet.

Danach kommt Phase III. Inzwischen kennen sich die Leute in ihrem Job richtig gut aus, es sind echte Könner. Volle Kompetenz, aber mit wenig Engagement. Das heißt, sie wissen auch genau, wie man mit möglichst wenig Energieaufwand durchkommt. In dieser Phase kommen die schlauen Sprüche. Sie lehnen sich in Meetings mit verschränkten Armen zurück, geben die klugscheißenden Beobachter und erinnern dabei an Statler und Waldorf, die beiden alten Nörgler aus der Muppet Show, die vom Balkon auf Kermit den Frosch herunterschauen und ablästern. Sie wollen zwar durchaus Einfluss nehmen und etwas zu sagen haben. Und sie haben ja auch etwas zu sagen, sie haben ja durchaus Ahnung und Erfahrung, aber ihre Einsatzbereitschaft liegt bei null. Alles besser wissen, das wollen sie schon, Verantwortung wollen sie aber keine. Und sie denken, dass sie schon am Ziel sind. Sie sehen überhaupt nicht, dass als nächstes Phase IV dran wäre: hohe Kompetenz gepaart mit hohem Engagement. Von einer solchen Phase-III-Sorte also waren die führungslosen Führungskräfte damals in meinem Unternehmen, die sich als Vorkämpfer der freien Entscheidung inszenierten. Sie wollten sich nichts befehlen lassen, setzten sich zusammen mit ihren Anhängern auf den Ast und sägten gemeinsam. Innen saßen die schlauen Führungslosen, außen saßen die fünf schlauen Mitarbeiter, und zwischen ihnen lief die Säge, ritscheratsche. Sie wussten nicht, wie dünn der Ast war. Schon ein Jahr später war er ab.

Die Welt veränderte sich rasend schnell, wie immer, wenn bahnbrechende Technologien den gemächlichen Fluss der steten Entwicklung mit einem Ruck zerreißen. Die neue Technologie sorgte für eine ganz neue Konkurrenzsituation draußen im Markt. Wer CNC-Maschinen einsetzte, konnte schneller und preisgünstiger produzieren und dadurch im Kampf um die Kunden bestehen. Die anderen waren einfach weg vom Fenster. Das Unternehmen konnte darum nun nur noch Mitarbeiter beschäftigen, die in der Lage waren, diese Maschinen zu bedienen. Die anderen konnte sich das Unternehmen nicht leisten. Sie wurden entlassen.

Während alle auf die bösen Manager schimpften, schauten die schlauen Führungslosen erschrocken an dem Aststumpf neben sich herunter, wo gerade noch die schlauen Mitarbeiter gesessen hatten. Hoppla! Die Führungslosen waren sich keiner Verantwortung bewusst. Sie duckten sich weg, und keiner hat sie behelligt. Die Diskussionen waren vorbei, als ob es sie nie gegeben hätte. Und der Zug war abgefahren.

Wenn sich der Pulverdampf verzogen hat

Die Entmachtung der Macher ist hässlich, destruktiv, verlogen, und immer gibt es dabei echte Leidtragende. Trotzdem hat sie etwas Gutes: Zwar bringt sie selbst nicht die Transformation, die Weiterentwicklung, das Neue, aber sie öffnet den Raum dafür. Ein Extrem prallt aufs andere, es knallt, und alles löst sich auf. Und mit einem Mal ist da Luft für neue Ideen, für eine Integration der Gegensätze auf einer neuen Ebene.

Im Falle der entwürdigenden Angriffe auf die Männer durch die Frauenbewegung, der die Feministin Alice Schwarzer mit wehender Emma-Fahne voranschritt, wurde es unmöglich, in alten Rollenmustern weiterzuleben, sowohl für die Männer als auch für die Frauen. Neue Lösungen kamen dadurch nicht ins Spiel. Schwarzer ging es über weite Strecken ihres Wirkens nur darum, Männer zu diskreditieren, zu verunglimpfen und zu Karikaturen herabzuwürdigen. Ein »weg von«, nirgends ein »hinzu«. Heute haben viele Paare diese Grabenkämpfe überwunden und erkennen, wie groß das Geschenk des geschlechtlichen Gegenpols sein kann. Zuerst war Männer gegen Frauen. Dann Frauen gegen Männer. Und heute Frauen mit Männern. Oder anders: Pol – Gegenpol – Transformation.

Zu echten Lösungen trug die erste Phase der Emanzipationsbewegung überhaupt nichts bei. Vielmehr schuf sie große Verunsicherung und eine Überforderung beider Geschlechter, die sowohl Männern als auch Frauen die komplette Außenwelt der Arbeit und des Geldverdienens aufbürdete als auch die komplette Innenwelt des Privaten mit Haushalt und Kindererziehung. Dass die Scheidungsraten, die Raten von psychischen Erkrankungen und Burnouts explodierten und die Geburtenraten in den Keller gingen, geschah zur gleichen Zeit, als die Machtbasen der Männer geschleift wurden. Ich glaube nicht, dass das ein Zufall ist.

Männer und Frauen sind heute zwar formal freier, aber nach wie vor in sich gefangen und miteinander nicht glücklicher als noch vor der Emanzipationsbewegung. Die Feministinnen haben das Alte zerstört, aber außer Verunsicherung nichts Neues aufgebaut. Die 68er haben die Geschlechterrollen zertrümmert – ohne Lösungen bereitzuhalten. Die Bewegung war im Kern destruktiv – führungslos. Aber trotzdem sollten wir ihr heute dankbar sein. Das Durchleben von Extremen ist nun einmal eine Notwendigkeit vor der nächsten Transformation.

Denn die Zerstörungskraft einer Alice Schwarzer gibt uns heute die Möglichkeit, differenzierter an das Thema heranzugehen. Heute haben Männer und Frauen die Möglichkeit, auf den Splittern althergebrachter Biographien ganz neue Beziehungsverträge zu schließen und neue Rollenverteilungen einzuüben. Wir müssen erst lernen, mit der Freiheit der Geschlechter umzugehen, aber so langsam sehen wir die Lösungen, sowohl im Beruflichen als auch im Privaten, ohne dass Männer zu Schluffis und Frauen zu Mannweibern mutieren müssen. Es braucht nur Zeit, mit der neuen Verantwortung umgehen zu lernen.

Wir müssen erst lernen, mit der Freiheit der Geschlechter umzugehen.

Pol und Gegenpol zerren aneinander. Wer beide Pole durchlebt hat, schafft es auf eine höhere Ebene – auf der die Probleme dann gelöst werden können. Das beinhaltet einen Abschied von alten Positionen. Wir müssen in diesem Sinne inkonsequent zu unseren früheren Einsicht werden. Mahatma Gandhi sagte dazu weise: »Konsequenz ist keine absolute Tugend. Wenn ich heute eine andere Einsicht habe als gestern, ist es dann für mich nicht konsequent, meine Richtung zu ändern? Ich bin dann inkonsequent meiner Vergangenheit gegenüber, aber konsequent gegenüber der Wahrheit.«

Was ist der nächste Erkenntnisschritt auf dem Weg zur Wahrheit? Nachdem die hitzigen Macher die Grundlagen aufgebaut haben und die aufgeregten Führungslosen sie ihnen aus den Händen geschlagen haben, ist es Zeit geworden für eine wahrhaftigere, abgeklärtere, nüchternere Zeit. Nicht nur die Ära der Macher ist vorbei, auch die Zwischenperiode der Führungslosen ist bereits zu Ende. Ich erkenne das allerorten daran, dass die Leute aus den Fahrstühlen der Empörung aussteigen. In der weit verbreiteten Unsicherheit treten plötzlich ganz neue Führungsfiguren auf. Das sind lässigere, abgeklärtere, smartere, gelassenere Menschen, die sich nicht mehr so aufgeblasen und wichtigtuerisch gerieren, die unaufgeregter, bescheidener sind, die sich nicht mehr als Helden aufspielen, mehr Überblick und einen längeren Atem haben.

Sie sagen von vorneherein: Ich habe Schwächen. Ich habe Ängste. So wie Bundespräsident Joachim Gauck bei seinem Amtsantritt. Die Überidealisierung greift nicht mehr, die Lager werden überwunden. In den öffentlichen Ämtern, vom Bürgermeister bis zum Bundespräsidenten, werden plötzlich Persönlichkeiten wählbar, die Sympathien über alle Parteigrenzen hinweg auf sich ziehen. Die Zeit, in der man in der Politik nur als Parteisoldat, ob links oder rechts, eine Chance hatte, neigt sich dem Ende zu. Gerade die typischen Karrieristen, die sich aalglatt in einer Partei oder Firma hochdienen, werden heute kritischer beäugt. Ehrlichkeit und Authentizität werden wichtiger als die totale Übereinstimmung von Positionen.

Interessante neue Kommunikationsstile entwickeln sich. Schauen Sie sich einmal an, wie ein Jogi Löw und die neue Generation von Bundesligatrainern wie Jürgen Klopp, Thomas Tuchel, Lucien Favre oder Mirko Slomka heute reden, und vergleichen Sie das mit ihren Vorgängern. Plötzlich reden da Leute vor laufender Kamera geradeheraus, bieten Ecken und Kanten – und bleiben dabei bescheiden und verzichten darauf, sich aufzuplustern, herumzupoltern oder etwas vorzuspielen.

Immer mehr Menschen weigern sich, die Empörungswellen mitzumachen und sich ideologisch instrumentalisieren zu lassen. Fünf Beispiele dafür. Das erste: Helmut Schmidt raucht Zigaretten. Auch öffentlich. Na und? Immer mehr Leute zucken mit den Schultern und sagen: Soll er doch rauchen. Und damit sagen sie nicht, dass Rauchen gesund sei. Sie lassen ihn einfach in Frieden und hören ihm lieber zu, denn meistens ist interessant, was er zu sagen hat, Zigarette hin oder her. Die paar Wichtigtuer, die ihn wegen Rauchens in der Öffentlichkeit anzeigen oder sich über ihn aufregen, finden kein Gehör mehr. Helmut Schmidt auf diese Weise moralisch zu diskreditieren, ist unmöglich geworden.

Das zweite Beispiel: Die Baden-Württemberger schauen dem Hauen und Stechen und der Empörungswelle rund um den Stuttgarter Tiefbahnhof zu, dann wählen sie ganz nüchtern und geben dem Bauvorhaben freie Fahrt. Ganz unaufgeregt. Die Welle der Empörung schwappt ins Leere. Die Bevölkerung spielt nicht mehr mit. Während die Führungslosen weiterdemonstrieren, zucken die meisten mit den Schultern und sagen: Was wollt ihr denn, wir haben doch abgestimmt ...

Beispiel Nummer drei: Während sich die Politiker die Köpfe heißreden und sich die Journalisten die Finger wundschreiben, um sich über Thilo Sarrazin emporzuschwingen, schütteln immer mehr Menschen den Kopf und fragen sich, was das ganze Aufhebens soll. Sie lesen im Gegensatz zu vielen seiner Kritiker seine Bücher tatsächlich und wundern sich: Da steht doch nichts Schlimmes drin. Er zählt halt die Fakten auf und argumentiert. Nun kann man auf Basis der Fakten zu anderen Schlüssen kommen als er, aber das ist auch schon alles.

Das vierte Beispiel: Während die Führungslosen in Politik und Gesellschaft das Schreckensszenario der Klimakatastrophe an die Wand malen, zu Zwangsimpfungen gegen Vogelgrippe und andere vermeintliche Katastrophen aufrufen und allgemein Panik verbreiten, macht sich immer nüchternere

Stimmung unter den Menschen breit. Sie lassen die Kassandrarufe des Club of Rome und anderer Beschwörer des Untergangs recht gelassen verhallen, sie lassen die Regierung auf den in aller Aufregung angeschafften Impfstoffen sitzen und kündigen der öffentlich verordneten Panikmache die Gefolgschaft.

Und fünftens: In unserer Region sollte ein neues Industriegebiet in einem Waldstück erschlossen werden. Zu diesem Zwecke musste auch einige Bäume gefällt werden. Natürlich ging es kurz nach Baubeginn los: Einige Führungslose nahmen die Gelegenheit wahr und widersetzten sich der Politik, indem sie gegen das Fällen der Bäume protestierten. Und natürlich gab es in der Lokalpresse einige Schreiberlinge, die die Gelegenheit ergriffen und zu hetzen begannen. Parallelen zu Stuttgart 21 wurden gezogen, die Menschen wurden zum Widerstand aufgerufen. Aber die Leute sind viel intelligenter, als die Führungslosen glauben. Sie machten die Hobbyrevolution einfach nicht mit. Sie informieren sich per Internet selbst, sahen, dass die Neuanpflanzung von Bäumen von vorneherein im Projektplan enthalten war und gingen zur Tagesordnung über.

Die Bürger werden nun tatsächlich mündiger – und das heißt nicht mehr, dass sie einfach nur gegen die Mächtigen opponieren, sondern dass sie sich eigenständig informieren und sich selbst ihre Meinung bilden. Das ist ein großer Verdienst des Internets.

Das ist ein großer Verdienst des Internets.

Die Menschen sind klüger, als die Macher und die Führungslosen jemals gedacht hätten. Sie lassen sich nicht mehr für dumm verkaufen. Sie haben sich weiterentwickelt. Es kommt etwas Neues.

Nachdem die britischen Siedler in Amerika die Macher entmachtet hatten, gab es Krieg. Das zwang die Führungslosen in die Verantwortung. Jetzt erst wurden Strukturen aufgebaut, jetzt erst gab es die Unabhängigkeitserklärung, jetzt erst gab es neue Führungsfiguren wie George Washington oder den deutschen General Friedrich Wilhelm von Steuben, der Ordnung und Disziplin in den chaotischen Haufen der Kontinentalarmee brachte und damit die Rettung für die Siedler. Aus dem Chaos, das die Führungslosen ausgelöst hatten, konnte etwas Neues entstehen. Neue Führung, neue Strukturen, und im Falle von Amerika ein ganz neuer Staat, der sich später zur Weltmacht aufschwang.

Wir müssen also nicht nur den Machern dankbar sein, sondern auch ihren Widersachern, den Führungslosen. Denn sobald sie ihr Zerstörungswerk verrichtet haben, geht es weiter. Aber was genau kommt dann?

Hauptsache dagegen!

> Sie halten jetzt einfach mal den Mund!
> Frank Plasberg zu Michel Friedman

Das Kernprinzip der Führungslosen: blockieren! – Aber blockieren wozu? Die Blockierer verdrängen ihr eigenes Machtstreben, leugnen ihren Wunsch nach mehr Stärke und verneinen damit ihre Selbstwirksamkeit. Machtstreben ist ein Antrieb, zu dem sie nicht stehen können. Indem sie den Wunsch nach mehr Einfluss zu etwas Bösem stilisieren, unterdrücken sie ihren eigenen Machttrieb und projizieren diesen Konflikt zugleich nach außen: Sie fordern bei anderen das ein, was sie selbst nicht hinkriegen.

Sie kennen das: Jemand sollte mehr Sport machen und möchte darum, dass andere mehr joggen. Jemand ärgert sich über Zärtlichkeiten in der Öffentlichkeit und weiß selbst nicht, wann er zum letzten Mal gestreichelt wurde. Jemand sollte abnehmen und ärgert sich, wenn andere sich vollstopfen. Jemand möchte die Ehe eines anderen Paares retten, um nicht sehen zu müssen, dass die eigene Ehe ein Scherbenhaufen ist. Ehemalige Raucher werden zu militanten Nichtrauchern, weil sie ihre Sucht noch nicht völlig überwunden haben. Immer wieder ist der Mechanismus erkennbar: beim Verachten oder Neiden von Geld zum Beispiel. Oder beim Herunterputzen von Menschen in mächtigen Positionen. Sie stellen sich nicht an den Gitterzaun des Bundeskanzleramts, rütteln daran und rufen: »Ich will da rein!«, so wie Gerhard Schröder das als Politiker-Frischling getan hat. So etwas tun nur Macher.

Die Macht der Ohnmächtigen

Die Angst vor dem Machtmissbrauch treibt die Führungslosen dazu, ihren Wunsch nach mehr Einfluss aus dem Bewusstsein zu streichen. Aber alleine das ist schon ein Machtmissbrauch. Es ist eine Form der Unterdrückung. Typisch für
die Führungslosen ist der Missbrauch durch Unterlassung.
Indem sie ihre persönliche Stärke, ihre positive Gestaltungs-
macht nicht anwenden, indem sie ihre Talente und Fähigkeiten nicht zur Blüte führen, indem sie die Verantwortung
ausschlagen, werden sie zum Verräter an ihrem eigenen Leben. Und ziehen dabei gerne andere mit sich nach unten. Als
Bestätigung dessen, was sie sowieso schon immer wussten.
Genau, der Bestätigungsfehler ...

In ihrer zum Klassiker avancierten sozialpsychologischen
Studie »The Bases of Social Power« identifizierten John
French und Bertram Raven im Jahr 1959 fünf verschiedene
Formen der Machtausübung.

Die erste ist die legitimierte Macht, die auf der Autorität
eines Mächtigen beruht. Sie geht zumeist, aber nicht immer mit dem Innehalten eines Amtes einher. Legitimierte
Macht halten Staatsoberhäupter, Vorstandsvorsitzende oder
Richter inne, aber auch Menschen, denen wir etwa aufgrund von Alter, Intelligenz oder Einfluss die Ausübung von
Macht zugestehen. Helmut Schmidt ist ein Beispiel für einen Menschen, der hohes Ansehen genießt, ohne ein Amt
innezuhaben. Und die manipulativen Volksverführer unserer
Geschichte, allen voran Adolf Hitler, sind Beispiele für den
Missbrauch von Macht, die mit einem Amt einhergeht.

Die zweite Form ist die Belohnungsmacht, die Reichtum
voraussetzt, denn nur wer etwas hat, kann anderen etwas
als Belohnung geben. Das kann Geld sein. Es kann aber
auch etwas anderes sein, was der Belohnende hat und der
Belohnte gerne hätte. Beispielsweise Anerkennung, Liebe
oder Selbstvertrauen. Der typische mittelständische Unter-

nehmer nutzt diese Belohnungsmacht, denn er hat Kapital und kann Arbeitsplätze vergeben. Alle Chefs, die mit Boni und Anreizsystemen der »leistungsgerechten Bezahlung« ihren Mitarbeitern Karotten vor die Nase halten, um sie zum Laufen zu bewegen, laufen Gefahr, einen schmalen Grat zu überschreiten und diese Form der Macht zu missbrauchen.

Bestrafungsmacht ist die dritte Form. Sie entspricht der Macht des »disziplinarischen Vorgesetzten«. Auch der Staat übt mit seinen Organen der Justiz und des Justizvollzugs Bestrafungsmacht aus. Bestrafungsmacht kann durch sichtbare Gewaltanwendung erfolgen, aber auch in subtilerer Form, etwa durch Liebesentzug, das Zurückhalten von Anerkennung, Angstmachen oder Bedrohen. Wer Bestrafungsmacht missbraucht, schafft sich Widersacher vom Hals, indem er sie demütigt, entlässt oder gar einsperrt. Nelson Mandela stellvertretend für alle politischen Gefangenen war ein Opfer eines solchen Machtmissbrauchs.

Referenzmacht ist geliehene Macht. Sie entsteht durch die Nähe zu einem Mächtigen und dadurch, dass man mit ihm in Verbindung gebracht wird. Parteimitglieder, Angehörige einer einflussreichen Familie und Mitglieder einer Bewegung gewinnen so allein durch ihre Zugehörigkeit Einfluss. Die Frau des Chefs ist auch ein Beispiel für diese vierte Form der Macht. Auch wenn sie selbst keine formelle Position im Unternehmen hat, ja gar nicht Teil des Unternehmens ist, kann sie eine mächtige Figur mit einer hohen informellen Position in der sozialen Hierarchie des Unternehmens sein. Typisch für den Missbrauch von Referenzmacht sind die Höflinge und Günstlinge rund um einen Vorstandsvorsitzenden.

Die fünfte Form ist die Expertenmacht. Wissen, besondere Fähigkeiten, Erfahrungen und spezifische Kenntnisse in einem eng umgrenzten Bereich, macht Menschen zu Experten, an denen keiner mehr vorbeikommt. Missbraucht wird diese Macht beispielsweise, wenn ein Informationsvorsprung für egoistische Zwecke und zum Schaden anderer verwendet wird. Ein Beispiel für Missbrauch einer solchen Macht ist die Panikmache hinsichtlich der Schweinegrippe und die völlig überzogene Impfstoffmassenproduktion. Aber auch wenn alle fünf Formen der Macht missbraucht werden können, sind sie doch alle notwendig für eine funktionierende Gesellschaft. Sie sind einfach da. Aber die Führungslosen bekämpfen die Macht an sich, anstatt sie differenzierter und bewusster zu gebrauchen und sich gleichzeitig gegen ihren Missbrauch zu immunisieren. Doch das würde mehr Selbsterkenntnis voraussetzen. Stattdessen versuchen sie, die legitimierte Macht zu zerstören, indem sie die Mächtigen herabwürdigen. Sie bekämpfen die Belohnungsmacht, indem sie den Reichtum der Mächtigen diskreditieren und ihn zu mindern versuchen. Sie gehen gegen die Bestrafungsmacht an, indem sie gewaltfreien oder gewalttätigen Widerstand leisten, blockieren, demonstrieren, besetzen, sabotieren, hacken und spammen, also durch gezielte Rechtsübertritte die Bestrafungsmacht zu überfordern versuchen. Dabei wenden sie ebenfalls Macht an, obwohl sie die bei anderen verabscheuen. Beispielsweise die Referenzmacht, indem sie Vereinigungen bilden und Sachfragen zu ideologischen Grabenkämpfen zuspitzen, wo nur noch gilt: Wer nicht für uns ist, ist gegen uns.

Im Schatten

Denn sie wissen nicht, was sie antreibt. Darum bekämpfen die Führungslosen ihre dunkle Seite, ihren Schatten im Außen. Wer am lautesten den Missbrauch anprangert, wer am rabiatesten nach Ethik und Moral schreit, wer es sich zur Gewohnheit gemacht hat, anderen einen Mangel an Werten vorzuwerfen, hat oft selbst Dreck am Stecken. Ich nenne das den Michel-Friedman-Effekt.

Michel Friedman hatte sich durch seine TV-Sendung »Vorsicht! Friedman« als moralischer Kritiker der Mächtigen profiliert. Der ehemalige Präsident des Jüdischen Kongresses und stellvertretende Vorsitzende des Zentralrats der Juden in Deutschland hat dabei insbesondere in der Parteispendenaffäre der CDU die Macher Roland Koch und Helmut Kohl scharf kritisiert. Als Fernsehmoderator hat er mich immer dann geärgert, wenn er seine Gesprächspartner permanent unterbrach und sie mit einer unglaublich respektlosen Art durch Suggestivfragen in die Schmuddelecke drängte. Zuerst machte er es ab und zu, dann öfter, und schließlich wurde es zu einer Gewohnheit. Er merkte, wie gut es ankam. Wie mächtig er dadurch wurde. Von seinem hohen Moralross herunter teilte er kräftig aus, vor allem sobald jemand Luft holte, um einen Gedankengang weiterzuführen. Ich habe mich immer gefragt, warum Michel Friedman so panische Angst davor hatte, jemanden zu Wort kommen zu lassen, und warum es ihm so wichtig war, andere Menschen zu entwürdigen. Ich habe aufgehört, mich das zu fragen, als eines Tages ans Licht kam, dass Michel Friedman unter dem Decknamen Paolo Pinkas bei Zuhältern und Drogenhändlern Kokain und Prostituierte zu seinem persönlichen Gebrauch bestellt hatte. Darunter waren auch ukrainische Frauen, die illegal nach Deutschland verschleppt und zur Prostitution gezwungen worden waren.

Es zeigt sich immer wieder, vor allem unter respektlosen Menschen, die dazu neigen, andere zu entwürdigen: Wer den eigenen Ansprüchen nicht gerecht wird, erhebt oft massive Ansprüche an andere – und schwingt dabei die Moralkeule. Moral kann eine starke Kraft sein. Doch manchmal ist die viel beschworene Moral auch die Krücke der Lahmen, die Munition des Neids, ein ekliges, klebriges Machtmissbrauchsinstrument.

Der Appell an die Friedmans dieser Welt ist einfach, aber zugleich unendlich schwierig: Verstehen! Aufnehmen! Integrieren! Es fängt mit dem Zuhören an. Und zuhören kann nur jemand, der bescheiden genug ist, auch mal die Klappe zu halten, und innerlich so stark, dass er zu Respekt und Anerkennung fähig ist. Nur so kann man andere Menschen tiefer verstehen.

Gemeinsam einsam

Ab und zu halte ich Vorträge vor Schülern. Das ist jedes Mal eine besondere Herausforderung. Diese jungen Menschen reagieren in vielen Situationen völlig anders als berufstätige Erwachsene. Sie sind spontaner in ihren Reaktionen. Weniger in Rollen und Prägungen verstrickt. An einem bestimmten Punkt des Vortrags stelle ich ein paar Stühle auf die Bühne, die eine Gruppe von Menschen symbolisieren. Mich selbst stelle ich mittenrein: Ich bin in der Gruppe. Das ist ein schönes Gefühl. Ich bin sicher, ich werde vom Kollektiv getragen. Aber jetzt kann ich nicht so einfach »mein Ding« machen. Ich bin gezwungen, jede Menge Rücksicht auf die anderen zu nehmen. Also trete ich aus der Stuhl-Gruppe heraus, stelle mich deutlich neben sie und bin jetzt voll sichtbar. Jetzt bin ich frei und unabhängig, jetzt stehe ich für mich ein. Ich zeige meine Individualität. Doch ich bin auch allein und schutzlos, muss alles selbst tragen. Das ist wiederum unangenehm.

Beides ist schwierig. Sein Ding zu machen – und von einer Gruppe getragen zu werden. Die Schüler verstehen das erstaunlich gut. Beides hat Vor- und Nachteile. Noch schwieriger ist es aber, an beidem Anteil zu haben. Sowohl Individuum zu sein als auch Teil des Kollektivs. Sich die Freiheit zu erarbeiten, gelegentlich zu wechseln. Je nach Situation beides zu können: gewählt abhängig zu sein oder gewählt unabhängig zu sein. Das ist eine Lebensaufgabe! Zu begreifen, dass man nicht immer nur sein Ding machen kann, aber genausowenig sich einfach immer nur in eine Gruppe fallen lassen kann.

Wer das in der Tiefe emotional begriffen hat, hört auf, die Individualisten zu bekämpfen. Und er hört auch auf, ständig auf die Kollektivisten zu schimpfen. Zu Letzterem neigte ich selbst beispielsweise. Nun ist es meine Lernaufgabe, noch mehr das Positive in den Führungslosen, den Gutmenschen und den Weltverbesseren zu entdecken. Dabei muss ich den Schmerz von zwei Verletzungen verarbeiten. Zum einen habe ich den Moralisten in meiner Jugend erlaubt, mich auszubremsen. Ich konnte nicht zu mir, nicht zu meiner Individualität stehen. Da muss ich **Da muss ich mir noch** mir noch verzeihen lernen. Zum anderen gibt **verzeihen lernen.** es noch ein paar Erlebnisse, die ich als körperlich schwerbehinderter Rollstuhlfahrer zu verarbeiten habe. In dieser Rolle war ich immer wieder auf die Hilfe von Menschen angewiesen, die es »gut meinten«, aber schlecht gemacht haben. Mit der Zeit kam raus: Solche Leute geben selbstloses Dienen vor und befriedigen hauptsächlich eitle Motive des Gebrauchtwerdens und des Gut-vor-anderen-Dastehens. Auch hier muss ich mir verzeihen lernen, dass ich mich durch meinen Unfall in diese Situation der extremen Abhängigkeit gebracht habe. Und ich kann sogar lernen, auch diese eitle Hilfe zu lieben. Ohne diesen Sprung über meinen Schatten wird es mir nicht möglich sein, die nächste Stufe meiner Entwicklung zu erreichen. Nur durch die Integration der in mir wohnenden Gegensätze kann ich mich auf die nächste Ebene heben. Das lehrt mich meine Vergangenheit.

Das Individuum und das Kollektiv sind die Gegenpole, die sich gegenseitig befruchten. Und auf einer höheren Ebene sind sie gar keine Gegensatzpaare mehr. Einseitige Ausprägungen wie zum Beispiel die Unterdrückung des Individuums in der Schule, wo das Gleichheitsprinzip mit aller Macht durchgesetzt wird, führen immer zu Ungerechtigkeit. Es ist ungerecht, Schüler in Altersgruppen zusammenzufassen und per Klassenarbeit über einen Leisten zu schlagen, unabhängig von ihrem individuellen Entwicklungsstand. Zugegeben, es wird schwierig werden, eine adäquate Lösung für dieses Problem zu finden. Doch die heutige Situation, die viele als ungerecht empfinden, wird zu immer mehr Frustration und Aggression führen. Zu völliger Lähmung oder offensiver Gewalt. Wer propagiert, dass alle Menschen gleich sind oder gleich werden sollen, verleugnet sich selbst.

So schwer es für die Macher ist, loszulassen und abzugeben, beispielsweise Geld, Macht, Kompetenzen und Verantwortung, so schwer ist es für die Führungslosen, Leistungen zu respektieren, dankbar für sie zu sein, sich zu Gegenleistungen zu verpflichten und Verantwortung zu übernehmen. Die einen müssen loslassen lernen, die anderen zupacken. Zwei interessante Pole. Der Endpunkt der Transformation ist erreicht, wenn etwas scheinbar Widersprüchliches möglich wird: loslassendes Zupacken. Sobald die beiden Gruppen anfangen, sich ernsthaft auszutauschen, sind die Macher nicht mehr Macher und die Führungslosen nicht mehr Führungslose. Doch das kann nur funktionieren, wenn wir alle endlich begreifen: Keines der beiden Systeme wird sich jemals gegen das andere durchsetzen. Das ist völlig aussichtslos.

Eine Frage der Zeit

In der griechischen Mythologie gab es drei Auffassungen von Zeit. Ihnen entsprachen drei verschiedene Götter: Kronos, Kairos und Aion. Kronos, der bekannteste unter ihnen, symbolisiert das unerbittliche Ticken der Uhr, den Chronographen: tick-tack-tick-tack, die Unabänderlichkeit des gleichmäßig fortschreitenden Zeitstroms. Die Frustration und die Trauer über das Vergangene, das sich nicht mehr ändern lässt, wird aufgewogen durch die Gewissheit, dass morgen ein neuer Tag ist und die Zeit alle Wunden heilt.

Kairos, der zweite Gott der Zeit, symbolisiert die Gunst der richtigen Stunde. Die Zeit des rechten Augenblicks. Wir Heutigen sprechen von »Antizipation« oder »Timing«. Wer das Passende zur richtigen Zeit tut, den richtigen Moment erwischt, die Gelegenheit beim Schopf packt, die Zeichen der Zeit erkennt – der kann alles erreichen. Als hätte er den exakt passenden Schlüssel für ein Schloss, das nur einen Moment lang auftaucht. Die Angst vor der falschen Entscheidung wird überstrahlt von der großen Möglichkeit, die entstehen kann.

Aion, der dritte und heute unbekannteste Gott der Zeit, ordnet die Ereignisse in ihren natürlichen, zyklischen Verlauf ein. Zeitabschnitte wie die Tages- oder die Jahreszeiten folgen aufeinander und wiederholen sich immer wieder neu, ohne einander exakt zu gleichen. Gleichzeitig weist Aion aber auf die Ewigkeit und das ferne Ziel der geistigen Vollendung hin, er tritt nicht auf der Stelle, sondern kommt mit jedem Zeitabschnitt weiter. Alles hat seine Zeit, sagt Aion. Wachsen hat seine Zeit, blühen hat seine Zeit, vergehen hat seine Zeit. Zupacken hat seine Zeit, loslassen hat seine Zeit. Leben hat seine Zeit, sterben hat seine Zeit. Wenn ein Zeitalter vorbei ist, ist es vorbei und kommt so nie wieder. Dafür kann Neues beginnen. Wer gegen seine Zeit handelt, rennt mit dem Kopf gegen die Wand. Wer an einer Ampel steht, sollte warten, bis die Ampel auf grün wechselt.

Wenn ein Zeitalter vorbei ist, ist es vorbei und kommt so nie wieder.

Wer auf das Heute mit Kairos und Aion gleichzeitig schaut, wird verstehen, dass die Zeit der Macher uneinholbar vorbei ist. Es wird kein starker Mann kommen und unsere Probleme lösen. Die Zeit der Führungslosen und der Blockierer ist aber ebenso vorbei. Sie beginnen gerade, ihre Gefolgschaft zu verlieren. Menschen lassen sich immer weniger vor den Karren spannen. Die spannende Frage ist: Wessen Zeit ist jetzt gekommen?

TEIL 3: INSPIRATOREN

Gelb – Die neuen Vorbilder

Du kannst …

> He cared the most.
>
> Jonathan Ive über Steve Jobs

Die Alte Oper in Frankfurt war voll, 2500 Gäste in Anzug oder Kostüm hatten Platz genommen, tuschelten, die Letzten suchten noch ihre Plätze, während der Star des Abends auf der Bühne neben dem Moderator Platz nahm. Das jährliche World Business Forum fand in diesem Oktober 2004 zum ersten Mal in Deutschland statt. Die Liste der Redner war beeindruckend: Rudy Giuliani, der ehemalige Bürgermeister von New York City, in dessen Amtszeit die Terroranschläge des 11. September 2001 gefallen waren. Helmut Kohl, der ehemalige Bundeskanzler, in dessen Amtszeit die Wiedervereinigung Deutschlands gefallen war. Philip Kotler, Professor für Marketing und einer der Begründer der modernen Managementlehre. Stephen Covey, einer der Bestsellerautoren im Feld der Persönlichkeitsentwicklung. Tom Peters, der Unternehmensberater und Management-Guru aus Boston, der mit seinem Buch »Auf der Suche nach Spitzenleistungen« als erster Management-Autor mehr als eine Million Exemplare eines Buches verkauft hatte. Jeder einzelne von ihnen wäre eine separate Veranstaltung wert gewesen.

Aber das wurde für mich alles getoppt durch den, der jetzt kam. Gleich würde ein Mann sprechen, den ich aus der Ferne verehrte, dessen Wirken ich seit langem verfolgte und der mich – neben Peter Drucker – so nachhaltig beeindruckt hatte wie kaum ein anderer Leader aus Wirtschaft und Gesellschaft. Wegen dieses kleinen, alten, fast kahlen Manns mit der roten Krawatte war ich hier. Vielen gilt er als der beste Manager aller Zeiten.

Als er 1981 den Chefsessel übernahm, war er schon über

20 Jahre in seinem Unternehmen gewesen. Die riesige, beinahe hundert Jahre alte Organisation war angeschlagen. 400 000 Mitarbeiter erwirtschafteten 27 Milliarden Dollar, aber die Profitabilität war schwach, die Zukunftsaussichten mau, und der Börsenwert des Unternehmens lag mit 13 Milliarden US-Dollar gefährlich niedrig.

Doch dann packte er an und tat, was zu tun war. Doch dann packte er an und tat, was zu tun war. Er schaltete auf Macher um, zog alle Macht an sich und fegte mit dem eisernen Besen durch die Etagen. Er teilte die Mitarbeiter jedes Teams, jeder Abteilung, jedes Einzelunternehmens und jeder Hierarchiestufe in drei Gruppen ein: in 20 Prozent Top-Leute, 70 Prozent Mittelfeld und 10 Prozent Leistungsschwache. Den Top-Leuten gab er zu verstehen, wie großartig sie waren, und gab ihnen alles, was sie wollten. Geld, Freiheit, Projekte, Flexibilität, Vertrauen, Kapital, Verantwortung, Aufgaben. Den Leuten im Mittelfeld zeigte er, wie sie es anstellen könnten, top zu werden. Aber die unteren 10 Prozent wurden darüber informiert, dass es für sie nicht weitergehen würde und dass sie sich innerhalb eines gewissen Zeitraums etwas Neues suchen und das Unternehmen verlassen sollten. Wer nicht freiwillig ging, wurde gefeuert.

Er führte die strenge Qualitätskontrollmethode Six Sigma ein, um die Produktqualität zu optimieren und die Fehlerrate zu minimieren. Er führte die Richtlinie »fix it, sell it or close it« ein, derzufolge angeschlagene Unternehmensteile entweder zur Marktführerschaft gebracht, verkauft oder geschlossen werden müssen. Er baute ein eigenes Führungskräfte-Trainingshaus auf, das jedes Jahr Tausende von Führungskräften schulte. In drei Dutzend der größten Unternehmen der Welt sitzen heute Manager aus dieser Kaderschmiede auf den Chefsesseln. Am Ende waren alle seine spektakulären Maßnahmen extrem erfolgreich und machten das bürokratische Unternehmensmonstrum von einst zu einem agilen, modernen und schlagkräftigen Mischkonzern.

Der Umsatz hat sich in den zwanzig Jahren seiner Führung verfünffacht, der Gewinn hat sich versiebenfacht und der Börsenwert hat sich von 13 Milliarden auf 500 Milliarden beinahe vervierzigfacht. 1999 wurde er vom Fortune-Magazin zum Manager des Jahrhunderts gekürt.

Für viele andere Menschen war er das absolute Feindbild. Er wurde sogar mit der Neutronenbombe verglichen, und viele hätten ihm am liebsten die Einreise nach Deutschland verweigert: Das Schwein kommt hierher und hat auch noch ein große Klappe. Was soll das für eine Leistung sein: Leute rauswerfen, das kann jeder Depp. Der Typ geht doch über Leichen. A-Mitarbeiter, B-Mitarbeiter, C-Mitarbeiter – jeder bekommt von ihm einen Stempel auf die Stirn, und dann gibt es den Tritt in den Hintern. Das ist doch menschenverachtend! Für den zählt nur der Shareholder Value, ein Scheißkapitalist im Hochformat, dem geht es doch nur um den Börsenwert, und den treibt er hoch, indem er die Menschen ausbeutet, bis es schlimmer nicht mehr geht. Er presst die Organisation aus wie eine Zitrone und macht selbst dabei den größten Reibach. Wie sonst ist es zu erklären, dass einer mit einem Viertel weniger Mitarbeitern siebenmal mehr Gewinn macht!

Und dieser umstrittene, gefeierte, angefeindete, bewunderte, viel gescholtene Mann, das Manager-Schwein und der Manager-Held in Personalunion würde nun gleich zu uns sprechen. Für mich war er der Prototyp des Machers. Von ihm wollte ich hören, wie es geht. Ich war gespannt auf einige echte Einsichten, ich saß erwartungsvoll da, ganz Ohr, denn ich wollte alles aufsaugen, was ich zu hören bekam.

Wie das so ist bei solchen Veranstaltungen, die ganz Großen werden interviewt. Es wurde also eine Gespächssituation auf der Bühne inszeniert. Der Gesprächsleiter war Chefredakteur einer großen renommierten Wirtschaftszeitung. Er fragte auf Deutsch, sein Gesprächspartner hatte einen Knopf im Ohr, bekam die Simultanübersetzung und antwortete dann auf Englisch. Das Publikum konnte sich ebenfalls eine Übersetzung seiner Antworten ins Deutsche per Kopfhörer liefern lassen, aber als ich mich umsah, sah ich kaum jemanden, der das brauchte. Es war ja ein hochgebildetes Publikum aus lauter Wirtschaftsleuten, die meisten davon Führungskräfte wie ich. Endlich ging es los. Die Einführung des Moderators dauerte mir schon zu lang. Ich wollte den Meister selbst sprechen hören. Nein, ich war kein unkritischer Fan. Ich war einfach offen für Vorbilder, aber ich würde nicht alles kaufen. Ich wollte eintauchen in seine Gedankenwelt, aber ich bin keiner für blinde Gefolgschaft. Wer sich aber am Ende eine eigene Meinung bilden möchte, der muss erstmal aufmachen und zuhören. Endlich, der Moderator stellte etwas langatmig die erste Frage. Im Grunde war es eine Frage, die mehr eine Feststellung war. Sinngemäß sagte er, dass die Amerikaner ja so toll seien, wie sehr sie uns voraus seien, dass die Amerikaner das Management eben erfunden hätten und wir Deutschen uns redlich mühten mitzuhalten. Der merkwürdig eitle Moderator gab sich als zerknirschter Intellektueller, der das Pech gehabt hatte, in Deutschland aufzuwachsen, wo in der Wirtschaft nur Nieten in Nadelstreifen unterwegs sind. Es war ein Statement der Unterwürfigkeit, der Selbstgeißelung. Der deutsche Journalist, der über die deutschen Wirtschaftsführer nörgelt, um seine überlegene Intelligenz zu demonstrieren. »Seht her mit welcher Cleverness ich uns in Einzelteile zerlegen kann.« – das war seine Botschaft. Er reichte dem Amerikaner quasi die Peitsche mit dem Griff voran und bedeutete ihm: So, und jetzt schlag uns. Aber natürlich nur die Manager, nicht die Presseleute ... Wie es denn käme, fragte er, dass die Amerikaner so gut und wir Deutschen so schlecht seien?

Die Management-Ikone schaute ihn an wie ein Auto. Er schaute kurz nach hinten zur Übersetzerkabine. Lag es an der Übersetzung? Was hatte der Typ da gerade für einen Mist geschwafelt? Ich konnte seine Gedanken beinahe auf seinem Gesicht ablesen. Eine unangenehme Pause entstand. Das Publikum zischelte. Er bat darum, die Frage zu wiederholen, und schaute den Moderator dabei scharf an. Ich verstand: Dies war eine goldene Brücke. Das sollte heißen: Du bekommst jetzt noch eine Chance. Frag nicht so einen Scheiß! Doch der Moderator hatte null Gespür für die Situation. Er brachte noch einmal dieselbe Litanei vor: die deutschen Deppen, die amerikanischen Profis ... Ich war baff. Was war denn das für eine schräge Show? Ich war gekommen, um von einer der Top-Führungspersönlichkeiten einen Blick aus der Insiderperspektive zu bekommen, und nun machte der Moderator einen auf unterwürfig. Was für ein Idiot. Setzen, sechs! Ich war sauer.

Der Stargast holte Luft und nahm den Moderator ernst. Er beantwortete die Frage einfach und geradeaus: Nein, das sehe er nicht so. Er könne von allen deutschen Managern, denen er begegnet sei, und das seien viele, nur das Beste sagen. Mit den Leuten von Siemens beispielsweise liefere sich seine Firma fortwährend einen fairen, aber harten Schlagabtausch in mehreren Märkten. Er habe höchsten Respekt vor diesen tollen Führungskräften. Dort, wo es so richtig zur Sache gehe in der Weltwirtschaft, seien die Deutschen immer dabei – und oft allen anderen eine Nasenlänge voraus. Er bewundere die Sachkenntnis und die Konsequenz der deutschen Führungskräfte. Und zum Publikum gewandt sagte er, dass wir stolz darauf sein könnten.

Stolz! Wir Deutschen! Können wir das? Der Moderator jedenfalls konnte nicht. Er tat das Statement des Amerikaners als reine Höflichkeit und Lobhudelei ab und insistierte. Es konnte nicht sein, was nicht sein durfte. Gleich in der nächsten Frage brachte er noch mal das gleiche Thema auf. Er woll-

Es konnte nicht sein, was nicht sein durfte.

te offenbar unbedingt, dass sein Gesprächspartner ihm darin zustimmte, dass die Deutschen den Amerikanern auf keinen Fall ebenbürtig seien. Er wollte recht behalten.

Das Publikum raunte. Was geht da eigentlich ab?

Nun wurde der Ton schärfer. Was das sollte, funkelte der Manager den Journalisten an, er bleibe dabei, die Deutschen seien starke Führungskräfte.

Doch der Journalist ließ nicht locker.

Das Publikum murrte.

Der Journalist insistierte – und damit hatte er sich selbst gefeuert.

Ich traute meinen Augen und Ohren nicht, was jetzt passierte. Der gestandene Gentleman drehte seinen Sessel weg vom Moderator und hin zum Publikum. Und fing an zu reden. Aus dem Stegreif.

Anstatt die saublöden Spielereien des Moderators mitzumachen, begann er ungefragt von dem zu erzählen, was seiner Meinung nach wichtig sei, worum es bei der Führung von Menschen eigentlich gehe, was eine gute Führungskraft ausmache, was er im Lauf der Jahre gelernt habe, was ihn heute umtreibe, was seine wichtigsten Erfahrungen gewesen seien und wie das wirklich gemeint gewesen sei mit den A-, B- und C-Mitarbeitern und so weiter. Kurz: Er gab ein Summary der Antworten auf die wichtigsten Fragen ab, die ihm immer wieder gestellt wurden. Und er ließ den Moderator kaum mehr zu Wort kommen.

Dieser große Mann hatte verstanden, was sein Job an jenem Abend war, wessen Diener er war. Nicht der des Moderators, der seine Rolle nicht wirklich begriffen hatte, sondern der Diener des Publikums, das wissen wollte, was er dachte. Er war gebucht, um genau das zu liefern. Jetzt lieferte er.

Der Mann mit seiner alten, hohen Stimme war wie ein frischer Wind, der allen Staub und allen Dunst aus dem Saal fegte. Er hatte den Moderator mit seinem eitlen Rumgeeiere als Führungslosen bloßgestellt, indem er ihm unumwunden zu verstehen gab: Du hast es nicht gebracht, also bist du raus. Wenn der Journalist ein wenig mehr Gespür gehabt hätte, dann wäre er wenigstens von der Bühne runtergegangen. Aber so gab er ein höchst peinliches Bild ab, wie er da hinter dem Star herumsaß, ein Häufchen Elend, mit seinen Kartei-karten auf dem Schoß, während sein Gast ihm die Sache aus der Hand genommen hatte.

Und mit welcher Meisterschaft! Es war eine dieser Reden, bei denen man in den Sprechpausen eine Stecknadel hätte fallen hören. Das Publikum war wie gebannt.

Ihm sei es immer um Ergebnisse gegangen, erzählte er uns. Echte Resultate, nicht Lippenbekenntnisse, Absichts-erklärungen oder Vorhaben. Er sprach davon, wie schwierig es für eine Führungskraft sei, die Realität so zu sehen, wie sie ist. Eine der wichtigsten Fähigkeiten einer Führungskraft sei es, durch die Nebelwand hindurchzusehen, die sich immer wieder vor ihr auftürme: sofort den wesentlichen Punkt zu begreifen, zum Kern der Sache vorzustoßen. All die Eitel-keiten, all die Spiele, all die Statistiken, die Powerpoint-Prä-sentationen und all das Geschwätz der Leute dürften eine Führungskraft nicht verwirren. Sie müsse ihrem Instinkt vertrauen, ein gutes Bauchgefühl entwickeln und sich kon-sequent darauf verlassen.

Wenn Sie entscheiden, sagte er, haben Sie immer zu wenige Information. Von wirklich erstklassiger Information gibt es prinzipiell immer zu wenig, von Informationsflut keine Rede. Da brauchen Sie eine funktionierende Muster-erkennung. Sie müssen auf einen Schlag sehen, worum es eigentlich geht. Sie müssen denken: Hey, so was habe ich schon mal gesehen. Ist das nicht wieder so etwas wie damals bei der und der Gelegenheit? Und dann wissen Sie, wie Sie entscheiden müssen. Das geht nur mit Lebenserfahrung und großer Offenheit.

Eine gute Führungskraft, fügte er hinzu, ist entschlossen und klar. Dafür wird sie bezahlt. Und das heißt beispielsweise auch, einem Mitarbeiter, der schlechte Ergebnisse bringt, sofort und ohne Umschweife, ehrlich und geradeheraus zu sagen, dass er keinen guten Job macht. Er hat ein Recht darauf, das zu erfahren! Als Führungskraft haben alle, die unter Ihnen oder um Sie herum mit Ihnen zu tun haben, ein Recht darauf, von Ihnen zu erfahren, wo sie stehen und was passieren muss, damit es besser wird.

Er gab uns seine Definition von Aufrichtigkeit: Solchen schwachen Mitarbeitern muss in einem fairen, persönlichen Gespräch, ganz ohne Groll, nahegelegt werden, sich einen neuen Job zu suchen. Nicht mit der Guillotine! Das ist ein Prozess, der durchaus einmal ein Jahr dauern darf. Aber es gibt kein Zurück, der Mitarbeiter muss gehen. Das ist nicht grausam, sagte er.

Grausames Management, sagte er, ist etwas ganz anderes. Grausam ist es, wenn Führungskräfte schlechte Leistungen dulden. Wenn Menschen im Unklaren darüber gelassen werden, wo sie stehen. Denn wenn das ganze Unternehmen in Gefahr ist, muss die Führungskraft dann ja doch zum Mitarbeiter gehen und ihm sagen: Schau, es tut mir ja leid, aber wir müssen Kosten einsparen, ich muss dich entlassen. Der Mitarbeiter sagt dann: Wieso ich? Und dann sagen Sie: Na ja, wir müssen eben Leute entlassen, und dein Wertbeitrag ist am geringsten, tut mir leid. – Was? sagt dann der Mitarbeiter. Ich bin schon 20 Jahre hier! Und die ganze Zeit sagt mir niemand, dass mein Wertbeitrag zu gering ist! – Das ist grausam ...

Aufgabe einer Führungskraft ist es vorauszudenken, fuhr er fort. Nicht erst zu handeln, wenn es zu spät ist und es keine Alternativen mehr gibt. Proaktiv muss eine Führungskraft sein. Immer einen Plan B in der Tasche zu haben, ist nicht leicht, aber genau das ist der Job. In den letzten sechs, sieben Jahren seiner Zeit als CEO gab es eine Sache, die für ihn die wichtigste in seinem Leben war: Seine Nachfolge zu regeln. Sechs Jahre lang hat er drei Leute aufgebaut, von denen jeder Einzelne ein würdiger Nachfolger gewesen wäre. Er hat in dieser Zeit alles getan, um diese Leute stark zu machen. Und sie sind alle drei stark geworden. Er hatte seine Hausaufgaben gemacht. Welcher der drei Nachfolger wurde, war eine reine Bauchentscheidung. Seine Entscheidung. Die anderen beiden mussten gehen. Der eine wurde CEO von Home Depot und der andere CEO von 3M, und beide sind verdammt gute Manager geworden.

Genau das ist die Aufgabe eines Managers, führte er aus: die richtigen Leute an die richtigen Plätze zu setzen, so dass sie sich optimal entwickeln können. Der einzige Zweck eines Unternehmens ist es schließlich, erfolgreich zu sein. Es bietet wertvolle, nützliche Produkte oder Dienstleistungen an, die sich am Markt durchsetzen sollen. Nicht mehr und nicht weniger. **Darin besteht der gesellschaftliche Wert von Unternehmen.** Und Unternehmen, die Gewinn erzielen, sind die einzigen Motoren, die eine Gesellschaft hat. Unternehmen zahlen Steuern und geben Menschen Arbeitsplätze, damit sie Geld verdienen und ihrerseits Steuern zahlen können. Ohne diesen funktionierenden Motor wird ein Staat handlungsunfähig. Alle gemeinnützigen Dinge, für die er sorgt – das Land verteidigen, Kindergartenplätze einrichten, Schulen betreiben und so weiter –, werden letztlich finanziert durch gewinnerzielende Unternehmen. Ein Staat hat keine Einkünfte. Er wird über hauptsächlich über Steuern finanziert von Unternehmen, in denen Wertschöpfung passiert.

Darum ist der größte Dienst an der Allgemeinheit, den eine Führungskraft leisten kann, ein Unternehmen erfolgreich zu machen. Dem muss sie alles unterordnen. Die Aufgabe der Führungskraft ist es nun nicht, selbst Produkte zu entwickeln. Ihr Job ist es auch nicht, an Zahlen zu drehen oder Zahlen zu analysieren. Ihr Job ist es, Menschen zu entwickeln. Nichts anderes. Er erzählte, dass er jeden Tag drei Viertel seiner Zeit damit verbracht hatte, mit Menschen zu reden, um sie aus der Masse herauszufischen, sie einzuschätzen und ihnen am richtigen Platz mit den nötigen Ressourcen die Möglichkeit zu geben, Höchstleistungen für das Unternehmen zu erbringen. So einfach. Nicht leicht, aber so einfach. Die richtigen Menschen auf die richtigen Plätze setzen und sich dann zurückzuziehen, um nicht im Weg zu stehen. Das ist Menschenführung. Sicherstellen, dass die Mitarbeiter liefern können, und sie dann liefern lassen.

Er verbrachte ungeheuer viel Zeit damit, Menschen zu bewerten. Aber nicht um Zahlenspiele daraus zu machen oder um Leute unter Druck zu setzen, sondern um in aller Ehrlichkeit herauszufinden, worin die Leute gut sind und worin nicht. Wo genau müssen sie abgeholt werden? Dann muss ein Chef die Leute nur noch sinnvoll in Teams zusammenbringen, dafür sorgen, dass es ihnen Spaß macht, miteinander zu arbeiten, ihnen vor Augen führen, für welchen Zweck sie arbeiten, ihnen einen Weg zeigen, wie sie den Hügel hinaufkommen, und – es laufen lassen.

Aufgabe der Führungskraft ist es *nicht*, der Schlaueste von allen zu sein!

Aufgabe der Führungskraft ist es *nicht*, der Schlaueste von allen zu sein!

Das Geschäft der Führungskräfte, sagte er, ist nicht der Maschinenbau, die Automobilindustrie oder das Gesundheitsbusiness. Führungskräfte sind immer nur in einem Geschäft: dem People's Business. Seine Produkte, erzählte er, sind Menschen. Und was aus ihnen Großartiges geworden ist, das ist sein größter Stolz.

Mit Menschen macht man keine Spielchen, sagte er. Das wäre einfach respektlos. Woran es den meisten Unternehmen mangelt, ist Aufrichtigkeit. Ständig werden falsche Signale gesendet, weil sich die Führungskräfte nicht trauen, den Leuten offen zu sagen, wenn sie schlechte Ergebnisse abliefern. Weil diese Führungskräfte lieber gut dastehen und gute Gefühle haben wollen, als ihren Job zu machen.

Er redete sich in Rage: Jedes Mal, empörte er sich, wenn Ihnen ein Verantwortlicher begegnet, der sagt, er sei zu höflich, um Leuten ins Gesicht zu sagen, dass sie schlechte Arbeit machen, dann hauen Sie ihm eine rein! Er ist es nicht wert, eine Führungskraft zu sein!

Nein, was Sie brauchen, fuhr er fort, sind gerade, ehrliche Beziehungen zu Ihren Kollegen und Mitarbeitern. Sie müssen in der Lage sein, etwas so zu sagen, wie es wirklich ist. Nicht die Leute in die Probleme rennen lassen, weil Sie sich nicht trauen, aufrichtig zu sein. Unternehmen brauchen den knallharten Realitäts-   **Ehrlichkeit ist ein Wert.** bezug. Ehrlichkeit ist ein Wert. Und Sie als Führungskraft sind verantwortlich für die Werte, die in Ihrem Unternehmen gelebt werden. Werte sind nichts anderes als Angewohnheiten. Gute oder schlechte Verhaltensweisen, die sich in einer Organisation durchgesetzt haben. Zum Beispiel Verbindlichkeit. Oder Offenheit. Oder Transparenz. Und warum setzen sich in einer Organisation Verbindlichkeit, Offenheit oder Transparenz durch? Weil der Chef verbindlich, offen und transparent ist! – Wenn der Chef Dinge verschleppt, wenn er sich im Elfenbeinturm einschließt, Alleingänge unternimmt und Informationen für sich behält, wieso sollten dann andere Mitarbeiter der Organisation etwas anderes tun?

Führungskräfte sind Vorbilder und tragen die volle Verantwortung für die Werte, die sich in einer Organisation durchsetzen. Und die sind viel wichtiger als Zahlen und Finanzen. Zahlen und Finanzen sind nur eine Folge von gelebten Werten.

Sie sind Dirigenten! Wenn Sie aus dem Takt kommen, mündet die Vorstellung in eine Katastrophe!

Ich saß da und starrte diesen Mann an: Dirigent? Vorbild? Werte? Verantwortung? Aufrichtigkeit? Nutzen für die Allgemeinheit? Dienen? Offenheit? Menschen entwickeln? Vorausdenken? Klarheit? – Das war kein Macher-Typ, wie ich ihn erwartet hatte. Und was er da präsentierte, waren keine Macher-Rezepte. Das alles war viel größer, als ich gedacht hatte. Und gleichzeitig so viel einfacher. Dieser Mann nahm seine Mitarbeiter ernst. Er nahm den Moderator ernst, er nahm uns ernst. Er behandelte uns alle wie intelligente, erwachsene, starke Menschen. Und genau damit forderte er uns heraus, intelligente, erwachsene und starke Menschen zu sein! Er war grundehrlich und geradeheraus. Und auf eine sehr selbstbewusste Weise bescheiden. Ich hatte viel Know-how erwartet, aber das hier war Charisma.

> **Er behandelte uns alle wie intelligente, erwachsene, starke Menschen.**

Als er fertig war, bekam er das größte Kompliment, dass es von einem deutschen Publikum geben kann: sekundenlange Stille. Alle waren in sich gekehrt und dachten nach. Niemand stand auf. Nein, das war besser als Standing Ovations. Ich sah in die Gesichter der Leute neben mir. Die Augen leuchteten. Keiner wagte, den Moment zu stören. Die Wucht dieser schlichten Ansprache war so groß gewesen, dass jeder dieses Gefühl des Verstehens noch einen kleinen Augenblick aufrechterhalten wollte.

Dann brandete Applaus auf. Der kleine, alte Mann nickte uns freundlich zu. Und schon war er weg. Ein Mann, der als Macher begonnen hatte, der sich aber ganz offensichtlich transformiert hatte und etwas Größeres geworden war. Etwas sehr viel Größeres. Sein Name ist: Jack Welch, der ehemalige CEO von General Electric.

Dienende Führer in fruchtbaren Gärten

> Lern die verdammten Akkorde,
> um sie zu vergessen!
> Charlie Parker

Es gibt Menschen, deren Leben zwei unterschiedliche Hälften hat. Wie beim Fußball. Nach der Halbzeitpause werden die Seiten gewechselt, und es wird aufs andere Tor gespielt. In der ersten Spielhälfte spielen diese Menschen aufs erste Tor, das Ich-Tor. Damit stärken sie sich selbst. Sie wachsen, werden stark. Bis zu einer gewissen Grenze. Der Halbzeit. Würden sie die Halbzeit und damit den Seitenwechsel verpassen, würden sie plötzlich lauter Eigentore schießen. Wer diesen Wechsel versäumt, dessen Ego bläht sich auf. Solche Menschen dehnen sich in der Welt weiter aus, als sie verkraften können, sie versuchen, mehr darzustellen, als sie eigentlich sind. Es ist die Hybris der Macher: eine Blase, die immer größer wird, bis sie schließlich platzt. Solche Menschen schießen nur noch Eigentore, und am Ende verlieren sie.

Bevor das passiert, merken diese Menschen, dass es in der bekannten Richtung nicht mehr weiter geht. Es ist, als liefen sie in eine Sackgasse. Sie merken, dass sie jetzt nur noch stärker werden können, indem sie andere stark machen. Dem direkten Wachstum folgt das indirekte Wachstum. Während sie vorher waren wie eine Gießkanne, die man jedes Mal aufs Neue füllten musste und damit aufwendig alle Ecken des Gartens begoss, damit etwas wuchs, sind sie nachher wie ein Brennglas, das die vorhandene Kraft mühelos bündelt und damit ein Feuer entfachen kann. Dazwischen findet eine Transformation statt.

Diese Transformation ist mit dem Überwinden einer unbewusst rein egozentrischen Lebenshaltung verbunden, diese Menschen beginnen, über sich selbst hinauszudenken. Sie begreifen sich als Teil eines größeren Ganzen.

Dabei hat die erste Halbzeit aber durchaus ihre Berechtigung. Das Nähren und Stärken des Ichs war nämlich in einem ersten Schritt notwendig. Denn wer nicht stark ist, kann keine Kraft schenken. Wer keine Liebe hat, kann keine Liebe geben. Wer kein Geld hat, kann keines geben. Wer zu früh beginnt, sich zu verschenken, der opfert sich auf. Menschen, die sich heroisch für andere aufopfern, bevor sie selbst ein gewisses Maß an innerer Stärke haben, bluten aus – und damit ist niemandem geholfen.

Denn wer nicht stark ist, kann keine Kraft schenken.

Nein, die Kehrtwende, der Seitenwechsel kommen aus einer Einsicht. Einer Sicht des Einen, der Gesamtheit. Mehr als der Sicht eines Poles. Danach denken diese Menschen nicht mehr in den üblichen Gegensätzen: Hier bin ich, und dort ist die Welt. Sondern sie integrieren beide Pole, gehen durch einen Übergang, führen den Seitenwechsel durch und spielen danach wie selbstverständlich auf das Wir-Tor.

Ihr Wachstum hört dabei nicht auf. Im Gegenteil, sie wachsen eher noch schneller. Aber sie wachsen anders. Zuvor standen sie im Wettbewerb, haben ihre Feindbilder gepflegt oder sportliche Konkurrenz zu ihren Gegnern. Sie haben gesiegt und gewonnen, sie hatten persönlichen Erfolg. Doch das wurde irgendwann bedeutungslos. Danach wachsen sie vor allem, indem sie Wachstum in anderen auslösen.

Es ist, wie es ist

In Menschen, Organisationen und Gesellschaften vollzieht sich die Entwicklung häufig nach dem immergleichen Muster: Zuerst bildet sich ein klarer Pol heraus, darauf folgt der Gegenpol, dann erst lösen sich beide Pole auf einer höheren Ebene auf, indem sie integriert werden.

Einer stopft vielleicht alles Mögliche an industriell hergestellten Nahrungsmitteln in sich hinein, dann wird er zum Veganer, bevor er schließlich die goldene Mitte für seine Ernährung findet. Einer macht Sport wie ein Verrückter, dann lässt er sich hängen und wird zum Videospieljunkie, bevor er das richtige Maß an Bewegung und Unterhaltung findet. In einer Beziehung wird einer von einer misstrauischen Klette zum demonstrativ Desinteressierten, bis er das richtige Maß von Nähe und Distanz findet. – Als Mensch scheinen wir gegensätzliche Pole erleben zu müssen, bevor wir die goldene Mitte erreichen und auf einer ganz anderen Ebene zu neuen Einsichten gelangen.

Was in der persönlichen Dimension gilt, gilt auch in der gesellschaftlichen Dimension. Beispielsweise war in unserer Gesellschaft jahrzehntelang klar, dass wir helle Haut haben und Christen oder Juden sind. Dunkelhäutige und Muslime konnten nicht Deutsche sein, da gab es eine völlig klare, unbestrittene Polarität. Spätestens seit den aggressiven Angriffs- und Eroberungskriegen der Türken auf das christliche Europa im 15., 16. und 17. Jahrhundert war klar, dass die dunklen Osmanen – der »schwarze Mann« – die Feinde Europas und nicht etwa ein Teil Europas waren. Mit Piraten verbündete Türken verbreiteten in spanischen und italienischen Küstenstädten Angst und Schrecken, und der immer tiefere kriegerische Vorstoß ins europäische Kernland von Südosten her schien unaufhaltsam.

Bis zum 1. August 1664 konnten die Türken in keiner einzigen offenen Feldschlacht bezwungen werden. Erst als vor Mogersdorf im österreichischen Burgenland 25 000 Soldaten aus Böhmen, Kroatien, Ungarn, Italien, Österreich, Bayern, Schwaben, Baden, Sachsen, Brandenburg und Frankreich es gemeinsam schafften, 50 000 Türken zu besiegen, fiel der Nimbus der türkischen Unbesiegbarkeit. Zwanzig Jahre später konnte der letzte große Überfall der Türken vor Wien abgewehrt werden, danach wurden sie nach und nach über beinahe 100 Jahre hinweg an den Bosporus zurückgetrieben.

Auf dieser historischen Grundlage ist die tiefverwurzelte abgrenzende Haltung gegenüber dunklen, insbesondere muslimischen Menschen in Europa nachvollziehbar. Es steckt in uns, im kulturellen Gedächtnis, ob wir wollen oder nicht.

Nach dem Zweiten Weltkrieg, als die Generation der 68er unter den Idealen von Toleranz, Liebe und Frieden die Einstellung der ganzen Gesellschaft neu prägte, wurde immer klarer, dass diese geerbte Angst und Feindschaft gegenüber dunklen und islamischen Menschen fremdenfeindlich und damit moralisch verwerflich ist. Sie war einfach nicht mehr zeitgemäß und musste überwunden werden. Immer mehr Gastarbeiter aus Südosteuropa brachten ihre Kultur inklusive des islamischen Glaubens nach Deutschland, es wurden Moscheen gebaut, die Gesellschaft veränderte und öffnete sich. Das ging so weit, dass der um Integration bemühte ehemalige Bundespräsident Christian Wulff in einer Rede den viel beachteten Satz »Der Islam gehört zu Deutschland« sagte.

In diesem Moment wurde vielen klar, dass der übertriebenen Fremdenfeindlichkeit nun eine übertriebene Selbstverleugnung gefolgt war. Es ist ja nun mal schlichtweg nicht wahr, dass Deutschland eine islamische Tradition hat, wie der pauschalisierende Satz suggeriert. Wir sind unbestritten ein christlich-jüdischer Kulturraum, und Menschen mit islamischem Glauben wanderten erst ab den 1960er Jahren vor allem aus der Türkei ein.

Stellen Sie sich vor, Sie gehen als Ostfriese ins Münchner Hofbräuhaus und behaupten dort steif und fest, Plattdeutsch sei Teil der bayerischen Kultur. Das ist einfach absurd. So etwas kann zu einer wüsten Schlägerei führen. Andererseits sind Sie als Ostfriese ja gerade unbestritten im Hofbräuhaus, also Teil der Gäste. Das ist schon wahr. Aber deswegen kann man ja noch nicht behaupten, man habe die bayerische Kultur geprägt. Man muss also differenzieren und genau sagen, wie es ist.

Christian Wulff sagte aber nicht differenzierend, wie es ist, sondern er sagte pauschalisierend, wie er es gern hätte. Dementsprechend vehement wurde die auf seine Aussage folgende Debatte geführt. Hier wurde deutlich, dass die alten Ressentiments zwischen den Religionen keineswegs Geschichte waren und sich unter der übertriebenen Toleranzgeste eher wieder verhärteten. Illusionen heilen nicht. Sie integrieren nicht. Sie spalten.

Wulffs Nachfolger im Amt des Bundespräsidenten, Joachim Gauck, griff diese Debatte auf und sagte während seines Antrittsbesuchs in Israel in einem ausführlichen Interview, dass er den Satz seines Vorgängers so nicht übernehmen könne. Interessanterweise respektierte er aber die Absicht, die Wulff mit seiner Aussage verfolgt hatte, nämlich die Feindschaft zwischen den Religionen zu überwinden. Er habe die Menschen schlicht für die Wirklichkeit öffnen wollen. »Und die Wirklichkeit ist, dass in diesem Lande viele Muslime leben«, so Gauck. Und weiter: »Ich hätte einfach gesagt: Die Muslime, die hier leben, gehören zu Deutschland.«

Mit dieser nur leicht abgewandelten, aber so klar differenzierenden Position führte er den Blick der Öffentlichkeit auf die Realität und weg vom Ideal. Er sagte damit: Die Muslime sind herzlich willkommen, aber wir sind deshalb noch lange kein muslimisches Land. Nach Pol und Gegenpol wird erst durch den nüchternen, desillusionierenden scharfen Blick auf das, was da ist, die Integration der beiden Extreme möglich. Und erst dann gelangen wir zu neuen, reiferen Einsichten.

Allen Respekt!

Die Akteure der neuen Ära, die auf die Zeit der Macher und der Führungslosen folgt, sind an Wachstum und Entwicklung der Menschen, ihrer Organisationen und Gesellschaften interessiert, und sie wissen, wie das geht. Und um Menschen zu stärken, müssen sie zuallererst selbst stark sein, sie brauchen also Autorität.

Das heißt nicht, dass sie Superhelden sind: immer überlegen, immer alles besser wissend und könnend. Das waren die Ideale der Macher und der Führungslosen. Die neuen Akteure sind anders. Sie haben sich im Kern ihres Wesens gefunden und zeigen ihren Charakter stimmig im Außen. Was sie sagen, hat größte Klarheit. Was sie tun, zeugt von großer Integrität. Und sie denken weit über sich und ihre eigenen Interessen hinaus. Bei ihnen weiß man, woran man ist.

Was sie tun, zeugt von großer Integrität.

Man, weiß, wo sie stehen. Aber sie sind dabei keineswegs jedermanns Freund. Denn ihnen ist es egal, ob sie beliebt sind oder nicht. Sie wollen nicht gefallen. Diejenigen, die beliebt sein wollen, ergreifen Positionen, die ihnen Sympathie einbringen. Mit Erfolg. Doch was sie nicht kriegen, ist Respekt.

Welcher der beiden Bundespräsidenten hat die größere Autorität, Christian Wulff oder Joachim Gauck? Die Antwort ist klar, auch bei denjenigen, die Christian Wulff sympathischer fanden. Aber warum hat Gauck mehr Autorität? – Zum einen, weil er klarer argumentiert und sich klarer ausdrückt. Das ist die Ebene der Worte. Aber zum anderen vor allem dadurch, dass er aus Überzeugung und auch jenseits von großen Worten Positionen bezieht. Auch gegen Widerstand. Man weiß, wofür er steht, nämlich für Freiheit und Verantwortung. Dieser Nimbus umgibt ihn, das ist er. Man spürt: Diese Haltung kommt von innen. Man würde ihm ohne Weiteres zutrauen, dass er, wenn es hart auf hart käme, unter dem Einsatz seines Lebens für die Freiheit kämpfen würde. Warum? Weil er das sagt? Nein, weil man es ihm glaubt. Das ist ein großer Unterschied! Er hat es in seiner Lebensgeschichte nämlich unter Beweis gestellt, als er unter großen Risiken aufrecht gegen das Unrechtsregime der DDR und für Freiheit gekämpft hat. Als Sonderbeauftragter für die personenbezogenen Unterlagen des Staatssicherheitsdienstes der DDR hat er nach dem Zusammenbruch der DDR Verantwortung übernommen, obwohl dieses Amt sicher nicht zu den beliebtesten oder prestigeträchtigsten gehörte. Dafür war dieser Posten in den Jahren nach dem Mauerfall für den sozialen Frieden immens wichtig, als es nämlich darum ging, Transparenz zu schaffen. Er tat, was zu tun war. Können Sie sich Christian Wulff in einer Aura von Freiheit und Verantwortung vorstellen? Das passt einfach nicht. Wenn er auch noch so brillant über Freiheit und Verantwortung redete, man würde es ihm nicht abnehmen. Es wäre klar: Dafür steht er nicht. Im Vergleich zum Lebensweg Joachim Gaucks ist die Geschichte Christian Wulffs mit seiner Parteisoldatenkarriere die eines Leichtgewichts, das stromlinienförmig nach oben durchgerutscht ist.

Wulff galt mehr als Vermittler, Mediator, Verbinder, Brückenbauer. Aber darin war er nie greifbar. Man kann sich nicht vorstellen – und findet dafür auch keinen Beleg in seiner Biographie –, dass er für eine bestimmte Position etwas riskiert hätte. Im Gegenteil. Als er beispielsweise als Ministerpräsident von Niedersachsen das einkommensunabhängige Blindengeld für die 12000 blinden Menschen des Bundeslandes abschaffte, handelte er sich lautstarke Proteste und eine Unterschriftensammlung gegen diese als ungerecht empfundene Sparmaßnahme ein. Anstatt aber für seine Überzeugung einzustehen, die zum Beispiel darin hätte bestehen können, dass die Sanierung des Haushalts wichtiger sei als eine pauschale Zuwendung für die Blinden, knickte er ein und führte das Blindengeld wieder ein. So bettelt man um Beliebtheit, so verdient man sich aber keinen Respekt.

Noch würdeloser: Wulff kritisierte vor Antritt seines Ministerpräsidentenamts in Hannover heftig seinen Vorgänger Glogowski, weil der sich angeblich durch sein Amt materielle Vorteile verschafft hatte. Ebenso vehement kritisierte er den damaligen Bundespräsidenten Rau, weil der einige dienstliche Flüge auf Kosten der WestLB unternommen hatte. Empört hob Christian Wulff den moralischen Zeigefinger. Er meldete allerhöchste moralische Ansprüche an und behauptete damit implizit, dass er diese Maßstäbe auch an sich selbst anlegte. Nun, wer im Glashaus sitzt, sollte nicht mit Steinen werfen. Derselbe Christian Wulff musste später eingestehen, sich auf vielerlei Weise materielle Vorteile aus seinen Ämtern verschafft zu haben, von Ferienaufenthalten über Flugreisen bis zu günstigen Privatkrediten. Das lässt seine Autorität auf Erbsengröße schrumpfen. Da ist er wieder, der Michel-Friedman-Effekt.

Seine Geschichte insbesondere im Vergleich mit der Joachim Gaucks zeigt, dass in der heutigen Zeit nicht aalglatte Rhetorik, sondern die Stimmigkeit von Wort und Tat sowie handfeste Ergebnisse persönliche Autorität begründen und Menschen Respekt verschaffen. Der Aufbau von Autorität geschieht nicht planvoll oder bewusst, sondern ist eine Folge von Aufrichtigkeit, die nicht nach Wirkung heischt. Autorität wächst mit der persönlichen Integrität.

Aufrichtig leben

Ich war einmal verantwortlich für eine Vertriebsmannschaft. Schon einige Zeit war mir ein Außendienstmitarbeiter aufgefallen, dessen Ergebnisse schwach waren. Irgendwann sind mir Unregelmäßigkeiten aufgefallen. Im offenen Gespräch konnte er alles erklären, aber er konnte mich nicht wirklich überzeugen. Trotz seiner sehr sympathischen Art. Mir blieb nichts anderes übrig, als ihn penibel zu kontrollieren. Das machte wahrlich keine Freude. Es ist ja furchtbar peinlich, beim Kunden anrufen zu müssen und zu fragen, ob es nach dem Besuch vom Außendienstler noch irgend etwas geben würde, was wir für sie tun könnten. Jeder, der ein bisschen mitdenkt, versteht, um was es eigentlich geht: mangelndes Vertrauen. Es musste aber sein.

Wenn Sie dann, wie Sie geahnt hatten, hören müssen, dass der Kollege meistens gar nicht beim Kunden gewesen ist ... Das ist schlimm. Die Kontrolltelefonate brachten die Wahrheit ans Licht – »wie die Schneeschmelze die Hundescheiße«, wie Rudi Assauer zu sagen pflegte. Unser Außendienstler hatte die Kunden zwar antelefoniert, aber er war nicht hingefahren. Es war, was es war: glatter Betrug. Immer wieder, systematisch. Betrug an der Firma, Betrug an den Kollegen und Betrug am Chef, also an mir. Er hatte mich gelinkt, hatte mir offen ins Gesicht gelogen. Ich kann gar nicht sagen, wie schlecht mir war. Es war für mich mit das Schlimmste, was mir in meinem Geschäftsleben passiert ist. Neben Freiheit halte ich Vertrauen für einen der höchsten Werte. Und Vertrauensmissbrauch hasse ich. Ich war auf 180. Natürlich ist mir heute klar, warum ich so aufgebracht war: Ich hatte ihn an einer zu langen Leine geführt, er konnte im Grunde machen, was er wollte – und das hatte er ausgenutzt. In meiner jugendlichen Unreife hatte ich ihm naiv vertraut. Später habe ich gelernt, kluges Vertrauen durch eine angemessene Portion Kontrolle zu ergänzen. Doch dass es damals so weit kommen konnte, lag in meiner Verantwortung.

Natürlich musste ich ihn rauswerfen. Und natürlich musste ich ihm dann ein Zeugnis schreiben, dazu war ich verpflichtet. Und natürlich wollte ich in das Zeugnis keine Lügen hineinschreiben müssen. Ein Dilemma.

Einer meiner älteren Mentoren, den ich schon damals sehr schätzte und den ich heute im Rückblick noch mehr schätzen kann, riet mir: Boris, schreib ein wohlwollendes Zeugnis, und setze ein paar Andeutungen rein für Personalchefs, die zwischen den Zeilen lesen können!

Da bin ich ausgerastet. Ich wies das weit von mir. Nie im Leben würde ich das tun! Ich war persönlich so getroffen, dass ich keine Lust hatte, überhaupt irgendein Zeugnis zu schreiben. Und wenn, dann mit der ungeschminkten Wahrheit!

Was natürlich kindisch war. Jeder weiß, man schreibt als Chef in so einem Fall kein vernichtendes Zeugnis. Wenn es dem Entlassenen anschließend keine Chancen mehr auf dem Arbeitsmarkt lässt, bekommt man das Ganze mit Post vom Gewerkschaftsanwalt als unabweisbaren Vorgang wieder auf den Schreibtisch. Es gab nichts zu gewinnen für mich. Doch das Zeugnis habe ich von einem anderen schreiben lassen. Das war meine kleine Rache. Auch wenn es aus heutiger Sicht kleingeistig erscheint, damals tat mir das gut.

Mein Mentor grinste über meine Gefühlseruptionen und sagte zu mir: So emotional würde ich dich gern öfter mal sehen. Nur bitte in vorbereiteten Momenten. Darüber musste ich erst einmal nachdenken. Heute weiß ich: Wer spontan sein will, muss exzellent vorbereitet sein …

Damals verstand ich das noch nicht, heute weiß ich: Was mir damals gefehlt hat, war die Distanz, die Souveränität. Ich führte meine Mitarbeiter über Nähe, über persönliche Verbundenheit. Das machte mich aber gleichzeitig emotional abhängig von ihnen. Ich hatte nicht die innere Distanz, um zu tun, was zu tun war, sondern ließ mich von den Emotionen davontragen. Auf diese Weise kann man nur verlieren: Man wird zu nachgiebig, zu locker und bekommt die Konsequenzen anschließend als Bumerang um die Ohren geschlagen.

Was mir damals fehlte, war die Distanz, die Souveränität.

Anders herum ist es nicht besser: Ich hatte mal einen Mitarbeiter, der sehr engagiert war, sich täglich fleißig bemühte – aber grottenschlechte Ergebnisse brachte. Gegen ihn war ich hart. Ihn drangsalierte ich, und dabei kann ich ziemlich massiv werden. Irgendwann zum Glück noch rechtzeitig, bevor ich ihn fertiggemacht hatte, fiel bei mir der Groschen: Es war nur eine Frage des Intelligenzquotienten. Mein Mitarbeiter war loyal, brav und willig, aber einfach nicht klug genug. Es war, wie es war. Und ich hatte keinen Grund, ihm gegenüber so hart zu sein. Vielmehr war es meine Verantwortung, ihn so einzusetzen, dass er nicht überfordert wurde und etwas Produktives leisten konnte. Als ich das einmal begriffen hatte, konnte ich ihn sehr schätzen. Da machte es auch nichts aus, dass er öfter mal krank war. Ich wusste, dass ich mich auf ihn verlassen konnte. Ein Mensch mit Autorität ist kein harter Hund, der in jeder Situation eng führt und konsequent seinen Willen durchsetzt. Er ist weich gegenüber denen, die nicht können, und hart gegenüber denen, die nicht wollen. Er differenziert. Gegenüber denjenigen, die ihre Potentiale nicht nutzen und ihren Beitrag zur Gemeinschaft nicht leisten, ist er wie ein Reibeisen. Gegenüber denjenigen, die innerhalb ihres Rahmens, und sei er noch so klein, ans Limit gehen, ist er großzügig. Also lautet die Frage: Kann er nicht, oder will er nicht? Das Unterscheiden ist das Schwierige. Dazu braucht es Lebenserfahrung und innere Größe. Und beides kann man sich nicht anlesen oder herbeireden, das muss man im wahrsten Wortsinn erleben. Wer aber imstande ist, Sachverhalte differenziert zu betrachten, und öffentlich dazu steht, dem zollt man Respekt und der genießt hohe Autorität.

Ich habe diesen Effekt selbst erlebt, und es war für mich ein persönlicher Durchbruch. Wir hatten im Rollstuhlrugby-Nationalteam einen Mitspieler, der hatte herausragende technische Fertigkeiten im Umgang mit dem Ball. Beim Fangen, Werfen, bei der Ballkontrolle war er der Beste von uns allen. Ihm kam zugute, dass er »nur« Kinderlähmung hatte, also nicht ganz so stark gelähmt war wie wir Halsquerschnittgelähmten. Aber er war trainingsfaul. Der Klassiker: ein Riesentalent und faul auf dem Platz. Auf dem Feld sparte er sich die langen Wege. Wie Mario Basler: Ihr sollt für mich mitlaufen. Klar, das Fahren ist das Anstrengendste an dem ganzen Sport. Die Bewegung auf dem Feld ist ungeheuer dynamisch. Ständig ist man am Beschleunigen, Lenken,

Abbremsen, Schieben, Drücken, Ziehen, das geht heftig in Arme und Schultern.

Seine Faulheit war mir von Anfang an ein Dorn im Auge. Er galt als der beste Spieler. Aber ich arbeitete hart an mir und punktete immer mehr mit meinen besseren fahrerischen Fähigkeiten und meinem taktischen Spielverständnis. Ich erkämpfte mir ein Standing in der Mannschaft. Irgendwann kam es dann zum offenen Streit zwischen uns beiden Führungsspielern. Der Nationaltrainer wollte den Konflikt aus der Welt schaffen und bat zum klärenden Gespräch unter uns dreien.

An der Taktiktafel verdeutlichte ich dann meinen Kritikpunkt und zeichnete auf, wie ich meinen Mitspieler sah. Ich malte einen großen Balken. »Das ist dein Potential. Das größte von uns allen.« Dann zeichnete ich in den großen Balken einen kleineren, nur etwa halb so hoch: »Und das ist, was du aus deinem Potential herausholst.« Dann malte ich einen noch kleineren Balken daneben: »Das ist das Potential eines anderen Spielers.« In den Balken malte ich einen weiteren, der nur ein klein wenig kürzer war: »Und das ist, was er aus seinen Möglichkeiten macht. Er holt prozentual mehr raus aus sich, weil er konsequent an sich arbeitet. So, und jetzt sag' ich dir, was ich denke: Obwohl der hier nicht so gut ist wie du, habe ich vor ihm mehr Respekt als vor dir!«

Au, au, das gab einen Riesenstress. Aber hinterher konnten wir das klären. Er hat es sogar eingesehen. Und der Effekt der ganzen Vorstellung war: Hinterher war ich der Führer des Teams. Alleine die Tatsache, dass ich mir zutraute, zu bewerten, zu differenzieren und dazu zu stehen, verschaffte mir Respekt und Autorität. Wohl gemerkt: Autorität, nicht Beliebtheit.

Wer Autorität hat, wird bisweilen als anstrengend, als unbequem, ja sogar als unangenehm empfunden. Aber die Erinnerung an eine solche Situation der Differenzierung macht es aus: Respekt heißt im Wortsinne Rückblick. Rückblick auf eine Situation, in der der Respektierte eine positive Veränderung bewirkt hat.

Ganz gelassen Stress gemacht

Also: Zur Differenzierung fähige Respektspersonen, die integrierend wirken. Das sind die Akteure, auf die es nun ankommt, um die Lähmung der Führungslosen zu überwinden. Was lässt sich über solche Führungspersönlichkeiten noch sagen? Sie sind vor allem in sich ruhend und gelassen. Das heißt, sie können andere auch einfach sein lassen. Und vor allem: geistig loslassen.

Ihre Arbeit gleicht der einer Hebamme: Sie holen raus, was drin ist. Nicht mehr und nicht weniger. Manchmal unter Schmerzen. Sie schieben nicht etwas rein, was sie drinhaben wollen, und sie erzwingen keine Frühgeburt. Sie lassen kommen, was da ist. Sie wollen Menschen nicht verändern, nicht in vorgegebene Schablonen pressen. Sie entwickeln: Sie sind Meister darin, mit dem zu arbeiten, was da ist. Und sie doktern nicht an dem herum, was den Menschen fehlt.

Sie wollen Menschen nicht ändern, nicht in Schablonen pressen.

Den anderen so sein lassen, wie er ist, und in dem fördern, was er wirklich kann – das klingt zuckersüß … und wird so leicht missverstanden. Denn es geht dabei überhaupt nicht um das, was der andere sagt oder wie der andere sich selbst sieht. Sondern es geht um die Wirklichkeit. Und die kann sehr fordernd sein.

Ein Pharmamanager engagierte einen Coach. Sein Problem: Er war auf Nähe und Harmonie getrimmt und kam in seinem gewohnten Feld damit hervorragend zurecht. Nun aber sollte er zusätzlich ein sehr großes neues Logistikprojekt übernehmen. Und dabei hatte er es mit einer für das Projekt wichtigen Person zu tun, mit der er nicht klar kam. Dieser Mitarbeiter tat nicht, was besprochen war.

Coach: Reden Sie mit der Person Tacheles.

Manager: Das geht nicht, der ist nachtragend. Das verkraftet der nicht.

Coach: Ok, verstehe. Bin damit aber nicht einverstanden. Sie werden das bitte trotzdem mit ihm besprechen. Aber nicht negativ, Sie sollen ihn nicht fertigmachen. Ein wertschätzendes, ernstes, kritisches Gespräch. Eine Klärung. Aber Sie schicken ihn dadurch eine Zeit lang in die Kälte.

Manager: Nein. Das hält der nicht aus.

Coach: Gut, dann beenden wir das Coaching, und zwar jetzt.

Manager: Nein, das können Sie nicht tun!

Coach: Sie sehen doch, dass ich das kann.

Manager: ...

Coach: Wenn Sie das jetzt nicht lösen, wird es immer wieder dasselbe sein.

Manager: Ok. Na gut.

Coach: Sie haben 24 Stunden. Wann melden Sie mir Ihr Ergebnis?

Manager: Verflucht ...!

Der Manager führte tatsächlich das klärende Gespräch. Einen Tag später erhielt der Coach eine Mail mit einem verblüfften Dank für den hilfreichen Hinweis. Es hatte funktioniert.

Er selbst war derjenige, der nachtragend, harmoniesüchtig und kritikunfähig war.

Das Problem des Managers war seine eigene Projektion. Wie so oft. Er selbst war derjenige, der nachtragend, harmoniesüchtig und kritikunfähig war. Und deshalb besaß er keine Autorität. Er hatte Angst vor seinem eigenen Schatten. Und den projizierte er auf seinen Mitarbeiter. Der Coach durchbrach das Muster mit seiner Autorität. Er schickte den Manager in die Kälte. Und das zwang den Manager wiederum, sein Muster zu durchbrechen und Autorität gegenüber dem Mitarbeiter aufzubauen und ihn in die Kälte zu schicken. Das bedeutet: Der Coach war gar nicht nett, sondern klar. Damit der Manager seinerseits aufhörte, nett zu sein, um klar zu werden. Zunächst hörte der Coach nicht auf das, was der Manager sagte. Denn der sagte klipp und klar: Nein. Und der Coach sagte: Doch! Und setzte sich mit einer einfachen Erpressung durch. Der Punkt ist: Der Coach setzte sich nicht durch, um einen eigenen Nutzen daraus zu ziehen. Sondern er setzte sich durch, um dem Manager zu einem Durchbruch zu verhelfen. Er setzte sich bei ihm durch, damit er begann, sich bei seinem Mitarbeiter durchzusetzen.

Ein Macher schüttelt jetzt verächtlich den Kopf: Was soll das? Der Coach hat doch nichts davon. Wenn dieser Loser von Manager sich nicht durchsetzen kann, ist er halt kein Macher. Man kann es halt, oder man kann es nicht. Soll er es doch bleiben lassen!

Ein Führungsloser schüttelt empört den Kopf: Das ist Erpressung! Der Coach handelt gegen den erklärten Willen des Coachees! Das ist keine Beziehung auf Augenhöhe. So geht das nicht! Das ist unmoralisch!

Aber der Coach hatte schlicht erkannt, worin das Muster der Führungsschwäche bestand, und hat es durchbrochen. Er hat eine Sprunghilfe angeboten. Er hat gesehen: So ist dieser Mensch. Und er hat ihn so gelassen, wie er ist. Aber er hat auch sein Potential gesehen. Und ihm geholfen, es auszuschöpfen. Er hat ganz gelassen mit dem gearbeitet, was da war. Was nicht heißt, dass er damit den Manager nicht ganz erheblich unter Stress gesetzt hat – weil der es eben gerade gebraucht hat.

Ein Grund, stolz zu sein

Die Währung der Autoritäten ist Anerkennung. Die Menschen dürsten danach, von starken Persönlichkeiten Anerkennung zu bekommen. Dafür sind sie bereit, sehr, sehr viel zu tun. Doch überschüttet man sie mit Anerkennung, werden sie satt und selbstzufrieden – und damit inaktiv. Versagt man ihnen die Anerkennung, geben sie irgendwann auf, resignieren – und werden auch inaktiv.

Die Frage ist: Was ist das rechte Maß von Anerkennung, das die Menschen in dem schmalen Band der freiwilligen Aktivität hält? Wirkungsstarke Führungspersönlichkeiten pflegen einen sehr bewussten Umgang mit Anerkennung. Sie halten sie knapp, sie verschleudern den wertvollen Stoff nicht, sie verteilen das Lob nicht mit der Gießkanne. Sie schauen genau hin. Und wenn ein Mitarbeiter tatsächlich einen Leistungssprung geschafft oder eine Hürde überwunden hat, nehmen sie das wahr und erkennen es ausdrücklich an. Sie beleuchten dann für einen Moment diese Leistung wie durch ein Brennglas.

Das heißt erstmal, dass sie es überhaupt erkennen, dass sie einschätzen können, worin die Herausforderungen für den Mitarbeiter bestehen. Sie beobachten den anderen und interessieren sich für ihn, denn sonst könnten sie das gar nicht wissen.

Wenn sich jemand von einer Person, die er respektiert, wirklich wahrgenommen fühlt, passiert stets etwas Wunderbares. Es ist wie ein warmer Strom der Energie, der beginnt zu fließen. Und diese Energie ist für die meisten Menschen das Belebendste, was es gibt. Mit einem solchen außergewöhnlichen Moment der Wahrnehmung und der Anerkennung vervielfacht sich die Energie, denn die führende Person verliert kein bisschen davon. Im Gegenteil.

Es ist die Kraft der Präsenz, und das ist etwas ganz anderes als Motivation: Wer andere **Es ist die Kraft der Präsenz, und das ist etwas ganz anderes als Motivation.** motiviert, der bietet seine Steckdose zur freien Benutzung an und lässt sich Energie abzapfen. Der Motivierte verbraucht die Energie kurzfristig und benötigt bald die nächste Ladung. Doch das ist hier nicht gemeint. Der Effekt, von dem ich spreche, ist ein dauerhafter. Er lässt Menschen wachsen, ohne sie abhängig zu machen.

Was da passiert, hat mehr mit Liebe als mit Motivation zu tun. Es ist dasselbe, was in intakten Familien Normalität ist: Die Eltern nehmen ihr Kind wahr, sie spüren es, sie erkennen es an, so wie es ist. Anerkennung ist alles, was ein Kind braucht, um sich gesund zu entwickeln. An-Erkennung ist der Beginn des Erkennens. Und wenn man irgendwann so weit ist, dass man einen Menschen wirklich erkannt hat, dann liebt man ihn. Liebe ist die intensivste Stufe der Wahrnehmung.

Keine Sorge, ein Chef muss seine Mitarbeiter nicht lieben, aber er muss lernen, sie zu respektieren, sie wahrnehmen und ihnen die verdiente Anerkennung geben. Er muss sie nicht restlos erkennen, denn das hieße, sie zu lieben, und das ist nicht notwendig – auch wenn es ab und zu zum großen Glück aller vorkommt –, aber er muss sie zumindest respektieren. Und so ist es in jeder verantwortungsvollen Position. Ein Bürgermeister, der nicht imstande ist, seine Bürger zu respektieren, der kann nicht integrieren, sondern der spaltet und schwächt. Der Trainer einer Mannschaftssportart, der nicht jeden einzelnen Spieler respektiert, wahrnimmt und anerkennt, der schwächt sein Team. Ein Regierungschef oder ein Präsident, der nicht jeden einzelnen Bürger seines Landes zumindest respektiert, wirft sein Land zurück. Zugegeben, das braucht innerlich einen großen Raum. Eben eine große Persönlichkeit.

Wer es aber übertreibt mit der Anerkennung, wer unverdientes Lob und Anerkennung ohne erbrachte Leistung verteilt, der untergräbt den Stolz der Menschen und schwächt sie.

Die Klinsmannsche Art der Kabinenansprache, das Anfeuern und Motivieren, das Tschakka-Geschrei, das »Auf geht's!«, »Jetzt aber!«, »Ran!«, »Los!« ist ein Strohfeuer, das viel Startenergie erzeugt. Mehr nicht. Diese oberflächliche Form des Motivierens hat vor einigen Jahren in die Wirtschaft Einzug gehalten, aber zum Glück schon ihren Zenit weit überschritten. Jeder weiß inzwischen, dass dadurch keine nachhaltige Entwicklung ausgelöst wird. Ein solches kurzes, heftiges Aufflammen lässt Menschen, Organisationen und Gesellschaften ausbrennen. Ständige flache Feelgood-Motivation schafft Abhängigkeit vom Motivator und raubt Menschen die Selbstachtung – so wie auch ein selbstverständlicher Geldfluss ohne Gegenleistung Abhängigkeit schafft und Menschen die Selbstachtung raubt.

Der Chef, der morgens schon grinsend in die Firma kommt, mit einem lockeren Spruch auf den Lippen immer gute Stimmung verbreitet, bei jedem vorbei geht und fröhlich Hallo sagt, der stets positiv wirken will, immer für einen Sonnenstrahl sorgt, egal wie die Großwetterlage ist – der wirkt langfristig wie Brüssel auf Griechenland oder wie die Agentur für Arbeit auf Dauerarbeitslose: massiv schwächend.

Ich dachte früher, man müsse das so machen als Chef. Und ich konnte das gut. Für meine Mitarbeiter war ich ein Kumpel. Und ohne dass ich es bemerkte, hingen nach und nach alle meine Mitarbeiter an meiner Steckdose und saugten täglich von meinem Energievorrat. Irgendwann, das ist unvermeidlich, hatte ich dann selbst einmal eine energielose Phase. Als dann meine Mitarbeiter ihre gewohnte Ration Glückseligkeit nicht bekamen, bestraften sie mich mit miserabler Stimmung und schlechten Ergebnissen. Es war wie ein unausgesprochener Deal: Wir arbeiten genau dann, wenn du uns fröhlich machst. Wenn nicht, lassen wir dich hängen.

Die Leute waren abhängig von mir, und dafür war ich selbst verantwortlich. Es war eine höchst unglückliche Situation, die ich herbeigeführt hatte, indem ich jeden Tag jedem Mitarbeiter möglichst viel Anerkennung gegeben hatte, unabhängig von seinen jeweiligen Ergebnissen. Das war einfach nicht gerecht. Denn in Wahrheit habe ich dabei keinen der Mitarbeiter wirklich wahrgenommen. Unter der Oberfläche von Friede, Freude, Eierkuchen war unser Verhältnis eher unverbindlich. Für mich wären meine Mitarbeiter nicht durchs Feuer gegangen. Und so hart diese Erkenntnis für mich war, das war nur fair, denn ich wäre auch für meine Mitarbeiter nicht durchs Feuer gegangen.

Starke Führungskräfte sind in der Lage, große Distanz und Kälte zu zeigen und ihre Anerkennung zurückzuhalten, wenn sie merken, dass der andere sich in eine Position der Abhängigkeit begibt. Das ist eine große Kunst.

Diesen Punkt habe ich damals gelernt. Mir ist klar geworden, dass meine Leute sich nur weiterentwickeln, wenn ich sie fordere. Kurze Zeit später hatte ich eine Gelegenheit dazu.

Mein Team stellte unter anderem maßgefertigte Hightech-Rollstühle für Spitzensportler her und produzierte auch Rollstuhlrugby-Stühle für die Nationalmannschaft. Eine große Herausforderung, da Rollstuhlrugby ein Sport mit Vollkontakt ist – da kracht es gewaltig, und das beansprucht das Material aufs Äußerste. Unsere Produktion war auf einen Rollstuhl pro Werktag ausgerichtet. Aber eines Tages bekamen wir einen Auftrag aus Dänemark: Der Auftraggeber wollte bis zu einem bestimmten Termin eine Anzahl von Rollstühlen, die es erforderlich machte, dass wir zwei Stück pro Tag bauten. Also doppelt so viele wie bislang. Früher hätte ich den Auftrag abgelehnt oder so verhandelt, dass wir unsere Kapazitäten geschont hätten. Ich wollte mir ja nicht meine Beliebtheit im Team verderben. Aber jetzt … ich überlegte kurz und gab dann den Auftrag in die Fertigung.

Zwanzig Minuten später kamen der Produktionsleiter und der Projektingenieur in mein Büro gestürmt, und schon ging das Gezeter los: Wie kannst du das nur zusagen! Das geht nicht! Das schaffen wir doch nie im Leben!

Alles, was ich forderte, wurde demontiert. Es gab für meine Mitarbeiter tausend Gründe, warum wir es nicht schaffen konnten. Alle meine Argumente wurden abgeblockt. All das spielte sich noch auf unserer gewohnten alten Beziehungsebene ab.

Aber dann wechselte ich den Modus. Ich verlangte in strengem Ton Ruhe. Ich schaute alle meine Mitarbeiter genau an, versetzte mich in sie hinein und spürte: Sie können es! Dann sagte ich leise, ruhig, klar und deutlich: Wir haben einen Auftrag. Bitte überlegt ab sofort, wie ihr das hinbekommt. Ende der Diskussion. Ran an die Arbeit. – Dann verwies ich sie des Raumes. Ich spürte wie die gefühlte Raumtemperatur schlagartig in Richtung Gefrierpunkt fiel.

Und ich hatte mich nicht getäuscht. Sie schafften es. Es ging. Und siehe da: Keiner von ihnen war nachtragend. Sie hatten in diesen Tagen enorm dazugelernt. Sie arbeiteten besser zusammen, sie machten als Team einen Leistungssprung. Es brauchte hinterher nicht viele Worte, um diese Leistung anzuerkennen. Das Strahlen in den Gesichtern zeigte mir, wie stolz sie darauf waren, es geschafft zu haben.

Meine Position im Team war hinterher eine andere. Unser Verhältnis war distanzierter, kühler – aber von gegenseitigem Respekt geprägt.

Yawp!

Englischstunde im Eliteinternat. Es geht um Lyrik. Die Schüler sollen ein selbstverfasstes Gedicht vor der Klasse aufsagen. Der Lehrer lässt einen nach dem anderen vor die Klasse treten.

Zuerst spricht ein unsicherer, linkischer Schüler. Er hat sich Mühe gegeben und trägt nun sein schlichtes Gedicht leise, stockend und tonlos vor. Der Lehrer gibt ihm alle Zeit und unterbricht ihn nicht. Aber einige Schüler lachen. Sie machen sich über ihn lustig. Das Selbstvertrauen des Schülers sinkt noch weiter. Er bringt sein Gedicht rasch zu Ende und flüchtet auf seinen Platz. Dabei sagt er zum Lehrer: »Entschuldigung, ich kann es einfach nicht.«

Der Lehrer gibt ihm einen Klaps und sagt:»Nein, nein! Guter Versuch!« Und lässt ihn sich setzen, ohne weitere Anforderungen an ihn zu stellen. Denn er hat gesehen, dass der Schüler bereits am Limit war. Stattdessen greift er das Thema des Gedichts auf und sagt dazu etwas Allgemeines zur ganzen Klasse. Damit wertet er das Gedicht des Schülers als einen wertvollen Beitrag zum Unterricht.

Denjenigen, der am lautesten gelacht hat, nimmt er sofort in die Pflicht. Und sagt ihm das auch ganz offen:»Sie haben am lautesten gelacht. Darum sind Sie jetzt dran. Bitte.«

Der Schüler geht lässig, selbstsicher, fast schon überheblich nach vorne, faltet seinen Zettel auseinander und trägt vor:»The cat – sat – on the mat.«

Dann schaut er provozierend zum Lehrer und schlendert unter dem Gelächter der Klasse zu seinem Platz zurück. Er reckt den Daumen nach oben und signalisiert den anderen damit: Dem hab' ich's gezeigt.

Sein Vortrag war eine Demonstration der Respektlosigkeit. Und wie reagiert der Lehrer? – Er geht zu ihm und sagt:»Gratuliere! Sie haben es geschafft, sich für ein Gedicht eine Note jenseits der Sechs zu verdienen!« Alle lachen. Und schon ist die Überheblichkeit des Schülers verflogen.

Das Thema Auslachen ist damit erledigt. Dieser Zug ist gestoppt. Aber damit lässt er es nicht bewenden. Jetzt geht es darum, dem Schüler die Respektlosigkeit mit Respekt zu vergelten, um ihm die richtige Richtung zu zeigen. Er nimmt den Vortrag und damit den Schüler ernst und gibt eine präzise Rückmeldung:

»Die Einfachheit des Stoffs ist kein Makel. Einige der besten Gedichte aller Zeiten haben einen sehr einfachen Gegenstand. Wie eine Katze. Oder eine Blume. Oder Regen. Lyrik enthüllt oft die Schönheit in den kleinen Dingen. Nur ...«, er beugt sich zum Schüler herunter, »lassen Sie ihre Gedichte nicht gewöhnlich klingen!«

Das sitzt.

Als nächstes holt er Anderson, einen seiner schwächsten Schüler nach vorn. Er weiß, wie sensibel und verwirrt der junge Mann ist. Er kann ihm ansehen, dass es ihm nicht gut geht. Kein Wunder, denn er hat kein Gedicht vorbereitet. Besser gesagt: Er glaubte, seinen eigenen hohen Ansprüchen nicht gerecht werden zu können, und hat das Blatt mit seinem Gedicht am Vorabend zerrissen und weggeworfen.

»Ich habe es nicht gemacht. Ich habe kein Gedicht«, sagt er. Diese Schmach scheint ihm lieber zu sein, als womöglich vor der Klasse zu stehen mit einem schlechten Gedicht.

Der Lehrer weiß genau, wie es ihm geht. Er schaut ihn an, und dann konfrontiert er ihn offen. Er spricht zur Klasse: »Mr. Anderson glaubt, dass alles in ihm wertlos und beschämend ist. Das ist eine große Angst. Aber ich glaube, da liegt er falsch. Ich glaube, da ist etwas in ihm, das sehr, sehr wertvoll ist!«

Er baut seinem Schüler die erste kleine Stufe: Er bittet ihn, statt eines Gedichts nur ein einziges Wort aufzusagen: »Yawp!«

Er treibt ihn an, insistiert: »Na los, Sie werden doch ein ›Yawp‹ sagen können! Kommen Sie nach vorn!«

Anderson steht auf. »Yawp?«

»Nein, ein barbarisches YAWP!«

Anderson stellt sich verlegen vor die Klasse und sagt: »Yawp.«

»Nein. Lauter!«

»Yawp!«

»Nein! Was ist los? Auf jetzt! Lauter!«

»Yawp!«

»Raus damit, ruf es laut!«

»YAAAWP!!«

»Jawoll! Da ist es ja! Sehen Sie? Da ist ein wahrer Barbar in Ihnen!«

Aber damit nicht genug, das war nur die erste Stufe, jetzt

treibt er ihn weiter. Er zeigt auf das Porträt eines Dichters, das an der Wand hängt. Und fordert Anderson auf, zu sagen, was ihm zu diesem Mann einfällt. Er macht Tempo:»Nicht denken, einfach sagen, was Ihnen in den Sinn kommt!«

»Ein Mann. Ein verrückter Mann.«

Der Lehrer läuft im Kreis um seinen Schüler herum und treibt ihn an. Die Klasse schaut gebannt zu. »Was denken Sie über ihn?«

»Ein durchgeknallter Mann.«

Der Lehrer läuft weiter um ihn herum und verwirrt ihn vollkommen:»Oh, nein, Sie können das besser! Nicht denken! Was fällt ihnen ein? Nutzen Sie Ihre Vorstellungskraft. Sagen Sie mir, was ihnen im Kopf herumgeht, auch wenn es Quatsch ist!«

Er hält ihm die Augen zu, treibt ihn weiter an, dreht ihn im Kreis. Und plötzlich kommt Anderson ins Reden. Er beginnt den Mann, der sich in seinem Kopf herausbildet, zu beschreiben.

Der Lehrer gibt ihm Feedback:»Das ist hervorragend. Weiter. Lassen Sie ihn etwas tun.«

Anderson kommt in einen Redeschwall. Er beginnt klare Sätze zu sprechen, er kommt in einen Rhythmus, es ist, als ob die Wörter durch ihn hindurch sprechen.

Der Lehrer weicht zurück und hockt sich nieder. Die Schüler hören auf zu tuscheln. Anderson spricht. Es bricht aus ihm heraus. Er dichtet. Aus dem Stegreif. Euphorisch. Druckreif. Überraschend. Brillant. Alle sind völlig gebannt.

Nachdem er geendet hat, macht er die Augen auf. Schaut in die Runde. Alle starren ihn an, manche mit offenem Mund. Stille.

Dann klatschen seine Klassenkameraden und jubeln. Der Lehrer geht auf Anderson zu, schaut ihm in die Augen und flüstert:»Vergiss diesen Moment nie!«

Der Sinn bin ich

Führungskräfte wie dieser Lehrer, der von Robin Williams im Kinoklassiker »Der Club der toten Dichter« so brillant verkörpert wurde, bringen eine Renaissance der alten Meisterkultur mit sich. Solche Persönlichkeiten helfen anderen, das zu werden, was sie sein können. Es sind Menschenentwickler. Sie behandeln die Menschen, für die sie Verantwortung übernommen haben, gerecht, also ungleich: jeden anders. Den einen lassen sie ihn Ruhe, den anderen weisen sie zurecht, den Nächsten fordern sie heraus. Sie erkennen, auf welcher Stufe des Könnens und des Verständnisses ihre Leute gerade stehen, und sie wissen, was für jeden Einzelnen der individuelle nächste Schritt ist. Ihre Aufgabe sehen sie darin, die Menschen zu befähigen, diesen nächsten Schritt zu gehen. Nicht mehr und nicht weniger. Sind sie darin perfekt? Nein, sind sie nicht!

Sie sagen ihren Meisterschülern nicht, was sie als Nächstes tun sollen, sondern sie versetzen sie in die Lage, den nächsten Schritt allein zu tun. Sie nehmen ihnen nichts ab. Sie lassen sie sich entwickeln.

Manchmal sagen sie Sachen, die der andere nicht oder noch nicht verstehen kann. Aber das macht nichts, es wirkt trotzdem. Das Einzige was der Meister dazu braucht, ist das Vertrauen seiner Schüler. Dabei hilft ihm seine Autorität.

So sind wir eigentlich angelegt. In allen Völkern gab und gibt es diese Rolle des Meisters, des Ältesten, des Weisen, in die manche Mitglieder einer Gemeinschaft hineinwachsen. Ich habe noch nie erlebt, dass ein Vater gesagt hätte: Nein, mein Kind soll sich nicht entwickeln, sonst wird es uns ja nur gefährlich ... – Das macht keiner. Es ist ein Instinkt: Zuerst lernen wir, und irgendwann überschreiten wir eine Schwelle und werden selbst zum Lehrer.

Was solche Menschenentwickler sowohl von den Machern als auch von den Führungslosen unterscheidet, ist die fehlende Überheblichkeit: Sie sind auf selbstbewusste Weise bescheiden.

Der Macher ist selbst ein Könner. Er wäre in der Lage, anderen viel beizubringen. Aber er steht sich selbst im Weg, er ist viel zu aufgebläht, um etwas weitergeben zu können, und im Grunde möchte er gar nicht, dass jemand kann, was er kann. So macht er sich zum Flaschenhals.

Der Führungslose dagegen versteckt seine Autorität, er gefällt sich darin, seinen Schülern nicht voraus zu sein, obwohl das nicht stimmt. Er verbündet sich mit ihnen, sucht die Nähe, will ein Netter sein und gut dastehen. Aber er bringt ihnen nichts bei. Wenn alle im Stillstand verharren, fühlt er sich am wohlsten, denn das ist für ihn die ungefährlichste Situation.

Für den Menschenentwickler hat sich auch das Thema Sinnsuche erledigt, das den Führungslosen so sehr umtreibt. Der Menschenentwickler sucht den Sinn nicht, er verkörpert ihn: Ich bin Sinn! – Es ist sehr einfach, er fragt sich schlicht: Was kann ich geben? Was haben andere davon, dass es mich gibt? Was ist für diese Menschen die nächste Stufe der Entwicklung? Wo und wie kann ich meine Wirkungskraft zum Nutzen anderer mehren und einsetzen? Wie kann ich andere groß machen?

Der eigene Sound

Menschenentwickler werden automatisch zu Vorbildern. Nicht in allem, nicht für das ganze Leben, aber in Teilbereichen. Für mich war Björn Borg so ein Vorbild im Tennis. Ich habe die stoische Ruhe und Konzentration bewundert, mit der er Tennis gespielt hat. Er war für mich ein beeindruckendes Beispiel für gelungene Selbstführung. Ich wollte mir für mein Leben eine Scheibe von ihm abschneiden, denn ich dachte: So muss Björn Borg auch im Leben sein, nicht nur auf dem Tennisplatz.

Doch das war nur eine Projektion meiner Wünsche, nicht die Wirklichkeit. Björn Borg kam nach seiner Tenniskarriere mit dem normalen Leben überhaupt nicht klar. Wie so viele außergewöhnliche Sportler, Musiker oder Künstler. Er brachte sich um sein Vermögen und musste am Ende sogar seine Pokale versteigern.

Aber das ist nicht der springende Punkt. Björn Borg hat durch seine Konzentration und Klarheit auf dem Platz in mir etwas ausgelöst. Er hat mein eigenes Streben nach Konzentration und Klarheit geweckt. Die Anlage war schon in mir, sonst hätte ich diesen Wunsch nicht wahrnehmen können, doch Björn Borg war mir ein wertvolles Vorbild. Auch wenn ich ganz anders gespielt habe als er. Der einzigartige Johann Wolfgang von Goethe hat hierfür treffende Worte gefunden:

Wär nicht das Auge sonnenhaft,
Die Sonne könnt es nie erblicken.
Läg nicht in uns des Gottes eigne Kraft,
Wie könnt uns Göttliches entzücken?

Selbst war ich auf dem Tennisplatz damals oft mehr wie John McEnroe: Ich war impulsiv, habe rumgeschrien, meinen Schläger auf den Boden gepfeffert, mit dem Schiedsrichter gehadert. Und auch McEnroe habe ich bewundert, er verkörperte für mich die Faszination des Bösen, die dunkle Seite. Doch ich selbst konnte meinen Zorn nicht so gut für mein Spiel nutzen wie John McEnroe. Und stand mir damit selbst im Weg. Aber er hat mir geholfen, zu mir und meinen starken emotionalen Ausbrüche zu stehen.

Und dann war da noch Guillermo Vilas. Dieser muskulöse wie elegante Argentinier, der mit seinem kraftvollen Grundlinienspiel genauso beeindruckte wie mit seinem blendenden Aussehen und seinem strahlenden Lächeln. Er war ein

Ästhet, er dichtete, war nicht nur als Tennisspieler, sondern auch als Buchautor und als Musiker erfolgreich. Er hätte alles aus sich machen können, alles, was er anfasste, wurde zu Kunst – die Kunstform war egal. Vermutlich wäre er auch als Balletttänzer, Schlittschuhläufer oder Turner Weltklasse geworden. Er ruhte in sich, wirkte auf mich damals wie ein Erleuchteter. Und er war ein Frauenheld, man sagte ihm sogar eine Affäre mit Prinzessin Caroline von Monaco nach. Auch ihm eiferte ich eine Zeit lang nach, auch er war ein Vorbild für mich. Aber heute bin ich glücklich verheiratet, habe eine Familie und möchte mit Guillermo Vilas nicht tauschen. Denn er gelangte nie an den Punkt, eine seiner vielen Freundinnen als wirklich zu ihm gehörig anzusehen. Stets fragte er sich, ob er selbst überhaupt geliebt würde – und nicht nur das Bild, das sich andere von ihm machten. Er lebt heute allein und sagt: »Ich bin alles andere als froh darüber. Eine funktionierende Beziehung zu haben, ist das Wichtigste im Leben. Wichtiger als ein Sieg in Wimbledon. [...] Ich gebe die Hoffnung noch nicht auf, aber ich werde immer älter und fürchte allmählich, dass es nicht mehr passieren wird.«

Jedes meiner Vorbilder war nur für einen bestimmten Abschnitt meines Lebens ein Vorbild. Auch jeder meiner beruflichen Mentoren verkörperte jeweils nur einen Aspekt, der mir erstrebenswert erschien. Heute weiß ich, dass ein Vorbild lediglich eine Projektionsfläche für die eigenen Wünsche und Anlagen ist. Wenn ich selbst zum Vorbild werde, zum Beispiel als Chef, dann weiß ich, dass diejenigen, die zu mir aufschauen, in mir eigentlich nur einen Teil von sich selbst sehen. Und dass diese temporäre und partielle Verbindung für sie eine große Hilfe sein kann, das Beste aus sich zu machen. Aber eigentlich hat es nichts mit mir zu tun. Sie ziehen sich ganz von selbst an mir hoch. Ich muss nur dastehen und stillhalten, um es ihnen zu ermöglichen. Es ist kein Grund, mich großartig zu fühlen. Diejenigen, die eine

Zeit lang zu mir aufschauen, sind es, die großartig sind, denn sie wachsen.

Ein Vorbild im Vorbild-Sein ist für mich der Saxophonist Maceo Parker. Bis zu meinem Unfall spielte ich intensiv Klarinette und Saxophon. Es schmerzt mich heute noch manchmal, dass das durch die Lähmung in meinen Händen nicht mehr geht. Vor bald 50 Jahren stand Maceo Parker als junger Saxophonist gemeinsam mit dem großen James Brown zum ersten Mal auf der Bühne. James Brown war sein Meister. Heute ist er selbst einer. Dazu musste er zuerst die Musik in sich selbst entdecken. Zu Beginn orientierte sich Maceo Parker stark an seinem Namensvetter Charlie Parker, dem damals größten Saxophonisten der Welt, der in Harlem zusammen mit Dizzy Gillespie und anderen Jazz-Giganten den Bebop entwickelt und damit den Grundstein für den modernen Jazz gelegt hatte. Er dachte sich und seine Musik zunächst als eine Art »Maceo Parker interpretiert Charlie Parker«. Weil er technisch so brillant spielte, kam er damit ziemlich weit. Aber nicht weiter. Sein Durchbruch kam erst, als er begann, sich und seine Musik neu zu erfinden, sie in sich zu spüren. Seine eigene Musik. Seinen eigenen Sound. Als »Maceo Parker interpretiert Maceo Parker«. Anfangs konnte er noch nicht sagen, wie das klingen würde. Doch dann stellte er ein Gedankenexperiment an und überlegte sich: Wenn junge Saxophonisten mir zuhören würden und dann versuchen würden, mich zu imitieren und weiterzuentwickeln – so wie ich Charlie Parker imitiert hatte –, wie würde das klingen? Auf diese Weise dissoziiert von sich selbst, konnte er plötzlich seinen eigenen Sound hören. Es war eine völlig eigenständige Art zu spielen, die als »Maceo Sound« berühmt wurde und die er selbst umschrieb mit: »2% jazz, 98% funky stuff«.

Das machte ihn zu einem einflussreichen Künstler. Aber zu einem Vorbild wurde er für mich dadurch, dass er es heute ausdrücklich als seine Pflicht versteht, an so vielen Orten, so häufig und so lange zu spielen, wie er kann – jedenfalls wenn die Leute ihn hören wollen. Und das wollen sie. Maceo Parker ist heute 70 Jahre alt und spielt über 200 Konzerte im Jahr. So viel wie kein anderer Musiker seiner Klasse. Beeindruckend. Seine Konzerte dauern oft mehr als drei Stunden, er verausgabt sich dabei vollkommen. Maceo Parker ist für mich Vorbild für eine Haltung des Dienens, während man ganz bei sich bleibt. Das ist genau die Haltung, die Menschen zu Menschenentwicklern macht.

Menschenentwickler sind dienende Führer, die volle Selbstverantwortung übernehmen. Und sie machen nicht einfach nur ihr Ding. Sie sind nicht vom Ehrgeiz getrieben, sondern sorgen dafür, dass andere stark werden. So stark, dass sie selbst letztlich überflüssig werden.

Geben, wachsen, geschehen lassen

> Die größte Ehre, die man einem
> Menschen antun kann, ist die,
> dass man zu ihm Vertrauen hat.
> Matthias Claudius

Ich habe es gern, wenn meine Eltern in der Nähe sind. Vor allem jetzt, da sie älter werden. Die alte Dorfkultur, drei Generationen nah beisammen, das hatte schon etwas für sich. Wir leben das auch so. Meine Eltern haben ihr Haus auf dem Nachbargrundstück. Was für andere ein Graus wäre, hat für mich etwas sehr Gesundes, Natürliches. Sicher: Dazu muss ich meine Beziehung mit meinen Eltern geklärt haben. Ich bin ein erwachsener Mann, ich habe selbst eine Familie. Irgendwelche Gluckentendenzen bei meiner Mutter oder irgendwelches Dominanzgebaren bei meinem Vater hätte bei mir heute keine Chance mehr. Das ist geklärt.

Ich vertrete in unserer Familie die tätige Generation, die voll im Saft steht und vorangeht. Meine Kinder sind noch nicht so weit, mich darin abzulösen. Und meine Eltern sind über ihren Zenit hinaus, sie bescheiden sich mit einer zurückgezogeneren Rolle. Ich ehre und achte ich sie für das, was sie geleistet haben. Unser Verhältnis ist von Respekt und großer Dankbarkeit geprägt. Aber so, wie ich sie sein lassen kann, so lassen auch sie mich sein und versuchen nicht, an mir herumzuschrauben. Das ist wichtig.

Aber nicht nur ich muss mit meinen Eltern klarkommen. Sondern auch meine Frau. Mit dem Schwiegervater klarzukommen, ist für eine Frau ja nicht so schwer, der Senior lässt sich oft ganz leicht um den Finger wickeln. Aber das verflixte Verhältnis zwischen Schwiegertochter und Schwiegermutter ist nicht umsonst Gegenstand unzähliger Witze.

Es ist für eine Frau nicht einfach, einer Mutter den Sohn zu entwinden und sich bei ihr auch noch eine respektierte Stellung zu verschaffen. Da hilft kein Charme … Und wenn sich die verdeckten Scharmützel zwischen den beiden Frauen auch noch häufen, weil die Häuser dicht beieinander liegen, dann können die Emotionen bisweilen bis an die Decke hochkochen.

So war es auch bei uns. Dieses Gezeter! Jede der beiden wollte mich auf ihre Seite ziehen. Ständig das Gepetze – beide versuchten, die jeweils andere vor mir schlecht zu machen. Und die ständigen Anspielungen … Jede Seite goss immer wieder Wasser auf die Mühlen, und es hatte den Anschein, als würden die sich ewig weiterdrehen.

Ich hätte nun dazwischengehen und das Ganze manipulativ steuern können. Das hätte funktioniert. Aber dann wäre es immer nur so lange gut gegangen, so lange ich Einfluss genommen hätte, und während meiner Abwesenheit wäre alles beim Alten geblieben. Unterschwellig hätte die Anspannung in unserer Familie völlig unverändert fortbestanden. Keine Transformation.

Also überlegte ich, was ich tun konnte, und kam nach reiflicher Überlegung zu dem Schluss, dass es nicht an mir war, irgend etwas zu tun. Dass ich in Wahrheit besser nichts tun sollte. Anstatt etwas zu tun, konzentrierte ich mich darauf, zu sein, wer ich bin. Und genau so zu sein, wie ich bin.

Das hört sich ein wenig nach buddhistischer Gelassenheit an, hat damit aber nichts zu tun. Diese Haltung bestand einfach darin, beide Frauen zu lieben: meine Mutter als meine Mutter und meine Frau als meine Frau. Ich hatte nicht vor, mich für eine der beiden Positionen zu entscheiden. Ich ging nie auf eine gegen die jeweils andere gerichtete Anschuldigung ein. Ich reagierte auf keine Aufhetzereien, Anspielungen oder sonstigen Manipulationsversuche.

Mir war klar: Jede wollte bei mir die Nummer eins sein, aber ich weigerte mich einfach, eine Rangfolge zu bilden,

243

denn in meinen Augen standen die beiden Frauen in keinerlei Konkurrenzverhältnis. Sie spielten gar nicht gegeneinander, denn sie spielten auf völlig unterschiedlichen Spielfeldern eine jeweils unterschiedliche Sportart. Für mich war der Kampf zwischen ihnen ungefähr so sinnvoll wie ein Wettkampf zwischen Michael Schumacher im Silberpfeil gegen Viswanathan Anand am Schachbrett. Also enthielt ich mich jeder Wertung.

Das heißt aber nicht, dass ich die beiden ignorierte. Dafür schätze und respektiere ich sie viel zu sehr. Nein, ich hielt die Klappe, litt und hielt das Gezänk einfach aus. Ich verteidigte keine gegen die andere, ermahnte nur beide immer wieder, die Position der jeweils anderen auch zu bedenken – und harrte einfach aus.

Nach zwei Jahren war es vorbei. Sie haben es miteinander gelöst. Beide haben akzeptiert, dass die jeweils andere dazugehört. Sie haben sich arrangiert und irgendwann respektieren und schätzen gelernt. Und schließlich wurde sogar mehr daraus. Heute ist für mich jeder Tag zu Hause bei meiner Familie wie ein Fest.

Klappe halten!

Sie haben Vertrauen in sich, in andere Menschen und in die Welt. Menschenentwickler vertrauen. Sie haben Vertrauen in sich, in andere Menschen und in die Welt. Sie wissen: Wenn etwas geschieht, dann hat das seinen Sinn – ob man ihn nun versteht oder nicht. Sie wissen, dass es Menschen gibt, die ihr Vertrauen missbrauchen, aber das macht nichts, denn sie haben genug davon. Und sie haben gelernt, ihre eigenen Fähigkeiten und Schwächen genau zu erkennen und ohne Überheblichkeit und ohne Wehleidigkeit dazu zu stehen.

Vertrauen heißt verstehen und aushalten. Verstehen ohne unbedingt einverstanden zu sein. Wer das kann, nimmt die

Wirklichkeit, ob bei sich selbst oder bei anderen, ungeschönt wahr – auch wenn es wehtut. Das ist bemerkenswert, denn wir haben uns daran gewöhnt, diesen Schmerz zu vermeiden, wir lehnen ihn ab. Dabei sollten wir dankbar für den Schmerz sein, denn er ist eine Orientierungshilfe. Nur wenn wir das Signal bekommen, dass etwas nicht in Ordnung ist, können wir wissen, dass etwas anderes besser ist. Der Schmerz zeigt uns, wo wir nicht hingehören – also auch, wo wir hingehören. Er liefert uns wichtige Informationen. Ich spüre 90 Prozent meines Körpers nicht. Wie froh wäre ich, ich bekäme mehr Informationen …

Ob es nun körperlicher Schmerz ist oder seelischer Schmerz, macht keinen großen Unterschied, beides wird sogar in der gleichen Hirnregion verarbeitet. Deswegen ist seelischer Schmerz ja so grausam. Denken Sie an soziale Ausgrenzung wie Mobbing. Das ist eine Art von Folter.

Ein Menschenentwickler kann den seelischen Schmerz aushalten, wenn es nicht so gut läuft. Er muss ihn nicht wegmachen, verhindern oder vor ihm davonlaufen. Er muss nichts versüßen, das bitter schmeckt. Er kann einfach die Klappe halten, leiden – und wächst dabei.

Wenn die Zeit für jemanden oder etwas noch nicht gekommen ist, wenn jemand noch nicht bereit, noch nicht offen ist, dann kann er warten, bis es so weit ist. Er hält es auch aus, wenn er abgelehnt wird. Oder wenn man ihm nicht zuhört. Die Phase des Nicht-Gelingens, des Nicht-gehört-Werdens, des Nicht-Verstehens ist für ihn immer nur ein »noch nicht«. Kein »niemals«.

Und Vertrauensmissbrauch und Unehrlichkeit sind für einen Menschenentwickler nur Zeichen mangelnder charakterlicher Reife. Kein Grund zur Empörung. Er hat einen enormen Raum in sich, wie ein riesiges inneres Schwimmbecken – darin kann er den ganzen Dreck, der ihm begegnet, einfach aufnehmen und auflösen.

Wer diesen inneren Raum noch nicht hat, der versucht, auf

einer anderen Ebene mit dem Schmutz und dem Schmerz und dem Allzumenschlichen, das die Welt für ihn bereithält, umzugehen: beispielsweise, indem er alles unter den Teppich kehrt. Also das Negative unterdrückt, weil er es nicht aushält. Doch wir wissen alle, dass dieser ganze Unrat irgendwann wieder hochkommt – in verwandelter Form, dann meistens noch stinkender als zuvor. Zuerst nimmt er die Form von Vorwürfen an, die sich gegen andere richten.

Der Menschenentwickler dagegen weiß, dass Schmerz dazugehört, er muss den Dreck und das Allzumenschliche nicht ablehnen. Er muss auch nicht sofort reagieren. Er kann in Ruhe draufschauen, er hält es aus, bis es sich zum Besseren wendet.

Das bedeutet nicht, sich unbeteiligt daneben zu stellen. Nein, dieser Mensch übernimmt volle Verantwortung. Er fühlt sich verantwortlich und deshalb macht er – nichts. Er doktert nicht am Partner, an den Kindern, den Mitarbeitern, den Bürgern rum, er versucht nicht, überzogene Erfolge für sich zu verbuchen und den Leuten mit detaillierten Angaben den Weg zum Ziel zu weisen. Die Herausforderung besteht darin, die anderen machen zu lassen, auch wenn es vielleicht daneben geht – selbst wenn sich der andere dabei verrennt.

Er fühlt sich verantwortlich und deshalb macht er – nichts.

Er weiß: Es hilft nichts. Wenn er dem anderen die Schaufel wegnimmt, muss er das nächste Mal wieder selber buddeln. Die Situation wäre für einen Augenblick gelöst, aber das nächste Mal würde wieder nichts von selber gehen. So müsste er mehr und mehr investieren, und nichts würde sich ändern.

Ihm ist es nicht egal, wenn etwas schiefgeht, es macht ihm etwas aus. Aber er hält es aus. Bei den Menschen stehenzubleiben und sie auszuhalten, ist nicht leicht. Es gehört zum Schwersten, was ich kenne. Aber nur, wenn ich bei den anderen stehenbleibe und ihnen Raum gebe und sie dazu herausfordere, selbst mehr Raum einzunehmen, nur dann setzt Wachstum ein. Und das ist allen Schmerz wert.

Danke, Welt!

Der australische Schauspieler Russell Crowe steht im schwarzen Frack auf der glitzernden Bühne. Er hält einen Zettel in der Hand, auf dem der Name der Gewinnerin des Oscar 2002 für die beste weibliche Hauptdarstellerin geschrieben steht. Die fünf Nominierten im Publikum stehen kurz vor der Ohnmacht.

»And the Oscar goes to …« Crowe spricht mit sonorer Stimme und macht eine gekonnte Pause. Hollywood hält den Atem an. »… Halle Berry!«

Jubel bricht los, vier Verliererinnen versuchen, die Fassung zu bewahren und klatschen der Gewinnerin Beifall. Die Gewinnerin reißt die Hände vors Gesicht: »Oh mein Gott!«

Halle Berry, die brillante Darstellerin der Leticia Musgrove im Filmdrama »Monster's Ball«, beginnt augenblicklich zu weinen und scheint einen hysterischen Anfall zu bekommen. »Oh mein Gott! Oh mein Gott! Oh mein Gott!«

Sie stolpert in ihrem langen transparenten Kleid die Treppe zur Bühne hoch. Die Gäste im Saal, begeistert von der wunderschönen Halle Berry, sind sich der Bedeutung des Augenblicks bewusst, denn zum allerersten Mal erhält eine afroamerikanische Schauspielerin den Oscar. Sie erheben sich und jubeln ihr mit Standing Ovations zu. Sie fällt Russell Crowe um den Hals, der drückt sie, flüstert ihr etwas zu, gibt ihr die Trophäe in die Hand und überlässt ihr das Mikrophon.

Halle Berry schluchzt und heult und bekommt kaum etwas über die Lippen. Sie konzentriert sich auf das Wichtigste, was sie in diesem Moment tun kann: danken! Und wofür genau dankt sie?

Oh, my god. Oh, my god. I'm sorry. This moment is so much bigger than me.

I want to thank my manager, Vincent Cirrincione. He's been with me for twelve long years, and you fought every fight, and you've loved me when I've been up, but more importantly you've loved me when I've been down. You have been a manager, a friend, and the only father I've ever known. Really. And I love you very much.

I want to thank my mom who's given me the strength to fight every single day to be who I want to be and given me the courage to dream that this dream might be happening and possible for me. I love you, Mom, so much. Thank you.

(…)

Thank you for believing in me. Our director Marc Forster, you're a genius. You're a genius. This moviemaking experience was magical for me because of you. You believed in me; you trusted me and you gently guided me to very scary places. I thank you.

(…)

I want to thank my agents – CAA, Josh Lieberman especially. I have to thank my agents – Kevin Huvane, thank you. Thank you for never kicking me out and sending me somewhere else.

(…)

I need to thank lastly and not leastly … I have to thank Spike Lee for putting me in my very first film and believing in me. Oprah Winfrey for being the best role model any girl can have. Joel Silver, thank you. And thank you to Warren Beatty. Thank you so much for being my mentors and believing in me.

Thank you! Thank you! Thank you!

Da ist jemandem bewusst, von wem er inspiriert wurde. Da ist jemandem bewusst, von wem er inspiriert wurde. Menschenentwickler sind Inspiratoren. Das heißt, sie geben den Menschen geistige Funken, die in ihnen zünden und ein Feuer entfachen. Diese Funken entstehen dadurch, dass sie in einem Menschen etwas sehen, was noch gar nicht da ist, aber da sein könnte. Sie sehen den anderen in groß. Und dann behandeln sie ihn so, wie er sein könnte – damit er wird, wer er sein könnte. Das ist manchmal auch unbequem.

Bei den Oscar-Verleihungen kann man immer wieder hören, wie die Preisträger denen danken, die an sie geglaubt haben. Es gibt kaum etwas, das Menschen mehr Selbstvertrauen gibt, als wenn eine Person, die sie respektieren, an sie glaubt und in ihnen mehr sieht, als im Augenblick schon da ist.

Was der Inspirator in dem Menschen sieht, muss dabei gar nicht realistisch sein, das ist nicht der Punkt. Er spricht einfach das Größere in einem Menschen an, bis herauskommt, was da ist. Es kann weniger sein als das, was der Inspirator gesehen hat, aber das ist egal, denn der Mensch ist daran gewachsen.

Das muss auch keine Heldengeschichte im Hollywood-Format sein, es genügt, wenn der Handwerksmeister in seinen Lehrling den fertigen Meister sehen kann, die Mutter in ihrem Kind einen kreativen Musiker entdeckt oder der Chef in einem Mitarbeiter den künftigen Abteilungsleiter erkennt. Es muss nicht einmal jemand davon erfahren, selbst der Lehrling, das Kind oder der Mitarbeiter nicht. Es geht um ein Einwirken auf unbewusster Ebene, dadurch dass man *an jemanden glaubt* – das wirkt. Oder, wie Johann Wolfgang von Goethe es ausdrückte: »Behandle die Menschen so, als wären sie, was sie sein sollten, und du hilfst ihnen zu werden, was sie sein können.«

Es kann sein, dass der Inspirator für den Menschen gar keine angenehme Figur ist, sondern ein unbequemer Zeitgenosse, ein Stachel im Fleisch, wie ein strenger Lehrer oder der Fußballtrainer, der den Jungen immer wieder auf die

Bank setzt und ihn immer wieder nur in der zweiten Halbzeit einwechselt, bis sich der Junge grün und blau ärgert und zur Hochform aufläuft.

Was ein Inspirator aber stets unterlässt: Jede Form von »Du bist nicht ok«-Botschaften. Denn er hat Respekt gegenüber dem, was schon da ist. Der Mensch ist ok, seine Erfolge sind ausbaubar. Das ist ein schmaler Grat: Menschen einerseits zu fordern und zu Höchstleistungen anzustacheln, andererseits keine Rückmeldungen zu geben, nach dem Muster: »Du musst erst dies oder jenes schaffen, damit du ok bist.« Für diese schwierige Aufgabe muss der Inspirator ganz und gar präsent sein. Darf nicht in eigenen Erwartungen und Meinungen verstrickt sein. In seinem Geist muss Ruhe herrschen. Deswegen gibt es auch so wenige herausragende Coachs und Mentoren. Wenn einer ein Ergebnis abliefert und gesagt bekommt: »Ja, das ist schon ganz gut, aber du hättest doch …«, dann ist die implizite Botschaft, die in wenigen Worten ankommt: »Das hätte besser sein müssen. Also bist du nicht ok!«

Der Schlüssel liegt darin, dass der Inspirator einerseits vollen Respekt für das Erreichte zeigt, aber gleichzeitig das Potential sieht. Er fragt dann vielleicht behutsam: »Wow. Das ist großartig. Was lässt sich noch daraus machen?« Oder: »Ich bin begeistert. In welche Richtung lässt sich das jetzt noch weiterentwickeln?« Oder: »Respekt! Was willst du jetzt damit anstellen?«

Das, was jemand erreicht hat, ist ok. Und von diesem Punkt aus gehen wir weiter. Und wenn der andere sich nicht weiterbewegen will – aus Faulheit, aus Angst, aus Überheblichkeit –, dann gibt der Inspirator ihm einen Schubs. Oder einen kräftigen Stoß. Vielleicht muss er ihn striezen und ärgern, vielleicht muss er ihn anstacheln, vielleicht braucht er ein Zuckerle vor der Nase, vielleicht auch einen Bunsenbrenner unterm Hintern. Jedenfalls bringt er ihn in Bewegung: »Der

Brief ist gut. Aber ist das der beste Brief, den Sie schreiben können? Nein? Dann hätte ich jetzt gerne das Beste, was Sie können!« Clint Eastwood brachte es in seiner Definition von Erfolg auf den Punkt: Gib jeden Tag dein Bestes, und du wirst sehen, wie weit du kommst.

Diese Aufforderung, das Beste zu geben, ist eine generelle Einstellungssache, die in Unternehmen oder Familien oder Sportmannschaften zu einer Kultur werden kann, zur Selbstverständlichkeit, zur Grundhaltung. Nicht der Sieg wird gefordert. Sondern das Bestmögliche.

Musterbrecher

Aber er selbst, der Menschenentwickler, er macht nichts. Ein Macher räumt selbst auf. Ein Führungsloser macht Unordnung. Aber ein Inspirator macht gar nichts – trotzdem ist bei ihm immer alles aufgeräumt. Er ist ein machender Nichtmacher, ein tätiger Tatenloser.

Er geht durch die Firma und hört die Missstimmung. Aber er geht nicht hin, wie der Macher, um das zu regeln. Stattdessen stellt er Fragen. Er interessiert sich für das, was vorgeht. Er versucht zu verstehen, was die Ursache für die Missstimmung ist. Er überlegt, ob es am System etwas grundsätzlich zu verbessern gilt. Oder ob das etwas Einmaliges ist, das von selbst wieder vergeht. Wenn es etwas Systemisches ist, dann sagt er innerlich danke und reagiert – aber nicht sofort. Er denkt zuerst gründlich nach.

Er sagt nicht: Leute, kapiert ihr das eigentlich nicht? Er nennt keine Namen, benennt keine Schuldigen, fragt nicht, wie das nur passieren konnte. Aber er analysiert. Er befragt die Vorgesetzten: »Wie sehen Sie das Verhältnis von Herrn Maier und Frau Müller?«, »Tritt das Problem nur bei den beiden auf, oder haben Sie das hier öfter?«, »Was glauben Sie, woran das liegt?«, »Betrifft das noch andere?«, »Was genau ist passiert an dem Tag, als das anfing?«, »Sehen Sie Handlungsbedarf?«, »Was schlagen Sie vor?«, »Wie sähe eine Lösung aus, damit das nicht mehr vorkommt?« – Der Menschenentwickler steht daneben, überlegt und stellt Fragen. Fragen, die eine Erkenntnis im Kopf des anderen auslösen. Und die zentrale Frage lautet: Was muss passieren, damit die Ergebnisse besser werden und es ohne mich läuft? Dadurch mischt er sich ein, ohne sich einzumischen.

Weil diese entscheidende Frage ihn umtreibt, ist ein Inspirator froh über Krach. Er versteht Auseinandersetzungen als einen klugen Weg zur Selbstfindung eines Menschen oder einer Gruppe. Denn das bringt alle einen Schritt weiter. Ein Bekannter von mir ist Führungskraft in einem mittelständischen Fertigungsunternehmen. Früher hatte er den Laden auf direktive Weise voll im Griff. Da wurde es bisweilen laut, er konnte richtig gut rumbrüllen, seinen Leuten den Kopf geraderücken und für Ordnung sorgen. Damit kamen in der Produktionshalle alle gut zurecht.

Heute aber hat er sich weiterentwickelt. Heute brüllt er nicht mehr. Dafür hat er in seiner Halle so viel Krach wie nie zuvor. Jetzt spielt seine Mannschaft auch mal schlechter zusammen. Und wenn es gute Gründe für konstruktive Konflikte gibt, hält er sich raus. Und dann zoffen sich die, dass die Fetzen fliegen! Früher hätte er so was im Keim erstickt.

Wichtig dabei ist, dass das Team um eine Lösung in Richtung Leistungssteigerung ringt. Nicht um Ausreden und Schuldzuweisungen. Heute freut er sich über diese Art fortgeschrittener Auseinandersetzung, denn er weiß, sein Team wird gerade jeden Tag besser, während er selbst immer überflüssiger wird. Die Selbstregulation der Gruppe nimmt zu. Und er hat begriffen: Das ist das einzig vernünftige Ziel einer Führungskraft. Auch aus egoistischen Gründen. Er hat jetzt mehr Freizeit.

Ein Inspirator versteht unter seiner Aufgabe mehr als nur

die Zielerreichung, auf die die nächste Zielsetzung folgt. Der große Peter Drucker sagte es in etwa so: Um was es bei Management geht, ist nichts weniger als die Zukunft der Gesellschaft. Wenn das so ist, muss die Aufgabe einer Führungskraft mehr sein, als nur dafür zu sorgen, dass der Laden läuft. Wirkungsvolle Führung versetzt Menschen in die Lage, gemeinsam Großes zu leisten. Sie sorgt dafür, dass die Schwächen Einzelner oder des gesamten Teams weniger ins Gewicht fallen. Mit jedem Menschen, den ein Inspirator stark macht, stärkt er nicht nur das Unternehmen, sondern dieser Mensch geht ja auch gestärkt nach Hause zu seinem Lebenspartner und zu seinen Kindern. Inspiratoren, Mentoren, Führungskräfte und Vorbilder im unternehmerischen Umfeld stärken die Gesellschaft immer auch über den Unternehmenskontext hinaus. Das ist die soziale Funktion des Managements.

Ich hatte einmal einen Mitarbeiter, dem war es sehr wichtig, gut dazustehen, also ein gutes Bild nach außen abzugeben. Mir war klar, dass das auch zu Hause so lief, sicher auch in der Beziehung zu seiner Partnerin und zu allen Menschen in seinem Umfeld. Doch eine solche Lebenseinstellung bindet unglaublich viel Energie, sowohl bei dem Betreffenden selbst als auch bei den Menschen um ihn herum. Es ist ein Blockademechanismus. In Meetings beispielsweise verhinderte dieser Mitarbeiter, dass das Team zum Kern des Problems vordrang, weil ihm wichtiger war, die Wahrheit so zu verschleiern, dass er selbst dabei gut wegkam.

In Gesprächen fand ich heraus, dass seine Frau zu Hause ein richtiger Piranha war. Sie bot ihm einen Deal an: Pass auf, es läuft so. Ich bin deine Trophäe. Ich sehe super aus, und du kannst mich überall rumzeigen, ich gebe ein blendendes Bild ab, und ab und zu gibt es Sex. Ich ziehe die Kinder nach meinen Vorstellungen groß und sorge dafür, dass sie vorzeigbar sind. Und dafür will ich das und das und das von dir haben. Erstens Aufmerksamkeit, und zwar viel. Zweitens Materielles, und zwar viel. Und drittens beides auf einmal. Er sollte zum Diener ihrer Vorstellungen werden. Und da sie ihm emotional haushoch überlegen war, lief es genau so ab. Ihm fehlte es an Selbstbewusstsein, deswegen wollte er unbedingt wenigstens vor anderen gut dastehen.

Ich bekam das mit. Und mir war klar, dass er sich sein Unglück selbst zuzuschreiben hatte. Aber es stand mir nicht zu, ihn darauf anzusprechen. Ich war kein Lebensberater, ich war auch nicht sein Freund, ich war nur der Chef. Was wir aber taten: Wir thematisierten das Motiv des Gut-dastehen-Wollens in der Firma, denn es betraf uns alle unmittelbar.

Verfiel er wieder in sein Muster, durchbrach ich es: Gut, Sie wollen damit jetzt gut dastehen. Das ist in Ordnung. Und jetzt? Wie geht es in der Sache weiter? – Ah, ich verstehe. Sie kommen gut dabei weg. Das ist ok. Aber was bringt uns das jetzt?

Ich ließ ihm das Muster einfach nicht mehr durchgehen. Aber ich kritisierte ihn nicht dafür. Ich regte vielmehr an, dass wir gemeinsam überlegten, wie wir jenseits des Gut-Dastehens vorankommen konnten.

Da seine Ergebnisse besser wurden, setzte mit der Zeit eine Transformation ein.

Da seine Ergebnisse besser wurden, setzte mit der Zeit eine Transformation ein. Er wurde immer mittiger, immer selbstbewusster. Je mehr sich seine Unsicherheit legte, desto weniger hatte er es nötig, gut dazustehen. Irgendwann war er dann soweit, zu erkennen, dass zu Hause seine Frau auf dem Kutschbock saß und die Peitsche schwang, während er der Esel war, der den Karren zog.

Er erzählte eines Tages, dass er sich vorgestellt hatte, wie er gemeinsam mit seiner Frau alt werden würde. Dabei hatte er solche Angst vor ihr bekommen, dass er sich augenblicklich von ihr trennte.

Inspiratoren erkennen, wenn Menschen gut dastehen wollen, wenn sie andere schlecht dastehen lassen wollen, wenn sie recht haben wollen, wenn sie andere ins Unrecht setzen wollen, wenn sie gebraucht werden wollen, wenn sie glauben, schon alles zu kennen, wenn sie Dinge als richtig oder falsch bewerten, um sie sich vom Leib zu halten, oder es ihnen an Differenzierungsvermögen mangelt. Ihnen ist nichts Menschliches fremd. Sie verstehen, ohne einverstanden sein zu müssen. Sie erkennen die wahren Motive der Menschen – und kritisieren sie nicht. Sondern helfen den Menschen behutsam, Verhinderungsmuster zu überwinden und die nächste Stufe ihrer Entwicklung zu erreichen.

Neue Sicherheit

> Es gibt keinen Feind. Es gibt keinen Sieg.
> Nichts gehört niemand alleine …
> Es gibt genug für alle.
> Herbert Grönemeyer

»Opa, ich grab' jetzt ein Loch durch die ganze Welt!«

Mein Opa schaute mich voller Respekt an und sagte nichts. Das war ein großes Vorhaben, das ich ihm da ankündigte. Schließlich war ich erst zehn Jahre alt. Für dieses Alter war ein Loch durch die ganze Welt ein ziemlich großes Vorhaben: ein Sprung ins Ungewisse, etwas Unerhörtes, ein echtes Wagnis und ein Kraftakt von einer Dimension, die für mich völlig im Dunkeln lag. Entsprechend ernst war es mir damit.

Ich hatte mir den Garten meiner Großeltern genau angeschaut. Ich liebte ihn und verbrachte dort viel Zeit, darum kannte ich jeden Winkel, jeden Stein, jede Pflanze, jeden Baum. Ich meinte bisweilen sogar, einzelne Schnecken wiederzuerkennen.

Die Wiese war in meinen Kinderaugen zwar flach, aber sie war nicht so flach wie ein Blatt Papier, das war mir klar. Und sie war nicht dünn, sondern sie ging nach unten weiter. Sie war nur die Oberseite von etwas viel Größerem. Etwas, das entdeckt werden wollte.

Wenn ich über die Wiese ging, die mein Opa frisch gemäht hatte, konnte ich unter dem Gras die Erde spüren, die schwer und groß unter mir lag. Ich schloss die Augen und fühlte durch meine Fußsohlen hindurch in die Tiefe. Da war ein unglaublich großer Raum, auf dem ich stand, gefüllt mit massivem Erdreich und Steinen. Noch intensiver war das Gefühl für den Boden, wenn ich mich flach auf die Wiese legte und in die Wolken schaute.

Aber irgendwo unter mir verlor sich mein Raumgefühl. Ich fragte mich, was da ganz unten noch alles ist. Was kommt unter der Erde und den Steinen?

Ich wusste ja schon, dass die Erde eine Kugel ist. Wenn man also immer weiter grub, musste man logischerweise irgendwann auf der anderen Seite rauskommen. In Australien, sagte man mir. Irgendwann auf dem Weg durch die Welt mussten sich das Oben und das Unten verkehren, denn mir war schon klar, dass ich, wenn ich auf unserer Wiese lag, gewissermaßen Rücken an Rücken lag mit all den Jungen, die in Australien auf einer Wiese lagen. Mein Unten zeigte genauso zur Mitte der Welt wie das Unten dieser australischen Jungen. Faszinierend!

Aber wie ging das? Wie war das, wenn sich das Oben und das Unten verkehrten? Wurde man dann durch die Luft gewirbelt und einmal um 180 Grad gedreht? – Das musste ich herausfinden. Ich hatte ein Projekt.

Meine Oma wollte dazu auch etwas sagen: »Mensch, Boris, das bringt doch n…«

Doch mein Opa schnitt ihr das Wort ab: »Lass ihn!«

Er stand auf, legte mir die Hand auf die Schulter und nahm mich mit zum Schuppen. Dort holte er den großen Spaten raus und gab ihn mir in die Hand. Dann führte er mich auf die Wiese und deutete mit der Hand auf eine Ecke: »Hier kannst du anfangen.« Und das tat ich.

Mein Opa ließ mich graben und kehrte zu seiner Holzbank, seiner Zeitung und seinem Tee zurück.

Es war eine sehr schwere Arbeit. Mir lief der Schweiß in Strömen herunter. Ich hatte mein Hemd ausgezogen, und die Sonne brannte mir auf die Schultern. Die Erde war schwer. Wenn ich ein Stückchen mit dem Spaten ausgestochen hatte, musste ich die Erde aufnehmen und neben das Loch auf einen Haufen werfen. Das fiel mir mit der Zeit immer schwerer. Das Loch musste breit genug sein, damit ich durchschlupfen konnte. Doch es war so viel Erde!

An diesem Nachmittag schaffte ich es, das Loch bis auf die Tiefe von zwei Spatenstichen auszuheben. Dann dachte ich: Ich mach' mal eine Pause. Für heute ist es genug. Dabei ist es dann geblieben, ich bin an das Projekt nicht mehr drangegangen. Irgendwie war es nicht mehr der richtige Zeitpunkt dafür. Dabei hatte ich die ganze Zeit das Gefühl, dass ich es schon schaffen könnte, wenn ich wollte. Es durfte ja nicht so schwierig sein. Nur eben sehr viel Arbeit. Ganz schön anstrengend. Mein Opa hat dazu nichts gesagt. Keinen Ton. Inzwischen lebt er nicht mehr. Er fehlt mir. Doch mein Projekt habe ich nie aufgegeben, bis heute nicht. Ich habe es nur verschoben. Das mit dem Verbinden der Welten hat sich nur möglicherweise auf eine andere Ebene verschoben. Und wer weiß, vielleicht wage ich mich ja eines Tages wieder an das Projekt ...

Sachbearbeiter

Es gelingt nicht alles, was wir machen. Vor allem nicht sofort. Aber wenn es Menschen gibt, die anderen den Raum für große Taten geben, die ihnen einen Platz geben, ihnen die Werkzeuge in die Hand drücken und ihnen die Erlaubnis geben, dann bewegt sich etwas, dann wächst etwas. Dann probieren Menschen sich aus, testen ihre Kräfte und beginnen herauszufinden, was sie können und was nicht. Sie lernen ihre Stärke kennen und spüren die Macht, die sie über sich selbst haben.

Personen, die anderen Menschen zum Wachsen verhelfen, brauchen dazu nicht viele Worte. Ihre Tätigkeit ähnelt darin ein wenig der eines Gärtners. Doch ihre Aufgabe ist komplizierter. Denn ein Gärtner pflegt und umhegt seine Pflanzen vor allem. Sie wachsen besser, wenn er sie düngt und gießt und von Unkraut und Schädlingen befreit. Je mehr er sich um seinen Garten kümmert, desto schöner wächst alles. Jedes Pflänzchen hat den ihm zugewiesenen Platz, wurde ausgesucht und gepflanzt. Und gedeiht, wenn der Gärtner einen grünen Daumen hat. Menschen hingegen hören auf zu wachsen, wenn man sich zu sehr um sie kümmert. In Familien mit zu großer Fürsorge durch eine gluckenhafte Mutter oder, seltener, durch einen übervorsichtigen Vater werden Kinder nicht selbstbewusst und stark. Befähigung an Stelle von Bemutterung wäre der bessere Weg. Menschen wollen nicht nur gefördert, sondern auch gefordert werden. Sie brauchen einschneidende Erfahrungen, müssen sich bewähren können, müssen auch mal in ihre Schranken gewiesen werden.

Manche Menschen haben ein Händchen dafür, andere Menschen stark zu machen. Sie lassen das Selbstbewusstsein und die Selbstverantwortung der ihnen Anvertrauten größer werden, sie bringen ihnen bei, am Ende wirklich zu liefern, nicht nur zwischendurch beschäftigt zu sein. Selbstbewusste und selbstverantwortliche Menschen wollen von sich aus ein Ergebnis bringen, sie wollen sich in ihrem Arbeitsergebnis zeigen, sich ausdrücken, sie wollen zur Kenntnis genommen und anerkannt werden. Dafür bekommen sie beim Menschenentwickler Raum. Gärtner haben eine grünen, Menschenentwickler einen rosa Daumen.

Unter den Händen eines Menschenentwicklers entsteht ein Klima des Wirkens, nicht nur des Tuns oder Machens. Es ist ein zielgerichtetes Tun, das zum Wachsen des Ganzen beiträgt. In diesem Klima entsteht Freude am Wachstum des jeweils anderen. Neid verschwindet. Denn es ist genug für alle da. Es gibt nicht nur das tätige Individuum, die Machernatur, nach der sich alle anderen richten müssen. Es gibt auch nicht nur die Gemeinschaft, die über allem steht und der sich das Individuum unterordnen muss. Sondern es gibt sowohl das Individuum als auch die Gemeinschaft, eines geht nicht ohne das andere, und ihre scheinbare Gegensätzlichkeit ist auf einer höheren Ebene vereint.

Insofern ist ein solches Wachstum ganzheitlich: individuell und kollektiv zugleich, eines befördert das andere. Es ist nicht nur ein Persönlichkeitswachstum, und es ist auch nicht nur ein reines Wirtschaftswachstum, sondern beides geht Hand in Hand. Mit zunehmendem persönlichen Wachstum wird es besser für alle. Und umgekehrt.

Darum steht der Menschenentwickler dem Thema Geld positiv gegenüber. Kapital ist für ihn Gestaltungskraft, denn es ermächtigt Menschen, ganzheitlich zu wachsen. Er lehnt Geld nicht ab wie die Führungslosen. Ihm ist Geld ähnlich wichtig wie dem Macher. Aber auf andere Art und Weise. Der Menschenentwickler hat keine Dollarzeichen in den Augen, er entwickelt keine Gier. Er hat ein distanzierteres Verhältnis zum Geld, das er vor allem als Ausdruck von Wirkung betrachtet. Und diese Wirkung ist nicht seine rein persönliche Macht. So wie bei einem Weitspringer die Leistung in Metern und Zentimetern gemessen wird, bemisst man in der Wirtschaft eine Leistung am Ende in Geld. Doch damit es überhaupt zu einem Ergebnis kommt, gilt es viele Zwischenschritte zu beachten, und auf die lenkt der Menschenentwickler sein Hauptaugenmerk. Ihn interessiert vor allem der Prozess des Wachsens, der durch Kapital ermöglicht wird. Er lässt sich positiv vom Ausgang dieses Wachstumsprozesses überraschen. Er konzentriert sich auf die Wertschöpfung. Dass sich das Geld daraufhin vermehrt, ist eine logische Konsequenz. Ein Ergebnis vieler kleiner Schritte. Er liebt die Schritte und freut sich dann über das Ergebnis. Der Kreislauf wird geschlossen, wenn das Geld nicht einfach abgeschöpft, sondern wieder in den Wachstumsprozess zurückgespeist wird. Eine Reinvestition mit klugem Sachverstand. Ohne Eitelkeiten und Statuswahn. Mehr als für die Höhe der Rendite interessiert er sich für den Raum an Möglichkeiten, der sich durch eine Investition eröffnet. Die

Rendite ist nur eine Messgröße, die Aufschluss darüber gibt, dass im Prozess tatsächlich Wertschöpfung stattfindet. Ihn aber fasziniert die Dynamik des Wirtschaftens, nicht die Statik des Reichseins.

Er ist Experte für den Vorgang des Wachsens, und er weiß genau, welches Klima dieser Vorgang braucht: ein mit Bedacht hergestelltes Vertrauensklima. Am Geldrückfluss kann er ermessen, wie es um das Vertrauensklima bestellt ist. Denn mit Vertrauen im Inneren einer Organisation oder einer Gesellschaft funktioniert alles besser, schneller, reibungsloser. Kein blindes Vertrauen, das auf Dummheit oder Faulheit basiert. Sondern kluges Vertrauen, das durch das richtige Maß an Kontrolle entsteht. Wenn ein Mensch, der andere führt, sich selbst vertraut, dann ermöglicht ihm das, auch seiner Organisation und allen Menschen darin zu vertrauen. Sein Vertrauen in die Organisation erzeugt Vertrauen innerhalb der Organisation. Und Vertrauen innerhalb einer Organisation erzeugt Vertrauen im Außen, beispielsweise bei Kunden und Geschäftspartnern. All das **Vertrauen wird zu Geld.** treibt die Wertschöpfung an. Vertrauen wird **Vertrauen ist Geld.** zu Geld. Vertrauen ist Geld.

Das ist eine ganz andere Art, zu Geld zu kommen, als sie der Macher pflegt, der menschliche, finanzielle und natürliche Ressourcen auspresst. Das ist ein revolutionärer Umschwung, fast wie vor 12 000 Jahren, als sich nomadische Menschen, die sich lange als Jäger und Sammler durchgeschlagen hatten, niederließen, um nachhaltiger zu wirtschaften, indem sie Landwirtschaft und Viehzucht betrieben.

Damit verbunden ist eine ganz andere Einstellung zu Geld. Der Menschenentwickler hat die innere Überzeugung, dass der Mensch das Geld erschafft hat und damit Herr des Geldes ist – nicht, dass der Mensch ein Sklave des Geldes ist, woran die Führungslosen noch so hartnäckig glauben. Anders als der Macher bietet er nicht Menschen Geld, damit sie etwas leisten. Sondern seine Haltung ist genau andersherum:

Menschen leisten etwas, wenn man ihnen vertraut, dadurch erzeugen sie Werte. Das Geld kommt dann als Ergebnis einer Wertschöpfungskette am Schluss ganz von selbst herein. Macher konzentrieren sich darauf, Geld für sich selbst zu erwirtschaften. Führungslose konzentrieren sich darauf, Geld zu verteilen. Der Menschenentwickler weiß, dass das Geld zu ihm kommt. Er ist sich sicher, dass die Wertschöpfung, die der Mensch erreichen kann, prinzipiell unerschöpflich ist und dass es deshalb keinen Mangel an Geld geben muss. Wenn bis jetzt an manchen Orten oder bei manchen Menschen Geldnot herrscht, dann deshalb, weil diese Menschen noch zu wenig an anerkanntem Wert produzieren. Oder weil alles, was da war, bereits verteilt oder ausgegeben wurde oder weil es ihnen weggenommen wurde. Doch die innere Sicherheit, dass man jederzeit neue Wertschöpfungsmöglichkeiten entdecken kann, entspannt den Menschenentwickler. Er sieht einen Kuchen, der so vergrößert werden kann, dass genug für alle da ist. Anders als der Führungslose, der einen konstant zu kleinen Kuchen sieht, der auch noch ungerecht verteilt wird.

Diese entspannte Haltung irritiert uns heute noch. Sie wird von Führungslosen als Desinteresse und von Machern als Führungsschwäche interpretiert. Wenn es um das Führen von Unternehmen oder Gesellschaften geht, haben wir immer noch das alte mechanistische Bild im Kopf, wonach man nur die richtigen Hebel umlegen muss, damit alle Rädchen ineinandergreifen und die Sache rundläuft.

Wenn es dann irgendwo zwischen den Zahnrädern hakt und ruckelt, wenn der Output nicht so kommt wie geplant, dann setzt das die Führungskräfte unter Druck: Sie haben nicht dafür gesorgt, dass alles läuft wie geschmiert. Sie sind letztlich schuld am schlechten Ergebnis, das sich in zu wenig Geld ausdrückt, sei es zu wenig Jahresgewinn oder zu geringe Steigerung des Bruttoinlandsprodukts.

Also müssen die Abläufe optimiert werden. Also braucht

es neue Gesetze, neue Restrukturierungsprogramme, neue Prozesse, neue Leitlinien und Verordnungen, neue Formulare, neue Programme, neue Behörden, neue Anreize, neuen Druck. Diese Führungskräfte in Wirtschaft und Gesellschaft, die noch ein mechanistisches Weltbild haben, agieren eher wie Sachbearbeiter. Sie regeln und steuern und kontrollieren. Sie führen nicht. Sie entwickeln die Menschen nicht. Sie vertrauen nicht. Sie lassen nicht wachsen. Sie lassen nicht los. Sie haben Angst.

Das Ende der Überheblichkeit

Wo Menschenentwickler wirken, nehmen einige Dinge zu, andere nehmen ab. Druck wird weniger weitergegeben zum Beispiel. Eine Führungskraft, die möchte, dass sich die Menschen in ihrem Verantwortungsbereich weiterentwickeln, hält den Druck, der von oben in der Hierarchie ausgeübt wird, einfach aus und leitet ihn nicht ungefiltert an die Mitarbeiter weiter.

Das echte Interesse an den Menschen nimmt zu, dementsprechend wächst die Fähigkeit zur Empathie. Aber obwohl solche Führungskräfte ihre Mitarbeiter viel besser kennen, als das die Macher tun, fühlen sie sich nicht verantwortlich für ihr Wohlbefinden. Das ist nicht ihre Aufgabe.

Menschenentwickler sagen zu weniger Dingen ja, aber dafür konsequenter und entschlossener. Und sie sagen zu mehr Dingen nein. Warum? Sie fokussieren sich auf nur ganz Weniges. Sie misten aus und werfen Altlasten über Bord. Sie verstehen sich sowohl auf harte Konsolidierungsphasen als auch auf rasantes Wachstum. Sie können nicht nur eines von beiden. Ob nun Konsolidierung oder Wachstum angesagt ist – oder beides, im gesunden Wechsel –, sie ziehen das durch. Sie packen zu und lassen los. Je nach Situation.

Macher packen immer weiter zu und vergessen loszulassen. Führungslose packen erst gar nicht richtig zu.

Die allgemeine Problemlösungskompetenz wächst. Mitarbeiter einer Organisation, die von einem Menschenentwickler geführt wird, erkennen immer genauer, dass Probleme nicht da gelöst werden, wo sie entstanden sind, sondern auf einer anderen Ebene. Sie behandeln nicht mehr nur die Symptome, da sie die Entstehung und die Wirkungsweisen von Problemen verstehen. Sie lösen die Ursachen auf und lassen dadurch die Symptome verschwinden.

In der Psychologie wird zwischen externaler, äußerer, und internaler, innerer Zuschreibung unterschieden. Nun ist es so, dass manche Menschen die Ursachen für einen Misserfolg internal, also im jeweiligen Menschen, suchen, andere external, also in den äußeren Umständen. Wenn ich beispielsweise denke: »Peter kommt nicht zu meiner Party. Der mag mich wohl nicht mehr«, dann suche ich die Ursache internal. Wenn ich aber denke: »Peter ist noch nicht da, hoffentlich hatte er keinen Unfall!«, dann suche ich die Ursache external.

Macher steigern sich in die internale Attribution zu sehr hinein, und Führungslose fallen andauernd der externalen Attribution zum Opfer. Menschenentwickler halten beides für möglich, sie nehmen erst mal nur wahr und warten, bis sie genügend Informationen für eine passende Zuschreibung gesammelt haben.

Sie können sowohl mit Individuen arbeiten als auch mit Systemen. Einerseits arbeiten sie daran, dass jeder Einzelne ein kleines Stückchen besser wird in dem, was er tut. So stärkt die Ebene der Individuen zugleich auch das ganze System. Andererseits sind sie nicht naiv: Selbstverständlich gibt es umgekehrt auch systemische Auswirkungen auf jeden Einzelnen. Macher setzen nur auf das Individuum, Führungslose nur auf die Gemeinschaft, Menschenentwickler auf beides. Wenn jeder einzelne Verkäufer eines Pharmaunternehmens ein klein wenig besser im Abschlussgespräch wird, kann das die Marktstellung des gesamten Unternehmens enorm verbessern. Wenn aber in einem Winter die übliche Grippewelle ausbleibt, dann hat eine Firma, die nur von der Erkältungswelle lebt, echte Probleme, da hilft keine individuelle Verbesserung.

Menschenentwickler sehen das aus Menschen gebildete System, sie sehen aber auch den Einfluss des Systems auf den einzelnen Menschen. Sie sehen die Chancen für jeden Einzelnen im System, und sie sehen die Chancen, die sich für das gesamte System aus jeder Veränderung der Umwelt ergeben. Darum fahren sie niemals nach Standardprogramm oder gerade angesagter Modewelle, beispielsweise »Personalkosten einsparen« oder »Internationalisierung vorantreiben« oder »Produktion auslagern« oder »Qualitätsmanagement verbessern«, sondern sie finden heraus, was in einer jeweiligen Gesamtsituation und in einer jeweils individuellen Situation zu tun ist. Individuell und systematisch. Menschenentwickler sind nicht personenzentriert wie die Macher. Und sie sind nicht systemgläubig wie die Führungslosen. Sie sind unerhört flexibel.

Sie machen viel weniger als die Macher, und sie reden viel weniger als die Führungslosen, aber sie bewirken durch die entwicklungsfördernden Fragen, die sie stellen, auf Dauer viel mehr als beide. Dank ihres persönlichen Tiefgangs. Wo Menschenentwickler wirken, verändern sich die Dinge, denn verändern, das ist eine ihrer Kernkompetenzen. Sie sind Transformatoren.

Wo Menschenentwickler wirken, verändern sich die Dinge.

Die meisten Manager oder Politiker, die etwas verändern möchten, scheitern an der gummiartigen Widerstandskraft des Systems. Wenn sie antreten, um etwas zu verändern, dann begründen sie das mit einer Verbesserung, die sie am System vornehmen möchten. Das impliziert aber eine Aussage über die Vergangenheit: Wenn das Neue gut sein soll, heißt das, dass das Alte schlecht war. Dementsprechend wehren sich alle, die am Alten mitgewirkt haben, denn sie fühlen sich in ihrem Selbstwertgefühl verletzt: Solange du nicht anerkennst, was ich gemacht habe, erkennst du mich nicht an. Und dann mach' ich nicht mit! – Individuen haben die Macht, sich gegen Veränderungen im System zu sperren. Jeder, der Veränderungsprozesse in Unternehmen zu verantworten hat, weiß genau, wie das ist. Wie Don Quichotes Kampf gegen die Windmühlen.

Ein Menschenentwickler weiß, dass Systeme nichts Statisches sind, sondern sich in einem dynamischen Entwicklungsprozess befinden. Eine Änderung ist nur ein neuer Impuls, der keinerlei Aussage darüber beinhaltet, ob das Alte gut oder schlecht war. Deshalb kann ein Menschenentwickler das Alte ausdrücklich würdigen und wertschätzen. Bevor er das nicht gemacht hat, schlägt er niemals etwas Neues vor. Denn das Problem ist nicht die Veränderung selbst. Sondern dass mit Veränderungen oft das Selbstwertgefühls der Beteiligten verletzt wird. Das ist entscheidend.

Bei einem Unternehmen der verarbeitenden Industrie durfte ich das miterleben. Das Unternehmen war geprägt von informellen Gruppen mit ihren eigenen politischen Interessen, von Mauscheleien und Filz . Und jeder biederte sich bei seinem jeweiligen Chef an.

Unser Beratungsteam ging nach einem Standardprozess vor: Wir wollten mehr Transparenz, Klarheit und Führungskompetenz einführen. Aber nichts von dem funktionierte so wie sonst. Die Mitarbeiter und ihre Führungskräfte stellten sich quer und rebellierten gegen jede Veränderung. So sinnvoll sie auch sein mochte. Jeder tat nur das Nötigste. Nach oben wurde gebuckelt, nach unten getreten. Es war eine schlimme, sehr stabile Form von Hierarchiedenken, und wir bissen mit unseren Vorschlägen auf Granit.

Ich grübelte darüber nach, warum wir ausgerechnet bei diesem Unternehmen nicht landen konnten mit dem, was anderswo tadellos funktionierte. Dieses Unternehmen war doch eigentlich einfach gestrickt. Die Defizite lagen offen, und auf den ersten Blick schien vieles schnell zu verbessern. Und doch funktionierte gar nichts. Das System war unglaublich schwerfällig. Ich kam zu dem voreiligen Schluss, dass die Mitarbeiter überfordert waren, dass das Unternehmen einfach noch nicht so weit war, dass alles, was wir anboten, eine Nummer zu hoch war. – Damit hatte ich die Schwelle zur Überheblichkeit überschritten. Ab diesem Moment versuchte ich, die Verantwortung für das Misslingen auf das Unternehmen abzuwälzen und uns selbst besser dastehen zu lassen, indem ich das Unternehmen und seine Mitarbeiter abwertete. Wenn es nicht funktionierte, konnte es nur daran liegen, dass die zu kleingeistig und wir schon zu weit fortgeschritten waren. Wie anmaßend!

Die Auflösung kam dann im Seminarraum, als das Projekt schon kurz davor war, komplett vor die Wand zu fahren. Ich bemerkte, dass einige Führungskräfte dabei waren, die auf der Schwelle zum Durchbruch standen, aber unbewusst hartnäckig auf der Bremse standen. Diese Menschen waren ganz und gar keine Unfähigen, es waren talentierte Leute.

Auf einmal sah ich klar, dass ich versucht hatte, mich über diese Leute zu stellen. Warum? Weil mein Selbstwertgefühl angeknackst war. Und warum das? Weil die Transformation des Unternehmens diesmal einfach nicht klappen wollte. Deswegen wurde Selbstwertgefühl bei mir zum Thema! Weil es eine Projektion war: Selbstwertgefühl war das neuralgische Thema des gesamten Unternehmens. Ich wusste intuitiv, dass ich damit den Hebel an der richtigen Stelle ansetzten würde. Ich hatte meine Zielscheibe gefunden und meinen Bogen justiert. Ich unterbrach das Seminar und sagte: »Übrigens: Was wir hier gerade machen, hat nichts damit zu tun, dass das, was in diesem Unternehmen bislang passiert ist, nicht gut gewesen wäre. Es war gut. Sehr gut sogar! Die

Sie haben etwas geschaffen, auf dem wir jetzt aufbauen können.

Ergebnisse sprechen eine eindeutige Sprache. Und Sie können stolz darauf sein. Sie haben etwas geschaffen, auf dem wir jetzt aufbauen können.«

Sämtliche Köpfe gingen auf einmal hoch. Volltreffer! Alle schauten mich an, die Augen wurden groß. Hallo? – Das war's! Der Mangel an Anerkennung. Jetzt wusste ich, wie die Transformation gelingen konnte.

Ich sagte: »Schauen Sie doch mal die Ergebnisse genauer an: Dieses Wachstum in den letzten zehn Jahren, das muss Ihnen erst mal jemand nachmachen! Und hier: die Verbesserung der Marktanteile. Sie haben die bewährte Produktpalette noch weiter verbessert und interessante neue Produktideen hinzugefügt. Heute haben Sie ein solides, starkes Standing am Markt. Das alles ist hervorragend! Nehmen Sie das bitte genau wahr! Das ist der Stand, auf dem Sie jetzt weitermachen können. Sie haben sich eine ausgezeichnete Ausgangslage erarbeitet. Meine Frage an Sie ist: Wie geht es von hier aus weiter? Was wollen Sie daraus machen?«

Damit war der Gordische Knoten durchschlagen. Lange hatte es gedauert! Fast zu lange. Aber seitdem habe ich es nie wieder falsch gemacht. Jeder, der irgendwo einen Wandel initiieren will, ob in der Politik, im Unternehmen, in der Schulklasse, der Beziehung oder sonst wo, der muss zwingend zuerst seine aufrichtige Anerkennung aussprechen für das, was bis jetzt da ist.

Wer keinen Bumerang an den Kopf bekommen will, macht es auf keinen Fall so, wie die Bundesrepublik nach der Wende 1989, die den Hinterwäldlern aus dem Osten mal zeigen wollte, wo der Hammer hängt. Besser wäre es damals gewesen, das Selbstwertgefühl der Menschen in der DDR anzusprechen und zu stärken, um dann gemeinsam mit ihnen und allem, was gut war in der DDR, weiterzugehen. Dazu hätte man beide Staaten differenzierter wahrnehmen müssen. Denn es gab Bereiche in der DDR, in denen sie der

BRD überlegen war. Es wäre gar nicht so schwer gefallen, echte Anerkennung auszusprechen. Jedenfalls wäre das die Aufgabe unserer gesellschaftlichen Führungskräfte gewesen. Wohlgemerkt: Dabei geht es nicht darum, schleimige Pseudo-Komplimente zu machen, sondern um stimmige, echte Anerkennung. Die kann man nicht vorspielen. Wer ein Transformator ist, hat hart daran gearbeitet, diese Anerkennung wirklich zu empfinden. An jedem Menschen und jeder Organisation lässt sich etwas Anerkennenswertes finden. Wirkungsvolle Transformatoren üben das tagtäglich.

Gebündeltes Licht

Neuerdings ist es beim Thema Führung Mode geworden, mit dem Schlagwort der »Werte« nur so um sich zu werfen. Werteorientiert müsse man sein, zig Werte integrieren, werteorientiert kommunizieren. Nach dem Motto: Viel hilft viel.

Alles Quatsch! Ich sage, zwei Werte genügen vollkommen – wenn man sie geistig durchdringt und aus tiefer Überzeugung vorlebt: Verantwortung und Respekt. Mehr Werte braucht es nicht. Wer sich an diesen beiden Leitsternen orientiert, kann alles Weitere daraus ableiten.

Dieses Prinzip, lieber weniger, dafür mehr in die Tiefe, zieht sich wie ein roter Faden durch alles, was ein transformierender Menschenentwickler in den Fokus nimmt. Er schüttet sich nicht überall aus, wie eine Gießkanne. Wer sich überall gebraucht fühlen will, wer in den Augen anderer wichtig sein will, wer immer viel zu tun haben will, der wird zur Gießkanne. Doch wer weniger tut, aber dafür intensiver, sich auf den wirkungsvollsten Punkt fokussiert wie ein Brennglas und diesen tief durchdringt, erzielt eine viel größere Wirkung. Dieses Prinzip hat Konsequenzen. Nämlich vor allem die, sehr, sehr viele Dinge *nicht* zu tun. Und es schenkt große Flexibilität. Denn wer irgendwo ganz war und das restlos erledigt hat, der kann danach woanders hingehen und bleibt nicht überall noch halb kleben. Menschenentwickler sind auch in dieser Hinsicht unabhängig. Weil sie ganz da sind, wo sie gerade sind.

Der Macher Uli Hoeneß kann nur bei seinem Heimatverein Bayern München wirken, nur dort, wo er jeden Menschen, jede Ecke, die Atmosphäre, die Stadt und den Menschenschlag kennt. Es wäre undenkbar für ihn gewesen, nach Dortmund oder Stuttgart zu wechseln. Man kann sich das gar nicht vorstellen. Schon gar nicht in ein anderes Land. Ein Menschenentwickler wie der erfolgreichste Fußballtrainer der Welt, der Portugiese José Mourinho, kann dagegen in Portugal, England, Italien und Spanien erfolgreich sein und Titel holen. Dort, wo er gerade ist, entfaltet er totale Wirkung. Die meisten Spieler entwickeln sich unter ihm enorm weiter. Und alle Vereine, bei denen er war, wurden mit ihm deutlich erfolgreicher als zuvor. Und wenn er sein Werk getan hat, bricht er einfach seine Zelte ab und zieht mit seinem Trainerstab, dem teuersten im Weltfußball, einfach zum nächsten Top-Club – um dort wieder Unglaubliches zu leisten. Beeindruckend! Auch wenn er von den Führungslosen als arroganter, selbstverliebter Menschenverächter bezeichnet wird.

Bayern München ist für eine weitere Erkenntnis ein interessantes Beispiel: Außer Uli Hoeneß, dem Macher, der mit viel Einsatz den FC Bayern München zu einer Geldmaschine gemacht hat, gibt es dort ja noch den Kaiser: Franz Beckenbauer, der souverän Fußballweltmeister wurde, sowohl als Spieler als auch als Trainer. Und der als Krönung auch noch als Funktionär auf smarte und charmante Weise die Fußballweltmeisterschaft 2006 nach Deutschland geholt hat. Der FC Bayern wird eben nicht nur von einem Macher geführt, sondern profitiert auch seit Jahren von einem Inspirator …

Menschenentwickler arbeiten quantitativ nicht mehr so viel. Sie erhöhen lieber die Intensität, die Wirkung jeder gearbeiteten Stunde. Sie erhöhen die Emotionalität, die Transparenz sich selbst gegenüber, die Feinfühligkeit. Sie erkennen sich selbst immer besser, und das gibt ihnen die Fähigkeit, andere immer besser zu erkennen. Reifung heißt: Reduktion, Tiefenwirkung, Intensität, Sensibilität. Diese Qualitäten befähigen Transformatoren, Menschen wahrzunehmen, anzuerkennen und ihre Entwicklungsblockaden aufzulösen. Sie erkennen an sich selbst beispielsweise: Aha, ich bin gerade wie ein kleines, verletztes Kind, das es der Welt zeigen will. Es ist so. Gut, dann ist es so. Wie kann ich mich dank dieser Erkenntnis jetzt weiterentwickeln? Da ist er wieder, der Dreiklang: erkennen, anerkennen und transformieren. Und wenn ich den Punkt dann in mir selbst bearbeitet und transformiert habe, kann ich diese mentale Bremse auch bei anderen Menschen lösen. Kann anderen bei der Transformation helfen. Ohne Vorurteile. Ohne erhobenen Zeigefinger. Das zeichnet einen exzellenten Mentor aus!

Der Menschenentwickler erkennt dann, dass der Verkäufer sich die Abschlussfragen nicht zu stellen traut, weil er vor dem Kunden gut dastehen möchte. Dass der Manager wie ein Getriebener arbeitet, weil er panische Angst davor hat, als Verlierer dazustehen. Dass ein Mitarbeiter zu ungeduldig mit sich und der Welt ist, weil die innere Angst, es nicht zu schaffen, ihn antreibt.

In dem Moment, in dem man seine eigenen Motive oder die Motive von anderen Menschen wahrnimmt und anerkennt, treten sie aus dem Schatten hervor und grinsen einen an: »Hallo, ich wollte dir doch nur bei deinem Erkenntnisprozess helfen ...« Sobald die Motive aus dem Schatten hervorgetretenen sind, führen sie die Menschen nicht mehr wie den Bären am Nasenring durchs Dorf. Es muss nicht mehr sein. Es gibt keinen Grund mehr. Bremsklötze können sich in Luft auflösen, es muss gar nichts weiter getan werden.

Da hilft kein Aktionismus, das dauert. Es ist ein Prozess. Aber es lohnt sich.

Wer sich als Mensch selbst angenommen hat, muss nicht mehr den ganzen Heckmeck mitmachen, um sich von anderen angenommen zu fühlen. Der muss sich als Führungskraft nicht mehr prostituieren und damit seine Mission verraten, andere zu entwickeln. Wenn jemand erkannt hat: Ja, ich brauche Liebe, in mir ist nicht genug Selbstliebe, oder: Ich bekomme in meinem privaten Nest zu wenig Liebe; deswegen biedere ich mich bei anderen an, um mich geliebt zu fühlen. – Dann kann er ab diesem Moment die Selbstliebe wachsen lassen. Kann auf ganz neue Weise in Führung gehen.

Wenn wir Deutschen uns selbst besser erkennen würden, dann hätten wir auch als Gesellschaft ein höheres Selbstwertgefühl, ein stärkeres Selbstvertrauen. Wir wären stärker, wenn wir erkennen würden, dass gerade diese Stärke uns selbst Angst macht, weil wir ein Bild von uns selbst im Kopf haben, bei dem der Starke den Schwachen automatisch unterdrückt, unterjocht und vernichtet. Das ist ein fest zementiertes Bild aus unserer historischen Landeserfahrung. Eine wohl begründete Angst der Volksseele.

Dabei äußert sich wahres Selbstvertrauen nicht in kruden Allmachtphantasien, sondern es ist stimmig mit der Realität. Das Bild von Deutschland, das uns aus geschichtlichen Gründen selbst Angst macht, war im Grunde nie ein Bild der Stärke. Nicht unsere Stärke hat uns vor zwei, drei Generationen so gefährlich gemacht, sondern unser schwaches Selbstwertgefühl. Es ist idiotisch, so zu tun, als ob man glücklich wäre, wenn man es nicht ist. Und es ist genauso blödsinnig, so zu tun, als sei man schwächer, als man es eigentlich ist. Es sei denn, man wählt Understatement als Taktik bei Verhandlungen. Aber die Befindlichkeit eines ganzen Volkes hat mit solchen taktischen Manövern nichts zu tun.

Es ist idiotisch, so zu tun, als ob man glücklich wäre.

272

Wahre Stärke bedeutet, dass man dafür sorgen kann, dass alles um einen herum wächst. Diese Fähigkeit haben wir als Deutsche. Wir sind mit Abstand die stärkste Nation in Europa, sowohl wirtschaftlich als auch politisch. Wenn Europa stagniert und kriselt, dann deshalb, weil wir uns kleinmachen und die Verantwortung, die mit unserer Stärke verbunden ist, wegschieben.

Nun hilft es nichts, diese Stärke herbeizureden und nach starker Führung zu schreien, solange wir uns vor lauter Angst vor uns selbst nicht in unserer vollen Stärke wahrnehmen. Solange das nicht aufgelöst ist, werden wir – und mit uns Europa – weiter stagnieren.

Würden wir uns so stark fühlen, wie wir sind, dann müssten wir auch nicht so viel über andere schimpfen: über Polen, Schweizer, Engländer, Franzosen, Griechen – die BILD-Zeitung ist der Spiegel unserer Volksseele. Es ist das Gleiche wie in Paarbeziehungen. Wenn der eine stark ist, kann er den anderen sein lassen. Und dann ist alles gut.»Wer nichts beweist, der beweist schon verdammt viel«, singt Herbert Grönemeyer.

Der Starke hat Zuversicht. An ihm können sich alle anderen aufrichten. Er bleibt ruhig. Er bleibt einfach weiter auf seinem Kurs, egal was die anderen sagen. Schnell machen? Schnell wachsen? Wofür denn! Dem Starken ist es egal, wann er es schafft, er ist sich nur sicher, dass er es schafft.

Wir überschätzen leicht, was einer in einem Jahr hinbekommen kann. Aber zugleich unterschätzen wir massiv, was jemand in zehn Jahren geschehen und wachsen lassen kann. Alle Aufgeregtheit ist fehl am Platz, wenn man in innerer Sicherheit ruht.

Natürlich ist auch der Starke fehlbar. Das ist selbstverständlich. Aber er kokettiert nicht mit seinen Fehlern, er definiert sich nicht über seine Schwächen. Er driftet nicht in Selbstzerfleischung ab. Er ist ein selbstsicherer Zweifler. Je unruhiger die See wird, desto ruhiger steht er an Deck.

Vertrauen Sie mir!

Wenn ich mit dem Flugzeug fliege, brauche Hilfe ich beim Einsteigen in die Maschine. Die Fluggesellschaften sind darauf eingestellt. Es gibt dafür einen speziellen Rollstuhl, der so schmal ist, dass er durch den Mittelgang passt. Ich wechsle also vor der Einstiegsluke von meinem eigenen Rollstuhl in den schmalen Transfer-Rollstuhl, dann werde ich zu meiner Sitzreihe gefahren und setze mich dort auf den normalen Sitzplatz. Mein Rollstuhl wird verstaut. Beim Aussteigen das Gleiche wieder retour.

Da ich nun schon oft geflogen bin, kenne ich die ganze Prozedur und habe sie so perfektioniert, dass sie schnell und reibungslos geht, ohne dass ich dabei meine Sicherheit vernachlässige. Denn das Umsetzen ist nicht ungefährlich. Wenn ich dabei umkippe oder zwischen die Rollstühle falle, kann ich mir schwere Verletzungen zuziehen, und das Personal der Fluggesellschaft schafft es auch nicht ohne Weiteres, mich wieder aufzuheben. Also muss ich sehr aufpassen.

Das Problem dabei ist: Ich weiß ganz genau wie es geht. Ich bin in diesen Momenten der absolute Top-Experte für meine Bedürfnisse und Fähigkeiten. Ich beherrsche das Einsteigen, Umsteigen, Aussteigen. Aber so gut wie jeder »Fußgänger« fühlt sich im ersten Moment mir als Rollstuhlfahrer überlegen. Er sieht nur die körperliche Schwäche des Behinderten und denkt, er müsse jetzt sagen, wo es lang geht. Deswegen neigt der Helfer leicht dazu, dem Rollstuhlfahrer Anweisungen zu geben, statt umgekehrt. Aber es ist nun mal so: Ich muss führen, sonst bin ich nicht sicher.

Der heikelste Moment dabei ist das Umsteigen von meinem eigenen Rollstuhl in den schmalen Transfer-Rollstuhl, denn der ist nicht sehr stabil und recht kippelig. Vor der ovalen Einstiegsluke stelle ich meinen eigenen Rollstuhl in eine ganz bestimmte Position, und dann dirigiere ich die Helfer, sodass sie den anderen Rollstuhl genau passend hinstellen und auf optimale Weise fixieren.

Neulich war ich wieder an genau diesem Punkt. Ein junger Mann hatte den schmalen Rollstuhl dicht an meinen gestellt und wollte mich nun dazu bewegen umzusteigen.

Ich sagte: »Nehmen Sie bitte den Stuhl weiter nach hinten.«

Er zog ihn ein Stückchen zurück.

»Bitte noch weiter.«

Er zögerte.

»Bitte ziehen Sie den Stuhl noch ein Stück weiter zurück. Sie werden gleich verstehen, warum.«

Er korrigierte die Position des Stuhls nochmals ein wenig und schaute mich dann an.

»Noch ein Stück.«

Nun verweigerte er. Er hatte das Vertrauen verloren. Er verstand den Sinn der ganzen Aktion nicht. Er dachte, ich wolle ihn schikanieren. Und weil er so gestrickt ist, wie fast alle jungen Menschen heute gestrickt sind, machte er nicht mehr weiter, sobald er den Sinn des Ganzen nicht verstand.

Nun ist es aber so, dass ich es ihm nicht erklären konnte. Es ist zu komplex. Es würde zu viel Zeit beanspruchen. Und Zeit ist Mangelware beim Einsteigen in ein Flugzeug. Er musste erleben, warum es sinnvoller war, den Stuhl noch deutlich weiter nach hinten zuschieben. Aber um es erleben zu können, musste er machen, was ich sage. Er stand vor einer Hürde und musste darüber springen. Und vor der Hürde stand er nun und verweigerte.

Das ist eine typische Situation, die jeden Macher-Typen heute überfordert. Mit Befehl und Gehorsam wäre er vor zwanzig Jahren noch sehr weit gekommen. Aber mit der jungen Generation hat er so keine Chance. Hätte ich gesagt: »Sie tun gefälligst, was ich sage, immerhin bin ich hier derjenige, um den es hier geht!«, dann hätte er sich nur noch mehr verweigert. Die Fronten hätten sich verhärtet. Und selbst wenn er meiner Aufforderung nachgekommen wäre, gelernt hätte er nichts. Weil er nicht mitgedacht hätte. Er hätte den Fehler beim nächsten Mal wieder gemacht, bzw. er hätte den Trick, den ich ihm zeigen konnte, nicht übernommen.

Ich blieb ganz ruhig, denn ich kannte sowohl diese Führungssituation als auch den rein technischen Vorgang gut genug. Und ich hatte außerdem meinen Frieden mit einem mangelnden Selbstwertgefühl als Rollstuhlfahrer gemacht. Ich suchte den Augenkontakt mit ihm und sagte dann freundlich: »Ich kann Ihnen das nicht auf die Schnelle erklären. Aber Sie werden es gleich verstehen. Vertrauen Sie mir!«

Ab diesem Moment machte er mit. Er zog den Stuhl weiter zurück, als er selbst es sinnvoll fand. Dort wo die Fluggastbrücke auf das Oval der Einstiegsluke trifft, entsteht eine kleine Kante. Ich dirigierte also den Mann mit dem Transfer-Rollstuhl ganz nahe an die Einstiegsluke heran und bat ihn, sich hinter den Transfer-Rollstuhl zu stellen, sodass der auf gar keinen Fall nach hinten umkippen konnte. Dann fuhr ich im passenden Winkel so daneben, dass ich mich mit der Rückseite meines Rollstuhls genau zwischen die Kante und den Transfer-Rollstuhl schob. Die beide Rollstühle waren jetzt verkeilt und standen bombenfest. Eine sichere Lösung fürs Umsteigen, und der Helfer kann mich nachher direkt ohne Kurve in den Flieger reinfahren. Die Strategie ist perfekt.

Er staunte und sagte dann: »Oh, das ist ja klasse!«

Wir schauten uns an, beide dankbar für den jeweils anderen.

Mir ist erst später klar geworden, wie typisch diese Szene für den Führungsalltag war. Wirksame Führung geht nur mit Vertrauen. Das Vertrauen entspringt der Gewissheit, dass ich als Führungskraft weiß, wo es lang geht. Nur wenn ich Selbstvertrauen habe, vertraut mir der andere. Beim Blick in die Augen hört jede Schauspielerei auf. Der andere merkt es auf jeden Fall, wenn ich mir nicht sicher bin. Und dann zweifelt er und zieht nicht mit.

Wenn der andere sich aber darauf einlässt, muss die Führungskraft liefern! Sie muss unter allen Umständen zeigen, dass sie wirklich weiß, wo es langgeht. Dann wächst das Vertrauen, dann entstehen Lernsituationen, dann folgt der andere weiter, dann entsteht Dankbarkeit, dann wächst er.

Die Menschen sind heute permanent auf Sinnsuche. Ein Macher ist da vollkommen hilflos, denn formale Macht hilft in dieser Frage kein bisschen weiter. Aber wenn die Leute merken, dass die Führungskraft weiß, was sie tut, dann vertrauen sie erst einmal ein Stück weit. Dann wird das Vertrauen durch Erfolge gerechtfertigt und wächst. Und irgendwann merken die Leute: Was er macht, ist stimmig und ergibt Sinn. Es geht nicht darum, dass ein Menschenentwickler immer recht hat, sondern darum, dass das, was er sagt, Sinn ergibt. Dass er als Person stimmig ist, aus seinem innersten Wesen heraus.

In der Zeit, die auf die Verwirrung der Führungslosen folgt, nehmen dieses Vertrauen, dieser Respekt, diese menschliche Verbundenheit zwischen Meister und Lehrling, Lehrer und Schüler, Führer und Geführtem wieder deutlich zu. Man merkt das schon überall.

Früher war es ein Selbstläufer, wenn man unter Managern gesagt hat: »Vertrauen ist gut, Kontrolle ist besser.« Alle haben genickt.

Heute wird kaum einer mehr so etwas sagen, denn er würde komisch angeschaut werden. Heute heißt es: »Vertrauen ist gut. Kontrolle auch.«

Vertrauen ist gut. Kontrolle auch.

Früher war jedem im Unternehmen klar: Wenn einer schlechte Ergebnisse erzielt, dann ist er unwillig und muss motiviert oder entlassen werden.

Heute ist viel einleuchtender: Nein, nein, wir müssen den Mitarbeiter seinen Stärken gemäß einsetzen oder ihn noch besser befähigen oder ermächtigen, damit er noch überzeugendere Ergebnisse liefern kann.

Früher war in der Werkhalle jedem klar: Die Idioten da oben haben ja keine Ahnung! Wenn die wüssten, was hier unten abgeht, würden sie nicht so einen Mist entscheiden!

Heute trifft man häufig eine andere Haltung an: Wenn die Manager das machen, werden sie sich schon was dabei gedacht haben. Zwar machen sie auch Fehler, aber sie geben ihr Bestes. Bisher haben sie es ja immer hinbekommen. Wird schon in Ordnung sein, was sie da entschieden haben.

Früher war das Bedürfnis nach Misstrauen, Skepsis und Kritik groß. Heute steigt das Bedürfnis, Vertrauen wachsen zu lassen.

Es gab eine Zeit, da wurde die Respektlosigkeit zwischen Führungskräften und Mitarbeitern immer größer. Heute nimmt der beiderseitige Respekt zu, und damit wächst das Vertrauen.

Früher war das Vertrauen in unser politisches System groß und das Vertrauen in die Politiker klein.

Heute schwindet das Vertrauen in unser politisches System, und das Vertrauen in die politischen Personen, allen voran in die Kanzlerin, nimmt zu.

Früher war Deutschland nur dann aus dem Häuschen, wenn die Fußballnationalmannschaft Welt- oder Europameister wurde. Es zählte nur der erste Platz. Heute führt Nationaltrainer Jogi Löw mit Respekt und Vertrauen. Er ist ein treuer Mensch und respektiert in besonderem Maße die früheren Verdienste der Nationalspieler. Spieler, die in den Vereinen außer Form waren oder gesundheitlich angeschlagen, wurden von ihm trotzdem in die Nationalelf geholt und zahlten das in sie gesetzte Vertrauen mit doppelter Münze zurück. Auch Jogi Löw macht Fehler. Der Umgang mit Michael Ballacks Karriereende in der Nationalmannschaft war so einer. Trotzdem, die Spieler betonen immer wieder, wie stark sie das Vertrauen macht, das der Trainer in sie setzt. Durch das Vertrauen, das die Spieler erfahren, ist ihr Selbstvertrauen enorm gestiegen. Und dadurch wiederum ist das

Vertrauen des Publikums und der Öffentlichkeit in die Nationalmannschaft stark gestiegen. Das führt dazu, dass auch ein zweiter oder dritter Platz bejubelt wird, weil jeder weiß: Die Jungs haben ihr Bestes gegeben.

Sie waren die Besten, die sie sein können. Und dafür zollen wir ihnen Respekt. Die Leute haben heute ein feines Gespür dafür, ob einer alles gegeben hat. Dann ist alles gut. Mehr geht ja auch nicht.

Das ist der Übergang in die Zeit der Menschenentwickler. Es weht ein neuer Wind. Es ist nicht mehr so, dass nur der Sieg zählt. Denn die Zeit der Macher ist vorbei. Es ist aber auch nicht mehr so, dass wir uns von keinem mehr etwas sagen lassen wollen, nach dem Motto: La-la-la-lass dich nicht verarschen! Denn die Zeit der Führungslosen ist ebenfalls vorbei. Die Zeit der Inspiratoren, der Transformatoren, der Menschenentwickler ist gekommen. Eine Zeit, in der wir alle danach streben, die Besten zu werden, die wir sein können.

Mehr Tiefe

> Das Schicksal beschützt Narren,
> kleine Kinder und Schiffe mit
> dem Namen »Enterprise«.
> Commander William T. Riker

Das Kernprinzip der Transformatoren: Menschen entwickeln. Aber wie entwickeln? Und zu was entwickeln? – Menschenentwickler fangen bei sich selbst an. Nicht bei den anderen, wie die Führungslosen. Und sie arbeiten mit der Gegenwart, der Präsenz, nicht mit der Zukunft, wie die Macher.

Worauf du stolz sein kannst

Respekt kommt aus dem Lateinischen und heißt wörtlich »Rückblick«. Wer etwas respektiert, blickt auf etwas zurück. Der ehrliche Blick auf sich selbst, ungeschminkt, auf das, was man selbst ist, ist Selbstrespekt. Sich selbst zu respektieren heißt, sich selbst genau wahrzunehmen, so wie man ist, aufzuhören, sich etwas vorzumachen, sich selbst ungeschönt zu sehen, zu fühlen und zu hören. Ohne sich zu schämen und ohne sich etwas vorzumachen. Das geht nur mit einem nüchternen Blick auf die eigene Wirkung. Das, was Sie heute an Ergebnissen Ihres Handelns umgibt, das sind Sie. Nicht das, wovon Sie reden, das ist lediglich, was Sie gern wären. Das sind Ihre Vorstellungen und Wünsche.

Wenn Sie einen Menschen erkennen wollen, schauen Sie sich seine Ergebnisse an. Stimmen Ergebnisse und Worte zu einem großen Teil überein, ist dort ein weit entwickelter Mensch. Wobei Ergebnisse auch eine gestiegene Selbstverantwortung, höheres Selbstwertgefühl und die Qualität der

Steuerungsknöpfe Zielklarheit, Selbstvertrauen, Wissen und Erfahrung sein können. Auch die Qualität von Beziehungen, gute Gesundheit und das Maß an erfahrener Erfüllung sind Ergebnisse. Erfolge auf Geld zu reduzieren, zeugt von einem beschränkten Horizont. Und so positiv Sie Ihre Ergebnisse heute bewerten, so groß ist Ihr Selbstwertgefühl. Das Maß an erlebtem Glück hat in Wahrheit viel mit Ihrem Selbstwertgefühl zu tun. Menschen, die wollen, dass andere denken, sie seien glücklich, leiden unter einem geringen Selbstwertgefühl.

Ohne ein starkes Selbstwertgefühl können Menschen nicht zum Selbstwertgefühl anderer Menschen beitragen. Also gilt es, den Selbstwert zu steigern. Dazu braucht es zweierlei. Erstens: Ergebnisse, auf die Sie zurückblicken können, Erfolge. Zweitens müssen Sie anfangen, Ihre Ergebnisse stimmig wertzuschätzen.

Jugendliche beginnen oft vehement, Respekt von außen einzufordern – sie bekommen ihn aber noch nicht, denn ihr Selbstrespekt ist klein, und dementsprechend gering ist ihr Selbstwertgefühl. Jetzt machen sie durch aggressives Auftreten in einer Gruppe anderen Menschen Angst. Eine andere Form, sich Respekt zu verschaffen. Aber dieser bleibt immer mit der Angst der anderen und mit dem Auftreten in einer Gruppe verbunden. Der Selbstrespekt wächst dadurch nicht. Eine verhängnisvolle Abhängigkeit entsteht. Das gilt auch für aggressive Gruppen von Erwachsenen wie die »Hells Angels« oder die »Bandidos«.

Die Zugehörigkeit zu solchen wehrhaften Clans ist eine Kompensation persönlicher Schwäche, sie hilft der Selbstakzeptanz nicht auf die Beine. Weder haben die Jugendlichen bereits messbare Erfolge erzielt, also haben sie auch wenig, auf das sie zurückblicken können, noch haben sie gelernt, das, was bereits da ist, wertzuschätzen. Respekt verschaffen sie sich erst durch die Ergebnisse ihres Handelns: den Schulabschluss, eine Berufsausbildung, gute Ergebnisse im Sport, einen gelungenen Auftritt mit der Schülerband, einen Freund oder eine Freundin, die Rückkehr von einer große Reise, die ersten selbst verdienten Euro und so weiter.

Wer also anderen zu mehr Selbstwertgefühl verhelfen will, muss ihnen die Möglichkeit geben, Ergebnisse zu erzielen, auf die sie stolz sein können. Das ist es, was Menschenentwickler tagtäglich tun.

Spiegelblick

Wenn zu wenig Selbstwertgefühl da ist, sind Menschen nicht in der Lage, andere differenziert zu erkennen. Sie sind zu sehr mit sich selbst beschäftigt. Vielen geht es so. Sie bemerken die Veränderungen an den anderen um sie herum kaum. Sie können nicht zuhören, nichts aufnehmen. Sie sind wie ein volles Gefäß, in das nichts mehr hineingeht. Sie spüren nicht, was in den anderen vorgeht.

Dieser Mangel an Selbsterkenntnis und mentaler Klarheit führt zu einer inneren Leere. Als Kompensation dieser inneren Leere projizieren sie von früh bis spät sich selbst in die Welt. Sie sehen sich in den eigenen Kindern, sie sehen sich in ihrem Chef und in ihren Kollegen, sie sehen sich in Popstars und Filmschauspielern, in Models und Romanfiguren. Die ganze Welt besteht für sie aus Spiegeln, die ihnen ihr eigenes Bild zurückwerfen, um sich selbst zu bestärken. Dahinter stecken zwei große Ängste des Menschen: Die eine ist die Angst vor sich selbst, vor dem, was in einem selbst steckt. Die zweite ist die große Angst zu verschwinden, die Angst vor dem Tod – eine Angst, die alle Menschen teilen und die das Fundament jeder Persönlichkeit bildet. Wenn jemand mit diesen Ängsten zu kämpfen hat, ist das also zutiefst menschlich. Das Schlimme daran ist allerdings, das diese Menschen, die an mangelndem Selbstwertgefühl leiden, gar nicht wissen, dass es so ist! Deswegen meinen sie, andauernd an anderen rumdoktern zu müssen.

»Gier frisst Hirn« war das Lieblingszitat von Mehmet E. Göker und eines seiner Argumente, mit denen er Mitarbeitern beibrachte, trotz großen Erfolgs bescheiden zu bleiben. Denn wer seine Gier in den Griff bekommt, ist klug. Was mit einer Traumkarriere begann – seine Firma MEG war zeitweise deutschlandweit die Nummer zwei beim Verkauf von privaten Krankenversicherungen –, endete 2009 in der Insolvenz und mit Schulden in der Höhe von über 50 Millionen Euro. Der Dokumentarfilmer und Grimme-Preisträger Klaus Stern nannte seinen Film über Aufstieg und Fall des Mehmet E. Göker einen Film über »Gier und Größenwahn«.

Wie aberwitzig! Das lässt an den amerikanischen Autor Richard Bach denken, der einmal schrieb: »You teach best what you most need to learn.«

You teach best what you most need to learn.

Wer nur sich selbst in den anderen sieht, der kann nichts für die anderen tun, sondern nur etwas für sich selbst. Solche Menschen können auch keine erfüllenden Beziehungen führen. Denn dazu müssten sie den anderen erkennen. Die Chance für jede Form von Beziehung, für jede Form von Brückenschlag zwischen Menschen ist die Ausbildung eines ausreichend hohen Selbstwertgefühls, ein Füllen der inneren Leere, sodass aus dieser Position der Stärke die anderen Menschen sichtbar, hörbar und fühlbar werden.

Schlechte Sicht

In einem funktionierenden Unternehmen haben die Mitarbeiter genügend Selbstwertgefühl, um Respekt vor dem Unternehmer zu haben, Respekt vor dem Gründer, vor den Chefs, und zwar dafür, dass es das Unternehmen überhaupt gibt – das Unternehmen, das ihnen die Möglichkeit gibt, zu zeigen, was sie draufhaben.

Das ist genau so zu verstehen wie das vierte Gebot der Christen: »Du sollst Vater und Mutter ehren, damit du lange lebest und es dir wohl ergehe.« In beiden Fällen geht es einfach nur um Respekt. Nicht um eine Bewertung, ob die Eltern einen guten Job gemacht haben oder ob der Unternehmer oder die Manager einen guten Job machen.

Erst aus einer solch respektvollen Haltung heraus kann ein Mitarbeiter erkennen, was der Zweck des Unternehmens ist, worin die Daseinsberechtigung des Unternehmens besteht, wie die Mission des Unternehmens zu verstehen ist und folglich: Welchen Sinn seine Arbeit ergibt.

Erst auf der Basis von ausreichend Selbstwertgefühl kann ein Mitarbeiter auch Respekt entwickeln für das, was andere Menschen leisten, zum Beispiel die Kollegen, die Konkurrenten um den eigenen Job, die Mitarbeiter von anderen Unternehmen im Wettbewerb. Wer genügend Selbstwertgefühl hat, tappt nicht in die Vergleichsfalle: Er macht nicht andere schlecht, um selbst gut dazustehen. Sondern der Respekt vor den Leistungen anderer motiviert ihn, sich selbst anzustrengen und sich weiterzuentwickeln.

Die nächste Stufe ist der Respekt für das eigene Land, für den Staat und die durch ihn garantierten Rahmenbedingungen, die es überhaupt möglich machen, dass es Unternehmen gibt, bei denen man arbeiten kann. Die Instanz, die dafür sorgt, dass es Straßen, Kindergärten, Schulen, das Gesundheitswesen, Nahversorgung, Mobilität, Rechtssicherheit und so vieles mehr gibt. Wer das alles selbstverständlich findet, dem mangelt es an Respekt. Auch hier wieder: Das bedeutet nicht, alles gut zu finden, egal welchen Bockmist eine Regierungen gerade baut. Es bedeutet einfach nur, zu sehen, was da ist. Nicht zu bewerten, sondern erst mal einfach nur zu respektieren.

Hätten wir genügend Respekt, dann müsste wir keine Wertediskussion mehr führen. Denn wo Respekt ist, folgt alles andere von selbst. Die Wertediskussion, die wir derzeit haben, ist ein Zeichen dafür, dass wir als Gesellschaft an dieser Stelle instabil sind. Meine Erfahrung als Führungsexperte ist: Je mehr über Werte diskutiert wird, desto weniger werden sie gelebt. Je mehr Werte in Unternehmen an der Wand hängen und proklamiert werden, desto weniger werden sie umgesetzt. Je mehr über Moral gesprochen wird, desto unmoralischer geht es zu. Je mehr von Sicherheit gesprochen wird, desto unsicherer fühlen sich die Menschen. Je mehr von Gerechtigkeit gesprochen wird, desto ungerechter behandeln wir uns gegenseitig.

Respekt ist in unserer heutigen Gesellschaft ein entscheidender Mangel. Ursache ist ein zu geringes Selbstwertgefühl. Menschenentwickler erkennen das – und sind stark genug und in der Lage, Menschen bei der Entwicklung von Selbstwertgefühl zu unterstützen.

Die Antwort ist: ja

Erst wer begonnen hat, andere wahrzunehmen, kann Verantwortung übernehmen. Denn Verantwortung zu übernehmen, bedeutet, die Antwort auf eine Frage zu geben, die einem gestellt wurde. Verantwortungsträger übernehmen freiwillig und selbstbestimmt eine Pflicht gegenüber anderen und sich selbst, zum Wohle der anderen und ihrer selbst. Sie antworten damit auf ein Bedürfnis, eine Anforderung, eine Not, einen Mangel. Wer Verantwortung übernimmt, gibt anderen eine Garantie, und das kann er, weil er stark genug ist; er leistet ein Versprechen, das er einzuhalten bereit ist.

Jeder, der sich auf eine Vereinbarung einlässt, übernimmt dabei die Verantwortung für seinen Teil der Pflichten. Wer eine Arbeitsstelle antritt, verpflichtet sich auf Ergebnisse, die das Unternehmen benötigt, um weiterzukommen. Er verpflichtet sich, eine Leistung zu erbringen. Er verpflichtet sich nicht, zu arbeiten, beschäftigt zu sein, eine Arbeitsstelle zu besetzen, anwesend zu sein. Sondern er verpflichtet sich, Ergebnisse zu produzieren. Zu liefern.

Leistungen, das sind Ergebnisse pro Zeiteinheit. Vielen Angestellten ist das nicht klar. Sie denken aufgaben- und nicht ergebnisorientiert. Es nützt einem Chef allerdings nichts, Ergebnisse einzufordern, wenn die Angestellten nicht genügend Selbstwertgefühl haben oder nicht befähigt wurden, Verantwortung zu übernehmen. Hätten sie das Selbstwertgefühl und die Befähigung, dann würden sie ja Verantwortung übernehmen. Jeder würde das. Der Ruf nach mehr Verantwortung ist eigentlich unsinnig.

Der Ruf nach mehr Verantwortung ist eigentlich unsinnig.

Ist der Chef ein Menschenentwickler, dann kümmert er sich zuerst darum, dass seine Angestellten in ihrer Arbeit genügend Selbstwertgefühl entwickeln. Die Verantwortungsübernahme kommt dann von selbst. Was aber meistens missverstanden wird: Selbstwertgefühl entsteht nicht durch Lob, sondern durch gemeisterte Herausforderungen, durch erzielte Ergebnisse, die stimmig wahrgenommen und anerkannt werden.

Menschenentwickler sind Inspiratoren, weil sie die Fähigkeit haben, andere anzuerkennen. Und am Ende die Fähigkeit, ihre Mitarbeiter nicht nur anzuerkennen, sondern in ihrer ganzen Persönlichkeit zu erkennen. Das ist, wie schon erwähnt, eine Form der Liebe. Menschenentwickler im höchsten Stadium ihrer Entwicklung sind fähig, alle Menschen zu lieben. Doch das ist selten, und sie stehen damit auf einer Stufe mit historischen Giganten wie Jesus von Nazareth, Buddha und Mohammed oder zeitgenössischen Größen wie Mahatma Gandhi, Nelson Mandela und dem Dalai Lama. Menschenentwickler kann man allerdings schon weit vor diesem Stadium sein. Es ist nicht nötig, seine Mitarbeiter in ihrer ganzen Tiefe zu erkennen, also zu lieben. Es ist ja schon herausfordernd genug, einen einzigen Menschen, den Partner oder Partnerin, in der Tiefe zu erkennen. Auch hier wird zu oft am jeweils anderen herumgedoktert. Und im beruflichen Wirken genügt die Vorstufe bei weitem: das Anerkennen. Also Respekt.

Dr. Feelgood

Mein Sohn macht derzeit große Sprünge in seiner persönlichen Entwicklung. Dadurch fordert er einige seiner Lehrer bisweilen vehement heraus. Nicht jeder Lehrer hat genügend Selbstwertgefühl, um mit offensiver Kritik umgehen zu können. Speziell eine Lehrerin hat ihn ins Visier genommen. Sie hat es sich zur Aufgabe gemacht, ihn kleinzukriegen, damit sie ihn leichter im Griff hat. Es ist eine Lehrerin, die Dienst nach Vorschrift macht. Sie möchte nicht mehr Einsatzbereitschaft zeigen müssen als unbedingt notwendig. Wer Kinder im Schulalter hat, der kennt Situationen wie diese, jeder Schüler trifft ab und zu auf einen solchen Lehrer. Mein Sohn ist nun aber schon 15, da ist das nicht mehr so einfach wie bei einem Grundschüler. Er stellt kritische Fragen und begnügt sich nicht mit oberflächlichen Antworten. Die Lehrerin ist wirklich gefordert.

Meinem Sohn geht es selbstverständlich nicht gut mit den Erniedrigungsattacken. Es ist ihm klar, dass die Lehrerin nicht an seiner Entwicklung interessiert ist. Das ist nicht schön. Sie hat den Einfluss, um ihm die Laune zu verderben und ihn unter Druck zu setzen. Nun ist es aber keineswegs meine Verantwortung als Vater, meinem Sohn unterstützend gute Gefühle zu verschaffen, indem ich in den Kampf gegen die Lehrerin mit einsteige.

Ich hingegen halte mir immer wieder vor Augen, dass es unter den Lehrern ein Drittel grottenschlechte, ein Drittel durchschnittliche und ein Drittel hervorragende gibt. Das ist vielleicht etwas zu vereinfacht dargestellt und bildet den wirklichen Sachverhalt nicht exakt ab. Aber es hilft ungemein, sich klarzumachen, dass diese Verteilung in drei Kategorien prinzipiell überall vorkommt: im Unternehmen, in der Politik, in Organisationen, in Vereinen, einfach überall. Sortiert man das untere Drittel aus, entsteht unter den übrigen eine neue Verteilung in diese drei Kategorien, nur auf höherem Niveau. Ich habe es mir zu eigen gemacht, diese Grundverteilung einfach anzuerkennen und alle anderen Ansprüche loszulassen.

Es ist nicht meine Aufgabe als Vater, das Niveau der Lehrerschaft einer Schule anzuheben, indem ich das Drittel der schlechtesten Lehrer bekämpfe. Das ist Aufgabe der Politik und des Schulleiters, aber nicht meine. Kritisieren und konfrontieren hilft nichts, das würde nur beim oberen Drittel auf fruchtbaren Boden fallen, das untere Drittel ist ja gerade deshalb das untere Drittel, weil diese Lehrer gegen Kritik immun sind. Sie haben ihr festes Weltbild und sind von ihrer Überlegenheit überzeugt. Auch wenn die Ergebnisse eine andere Sprache sprechen. Genau: Überlegenheitsillusion gepaart mit Bestätigungsfehler. Also lasse ich die unfähige Lehrerin meines Sohnes so sein, wie sie ist.

Da ich meinen Sohn als stark genug einschätze, mache ich ihm klar, dass es zu seiner Aufgabe als Schüler gehört, auch mit diesem Drittel klarzukommen. Sollte ich sehen, dass ihn das überfordert, müsste ich mir einen anderen Weg überlegen. Aber er kann das. Das bedeutet, ich lasse ihn einfach in der Situation. Ich höre auf, ihm gegenüber zu bewerten, was die Lehrerin tut – ich löse richtig und falsch, gut und böse auf. Das ist für ihn sehr unangenehm!

Doch in den Raum, der dadurch einsteht, beginnt mein Sohn hineinzuwachsen. Er fängt an, die Beziehung zu seiner Lehrerin selbst zu gestalten, er geht in Führung. Was nicht heißt, dass es das jetzt für die Lehrerin angenehmer macht ...

Alles in allem fühle ich mich nicht verantwortlich dafür, dass es meinen Kindern immer gut geht. Ich helfe ihnen auch in unangenehmen Momenten nicht immer gleich raus. Ich stärke ihnen auch keinesfalls den Rücken, indem ich ihnen beim Schimpfen über andere beipflichte, denn das wäre in Wahrheit gar keine Stärkung, sondern nur eine Bestätigung, die ihnen nicht weiterhilft. Und schon gar nicht bin ich verantwortlich dafür, dass die Lehrerin gute Gefühle hat. Auch ihr helfe ich da nicht heraus. Aber durch meine Haltung ermögliche ich es meinem Sohn, stärker zu werden und an der herausfordernden Situation, in der ich **Ich mische mich** ihn belasse, zu wachsen. Ich mische mich ein, ohne **ein, ohne mich** mich einzumischen. Aber halten Sie das erst mal aus, **einzumischen.** Ihre Kinder leiden zu sehen, während Sie stillhalten, und ihnen da nicht heraushelfen, obwohl Sie es könnten …!

Wer Verantwortung für einen anderen übernimmt, gesteht dem anderen damit keineswegs ein Recht auf gute Gefühle zu. Im Gegenteil. Ich bin davon überzeugt, dass es einigen Menschen an einem geübten Umgang mit schlechten Gefühlen mangelt. Das ist das Ergebnis einer Gier nach anhaltend guten Gefühlen, eines vermeintlichen Rechts auf gute Gefühle. Dieses Recht gibt es nicht!

Was treibt dich an?

Wer keine Gießkanne mehr ist, die gute Gefühle versprengt, sondern ein Brennglas geworden ist, wer sich aufs Wesentliche konzentriert und in die Tiefe geht, der erkennt, wofür er Verantwortung trägt und wofür nicht. Die geistige Trennschärfe bei dieser Unterscheidung entlastet alle Beteiligten ungemein. Voller Respekt auf andere zu schauen, hilft enorm dabei, seinen eigenen Teil an Verantwortung zu erkennen und das andere den anderen zu überlassen.

Ich trage beispielsweise keine Verantwortung für die Verbrechen der Deutschen unter dem Nazi-Regime. Ich bin nicht für den Nahost-Konflikt verantwortlich. Ich übernehme keine Verantwortung für die Unterdrückung des tibetischen Volks. Ich trage auch keine Verantwortung für das Atomunglück in Fukushima. Ich kümmere mich nicht um die durch die Katastrophe obdachlos Gewordenen, um die künftige Energieversorgung Japans, um die Dekontamination von Mensch und Tier, um den Wiederaufbau nach dem Tsunami und so weiter. Stattdessen freue ich mich darüber, dass es in Japan wie anderswo Menschen gibt, die Verantwortung übernehmen. Vor ihnen habe ich größten Respekt. Ich fühle mich wie ein Bruder im Geiste gegenüber allen, die in der Welt Verantwortung übernehmen. Denn so wie sie sich um ihren Teil kümmern, so übernehme ich Verantwortung für meinen Teil. Wer Menschenentwickler sein will, kann kein Weltretter sein. Führungslose meinen, sie – oder vielmehr andere – müssten die Welt retten, um die es so schlecht bestellt ist. Für Menschenentwickler ist es um die Welt nicht schlecht bestellt. Sie sind bescheidener.

Und viel flexibler. Während für einen Macher, der einen Hammer in der Hand hält, alles, was ihm begegnet, aussieht wie ein Nagel, hat ein Menschenentwickler einen ganzen Werkzeugkasten dabei und kann benutzen, was er gerade braucht. Er agiert sehr differenziert und flexibel. Er tut, was nötig ist – nicht, worauf er gerade Lust hat. Er dient der Sache. Aber zu dienen heißt nicht, sich zu unterwerfen. Im Gegenteil. Er dient, indem er führt.

Dazu passt die wahre Geschichte eines Menschen, der aufhören wollte zu rauchen. Da gibt es ja verschiedene Möglichkeiten. Er probierte sie alle aus: Entwöhnungskurse, Nikotinpflaster, Ratgeberliteratur lesen und so weiter. Dann traf er einen Menschenentwickler.

Anstatt dem Raucher einen weiteren guten Rat zu geben, versuchte der, in die Tiefe zu gehen und wahrzunehmen, was den anderen antrieb. Er suchte den Schlüssel – oder anders gesagt, das passende Werkzeug. Er war bereit, dem anderen zu dienen. Also fragte er: »Warum funktioniert es denn nicht mit dem Aufhören?«

Der Raucher schilderte ihm lauter Gründe, die ihn daran hinderten, und sonnte sich in der Aufmerksamkeit, die er durch das Erzählen seiner Widerstände erfuhr. Die aufgezählten Gründe interessierten den Menschenentwickler aber gar nicht. In der Art und Weise, wie der Raucher das alles erklärte, kristallisierte sich für ihn ein Muster heraus. Er erkannte das starke Motiv des Rauchers.

Er sagte zu ihm: »Vergiss das alles. Aufhören ist nur eine Frage der Intelligenz. Man muss es halt verstehen. Dann hört man auf. Für manche ist das einfach eine Nummer zu hoch ...«

Die Botschaft war simpel: Du bist zu blöd zum Aufhören. Das ist nicht nett. Das ist auch nicht die übliche Methode. Aber es war ein Volltreffer, das richtige Werkzeug in diesem Moment. Für dieses Problem, bei diesem Mensch. Der Ratsuchende fasste nie wieder eine Zigarette an.

Mit dem Rauchen aufzuhören, ist sehr anstrengend. Um sich anzustrengen, braucht es ausreichende Motivation aus dem eigenen Innern. Nicht als Depp vor anderen dastehen zu wollen, kann eine enorme Motivation sein.

Allerdings hätte er nicht als Depp dagestanden, wenn der Menschenentwickler vor ihm keine Autorität gehabt hätte. Denn dann hätte er ihm diesen Dreh gar nicht abgenommen. Menschenentwickler können nur dienen, wenn die Menschen ihre Anerkennung wollen. Nur dann können sie wirken. Ohne Autorität bewirken sie gar nichts.

Ein grandioses Vorbild als Menschenentwickler ist für mich James T. Kirk, der im Jahr 2265 das Kommando als Captain über das Raumschiff Enterprise mit einer Besatzung von 430 Mann übernimmt. Kirk führt mit Leichtigkeit. Er macht seine Crew stark, indem er jeden Einzelnen zur Geltung kommen lässt. Er bringt jeweils die notwendigen Experten im Team zusammen, lässt dann das zur Geltung kommen, was im jeweiligen Moment gebraucht wird. Er ist nicht perfekt, kein Superman, kein Held. Er kommt immer wieder in Schwierigkeiten. Aber am Ende löst er mit Hilfe seines Teams alles.

Captain Kirk führt nicht autoritär, aber er führt. Seine Autorität ist groß, und er setzt sie ein, um sein Team stark zu machen. Er weiß um seine Macht, aber er stellt sie in den Dienst seines Unternehmens »Enterprise«.

Manche Menschen werden durch die Auseinandersetzung mit ihren Vorbildern zu Menschenentwicklern und beginnen, den anderen zu dienen. Sie treiben an, ohne anzutreiben. Sie zeigen den Weg, ohne den Weg zu weisen. Sie formen, ohne in Formen zu zwingen. Sie lassen los, indem sie zupacken. Sie packen zu, indem sie loslassen. Sie mischen sich ein, ohne sich einzumischen. Sie produzieren Ergebnisse, ohne die Welt zu vergewaltigen.

Nachwort

Der Mann war begeistert von meinem Vortrag. Im Foyer standen noch eine Menge Leute. Der Bücherstand war belagert, einige Bekannte winkten mir zu oder bedeuteten mit dem Daumen nach oben, dass ihnen der Vortrag gefallen hatte. Und viele Menschen, die ich nicht kannte, drängten zu mir herüber, um mich anzusprechen.

Am Anfang meiner Karriere hatte der Andrang nach dem Vortrag mein Ego genährt. Damals brauchte ich die Bestätigung. Dann kam eine Phase, in der es anstrengend und lästig geworden war. Und seit geraumer Zeit freue ich mich einfach nur – es ist Teil dessen, was ich heute bin.

Der Mann also sprach mich freundlich an und schilderte mir, wie er den Vortrag erlebt hatte: »Das war richtig toll. Auf den Punkt. Kein Drumherum. Und so humorvoll.«

»Was genau hat Ihnen denn gefallen?«

»Vor allem das Bild vom Brennglas und der Gießkanne fand ich klasse!«

»Haben Sie es auch verstanden?«

Er stutzte kurz, dann nickte er. »Ja, ich denke schon. Übrigens: Ich brauche so etwas auch für meine Kunden. Wir machen im Spätsommer eine große Veranstaltung auf dem Gelände meiner Firma. Ich möchte Sie gerne buchen.«

»Gut«, sagte ich, »das freut mich.«

»Hätten Sie denn am 20. August Zeit? Ginge das?«

Ich schaute ihn offen an. »Ich weiß es nicht.«

»Jetzt runzelte er die Stirn: »Wie, Sie wissen es nicht …? Ich meine … Also, Sie müssen doch wissen, wann Sie wo sind, oder? Wollen Sie kurz nachschauen?«

Ich schaute ihn weiter freundlich an. »Nein, ich weiß es nicht. Das weiß meine Agentur.«

»Oh, also gut. Dann wende ich mich an die Agentur.« Er überlegte kurz, er war noch nicht zufrieden. »Ich habe noch eine Frage: Was kosten denn heute die DVDs? Also dieses DVD-Set von Ihnen meine ich?«

Auch das konnte ich ihm nicht beantworten. »Das weiß ich nicht. Da drüben am Bücherstand liegen alle DVDs, bitte fragen Sie dort nach.«

Jetzt sah ich das große Fragezeichen, das ihm ins Gesicht geschrieben stand: Wie bitte? Was weiß der denn eigentlich? – Vermutlich fragte er sich, wie ich so erfolgreich sein konnte, ohne offenkundig über irgendwas Bescheid zu wissen. Wenn er selbst in seinem Geschäft von so wenig eine Ahnung hätte, dann würde ja gar nichts laufen … So oder so ähnlich wird er sich das wohl gedacht haben.

Aber er gab noch nicht auf. »Also Ihr Vortrag hat mich ja wirklich beeindruckt. Was ich mir auch überlegt habe: Ich würde gerne für unsere Führungskräfte so einen Transformationsprozess durchführen. Sie machen so was doch auch, oder? Wäre das für uns das Richtige? Können Sie uns da was anbieten?«

»Ich weiß es nicht.«

»Was?«

»Bitte geben Sie mir Ihre Karte. Ich gebe sie unserem Inhouse-Akademieleiter, der wird sehr gerne auf Sie zukommen. Danke für Ihr Interesse.«

Jetzt stockte er. Er schaute mich konsterniert an, gab mir seine Karte, verabschiedete sich schnell und ging.

Aber nach ein paar Schritten blieb der Mann wieder stehen. Er drehte sich um und schaute mich ernst an. Dann hellte sich seine Miene auf, er kam mit schnellen Schritten zu mir zurück, reichte mir die Hand und strahlte. »Jetzt habe ich verstanden!«

Mein Dank geht an alle Menschen, denen die Entwicklung anderer am Herzen liegt. Ihre Zeit ist gekommen.

ANWORTEN ZUR MENSCHENFÜHRUNG

» Der Menschenentwickler.
Ein Stehaufmann, der seinesgleichen
sucht. So gesehen, darf Boris Grundl
als eine Art Mutter - in seinem Fall
natürlich eher Vater - aller Mutmacher
bezeichnet werden. «
SÜDDEUTSCHE ZEITUNG

» Boris Grundl ist einer der gefragtesten
Managementtrainer Deutschlands. «
ARD

» Wir machen mit der systemati-
schen Menschenentwicklung
dort weiter, wo die meisten
Managementlehren aufhören. «
BORIS GRUNDL

Richard Kohler Weg 8   D-78647 Trossingen
info@grundl-akademie.de   www.grundl-akademie.de
Fon: +49 7425 / 3282 - 62   Fax: +49 7425 / 3282 - 60

Grundl.
leadership
akademie

Das Gegenteil von gut ist gut gemeint

Boris Grundl · **Diktatur der Gutmenschen**
Was Sie sich gefallen lassen dürfen, wenn Sie etwas bewegen wollen
272 Seiten, Hardcover (mit Schutzumschlag)
€ [D] 19,95 · € [A] 20,60
ISBN 978-3-430-20107-0

Gutmenschen und Weltverbesserer sind harmoniesüchtige Typen, die sich auf Kosten der Schwachen Macht und ein gutes Gefühl verschaffen – das ist die provokante These von Boris Grundl. Gutmenschen fühlen sich nur in einem statischen Umfeld wohl, in dem die Rollen fest verteilt sind. Boris Grundl zeigt die fatale Wirkungsweise und die schwerwiegenden Folgen dieses Phänomens anhand von Beispielen aus Wirtschaft, Politik, Behörden und anderen Institutionen.

Econ

Ein Buch über das, worauf es im Leben ankommt

Boris Grundl · **Steh auf!**
Bekenntnisse eines Optimisten
232 Seiten, Hardcover mit Schutzumschlag
€ [D] 19,90 · € [A] 20,50
ISBN 978-3-430-20041-7

Wie man Krisen in Chancen verwandelt, wie man Stärke und Größe entwickelt, obwohl man am Tiefpunkt ist, wie man sich selbst führt, sich überwindet und am Ende erfolgreich ist – Boris Grundl nimmt Sie mit auf seine Reise nach innen. Sie beginnt an dem Tag, an dem er sich den Hals bricht.

»Ein Stehaufmann, der seinesgleichen sucht«
Süddeutsche Zeitung

»Grund schreibt eingängig und lehrreich, die gekonnte Dramaturgie treibt den Leser durch den Stoff.«
Financial Times Deutschland

Econ